SOUVENIRS D'UN CHEF SIOUX

Luther Ours Debout

Chef héréditaire du peuple Sioux (tribu Oglala)

SOUVENIRS D'UN CHEF SIOUX

Traduit de l'anglais par le Dr R. Gauillard

Payot

106, boulevard Saint-Germain 75006 Paris

Cet ouvrage a été publié en 1931 aux Éditions Payot, Paris.
La présente édition reproduit sans changement le texte de la version originale.

A LA CHÈRE MÉMOIRE DE MON PÈRE

LE CHEF OURS DEBOUT, Premier du nom

Guerrier Valeureux

Grand Chef et Conseiller de son Peuple

à la fin de sa vie, Chrétien zélé,

qui foula les sentiers de la Paix et de la Concorde,

luttant constamment pour le progrès

de sa race.

TABLE DES MATIÈRES

AVANT-PROPOS DE L'AUTEUR

Aucune pensée de glorification personnelle n'a présidé à l'élaboration de ce livre. C'est un simple message adressé à la race blanche, dans le but de placer mon peuple devant ses yeux, en toute vérité et toute authenticité. Des centaines d'auteurs de race blanche ont écrit sur l'Indien américain, peut-être même y a-t-il parmi eux quelque Indien de sang mêlé, ayant passé hors des réserves la plus grande partie de sa vie. Aucun d'eux n'est en mesure de décrire de façon véridique les luttes et les déconvenues de l'Indien.

Les Blancs qui ont essayé d'écrire des récits ayant trait aux Indiens, ou bien ont servi au public quelques contes à vous donner le frisson, mais invraisemblables, ou, s'ils ont montré quelque sympathie envers l'Indien, ils ont écrit d'après des données qui ne sont ni exactes ni dignes de confiance. Personne ne peut comprendre la race indienne comme un Indien.

C'est pourquoi j'ai la conviction qu'en lisant cet ouvrage le public arrivera à une meilleure compréhension de notre race, et j'espère qu'il aura une meilleure connaissance de nos principes, de notre savoir et de nos capacités. Mon désir est que tout le monde connaisse la vérité sur les premiers Américains et leurs rapports avec le gouvernement des Etats-Unis.

Qu'il me soit permis d'exprimer ici ma reconnaissance pour l'aide que j'ai reçue dans la composition du manuscrit de cet ouvrage à mes bons amis : Mr. A. Brininstool, de Los Angeles, et à Mr. Clyde Champion, de Alhambra, Californie, ainsi qu'à ma nièce Was-te-win et à son mari William Dittmar, dont l'aide et l'encouragement m'ont été des plus précieux.

CHEF OURS DEBOUT

SOUVENIRS D'UN CHEF SIOUX

CHAPITRE PREMIER

BEAUCOUP TUÉ

La tribu Sioux, à laquelle j'appartiens, a toujours été une nation puissante. Il y a bien des années elle parcourait le pays de l'Ouest, chassant, campant, jouissant de la vie dans toute sa plénitude, au milieu des paysages nombreux et magnifiques où elle trouvait le meilleur bois et une eau pure.

Je naquis pendant un rigoureux hiver, au mois où craque l'écorce des arbres, l'année pendant laquelle nous « levâmes le camp ». J'étais le fils aîné d'Ours Debout, premier du nom. A cette époque nous n'avions pas de calendriers, ni aucun moyen de compter les jours ; nous notions seulement les mois et les années. Naturellement, il se passait chaque année quelque chose d'important et, de cette façon, nous en conservions le souvenir. Après avoir été à l'école et avoir appris à « compter en arrière », je sus que l'année où « le camp fut levé » était l'an 1868 de l'ère chrétienne ; et le mois où l'écorce des arbres craque : décembre. Par conséquent, je naquis en décembre 1868.

Ma mère, à l'époque où elle épousa mon père, était regardée comme une des plus belles jeunes femmes parmi les Sioux. Son nom était « Joli Visage ». Mon grand-père —le père de mon père — était un chef et passait pour un homme très brave. Au cours de combats avec les autres tribus, il avait capturé de nombreux chevaux à la robe tachetée. C'est pourquoi, lorsque mon père naquit, on lui donna le nom de « Cheval Tacheté ». Il garda ce nom jusqu'à ce qu'il fût assez âgé pour aller sur le sentier de la guerre gagner son propre nom. Il me raconta un jour comment il avait reçu le nom de « Ours Debout ». Son récit, autant que je puis me le rappeler, était le suivant :

« Un de nos éclaireurs de chasse ayant rapporté la nouvelle que les Pawnies étaient sur nos terres et tuaient notre gibier, tous les braves se préparèrent au combat. Nous savions quel redoutable ennemi nous allions rencontrer : les Pawnies manient leurs arcs et leurs flèches avec une suprême habileté. L'un d'eux est-il jeté à terre, aussitôt il peut se relever, son arc à la main ; même renversé sur le dos, il faut s'attendre à ce qu'il ait une flèche toute prête à vous décocher.

« Nous étant mis en route, nous parcourûmes une grande distance. Arrivés au sommet d'une colline, nous pûmes apercevoir les Pawnies dans la vallée. Ils venaient de faire une grande hécatombe de bisons, et le gibier gisait çà et là. Ils étaient tous affairés, occupés à dépecer les bêtes qu'ils avaient tuées. Nos hommes s'élancèrent sur eux au galop avec toute la rapidité dont ils étaient capables. Je montais alors un alezan ; c'était un bon coursier.

« Quand les Pawnies nous virent venir, ils se dispersèrent, courant vers leurs montures pour fuir. Nous leur donnâmes la chasse. Je me mis à la poursuite de quelques guerriers qui disparurent derrière une élévation de terrain ; mais ils avaient trop d'avance et, sachant qu'il serait inutile de fatiguer mon cheval, je revins sur mes pas. Comme je me rapprochais des nôtres, je remarquai un groupe vers lequel je poussai mon cheval pour voir ce qui s'y passait.

« Quand j'y fus arrivé, je vis les Sioux entourant un Pawnie. Son cheval s'était échappé au cours de l'action et il était à pied. Malgré cela, il avait un arc et des flèches à la main et il défiait n'importe lequel des Sioux d'approcher. C'était un homme de haute taille et de grande bravoure. Lorsque l'un des nôtres lui tirait une flèche et le blessait, il l'arrachait et la rejetait au loin. Si la flèche le manquait, il la ramassait et défiait les Sioux de l'approcher.

« Je leur demandai si l'un d'eux avait déjà frappé cet adversaire. Ils dirent que non. Cet homme paraissait avoir une telle force et une telle puissance qu'ils avaient peur de lui. Je leur dis alors que j'allais l'attaquer. J'assurai mon bouclier devant moi et m'armai seulement de ma lance.

« Le Pawnie, une flèche fixée à son arc, se tenait tout prêt à me recevoir, mais, poussant mon cheval vers lui, je lui portai un coup avec ma lance. L'homme ne parut pas du tout ému de cette attaque et me décocha une flèche qui, déviant sur mon bouclier, vint s'enfoncer dans les muscles de mon bras gauche.

« Derrière moi venait Corbeau Noir, puis, en troisième ligne, Corbeau Chien, et ensuite Cheval à l'Oreille Unique. Tous quatre nous avions frappé cet adversaire, mais j'avais été le premier à lui porter un coup. Dès que le Pawnie m'eut blessé, les autres guerriers s'attendaient à le voir s'animer, mais lui garda son sang-froid et, aussitôt que je l'eus dépassé, une flèche au travers du bras, il avait une seconde flèche toute prête pour l'homme qui me suivait.

« Le second guerrier fut blessé à l'épaule, le troisième à la hanche. Au moment où le dernier de nos hommes portait un coup à l'ennemi, il reçut une flèche dans les reins. Ainsi donc, le Pawnie avait blessé les quatre guerriers qui l'avaient frappé de leurs lances. Nous avions tous gagné une « marque de distinction », mais nous étions tous blessés. Quatre de nos braves avaient frappé l'ennemi ; mais il s'était montré si courageux que nous nous retirâmes du lieu du combat, lui laissant la vie sauve.

« Nous nous étions déjà éloignés d'une certaine distance lorsque je commençai à me sentir très fatigué. Le vieux chef Deux Coups et Bras Cassé, mon oncle, me prirent chacun d'un côté pour m'empêcher de tomber de mon cheval. C'était pour moi une bien curieuse sensation et quelque chose que je n'avais jamais éprouvé auparavant. Tout ce dont je me souviens, c'est que je m'endormais, mais, en réalité, je m'étais tout simplement évanoui.

« Pendant que je dormais ainsi dans le calme (comme il me semblait), j'entendis un aigle très haut dans le ciel. Il paraissait s'approcher de plus en plus de moi et descendait en décrivant des cercles et en sifflant. Juste au moment où il arriva tout près de moi je me réveillai et alors, je pus voir « l'Homme-Médecine » courant en cercle autour de moi, avec un de ces sifflets faits d'un os pris à l'aile d' aigle. C'était lui qui m'avait tiré de mon sommeil imaginaire. Le chef Deux Coups (qui était très âgé), et Bras Cassé, m'aidèrent alors à revenir au camp.

« Tous ces guerriers chantèrent mes louanges en rentrant au village. On donna une grande danse de victoire et de grands honneurs me furent rendus. Au prochain Conseil, le chef Deux Coups me proposa comme chef parce que j'étais assez courageux pour faire face à l'ennemi, même si celui-ci était tout prêt à tirer sur moi. On accepta la proposition et je fus élu chef avec le nom de « Ours Debout ».

C'est ainsi que le nom de mon père fut changé de « Cheval Tacheté » « Sunkele Ska » en « Ours Debout » « Mato Najin ». A cette époque chaque guerrier devait conquérir le nom qu'il portait.

Avant ma naissance, mon père avait bien souvent conduit ses hommes au combat contre les tribus ennemies. Il était toujours au premier rang, jamais on ne le vit fuir devant l'ennemi, mais au contraire toujours lui faire face. Aussi, lorsque je naquis, me donna-t-il le nom de « Ota Kte » ou « Beaucoup Tué » parce qu'il avait beaucoup tué d'ennemis.

Je dois dire qu'à cette époque on considérait comme une disgrâce pour un Sioux de tuer un Blanc, et pas du tout comme un exploit. On nous enseignait, en effet, que les Blancs étaient beaucoup plus faibles que nous.

Un jour, c'était peu de temps après ma naissance, un de nos éclaireurs rentra au camp très surexcité et raconta qu'il avait vu un grand serpent ramper à travers la prairie. Cela causa beaucoup d'émoi. Une observation attentive révéla le fait qu'un panache de fumée suivait le prétendu serpent. C'était là le premier train à voie ferrée de l'Union Pacific Railroad. Pour les Indiens, c'était quelque chose de fort curieux, aussi se mirent-ils à grimper sur les hauteurs pour voir courir ce train et entendre les bruits étranges qu'il faisait. Quand ils virent que le « serpent » rampait sur une voie de fer et ne la quittait pas, ils commencèrent à s'enhardir un peu et se rapprochèrent pour mieux examiner cette chose curieuse.

A quelque temps de là une bande de guerriers de notre tribu revenait au camp. Très altérés, ils s'arrêtèrent à la station du chemin de fer pour prendre de l'eau. Le blanc qui en avait la charge les obligea à s'en aller sans leur donner à boire. Peut-être avait-il peur des Indiens, ou bien, leur ayant fait quelque mal, pensait-il qu'ils étaient venus pour le châtier. Son attitude mit les Indiens en fureur. Ils trouvaient étrange que les Blancs fassent passer un chemin de fer sur leurs territoires et que, malgré cela, ils ne veuillent même pas leur donner d'eau à boire.

Aussi cette bande de guerriers, en revenant au camp, raconta l'accueil que leur avait fait ce Blanc. Aussitôt on réunit un conseil et on décida d'agir. Ma mère avait entendu ce qu'avaient dit les hommes ; après m'avoir confié à ma grand'mère, elle se munit d'une petite hache et suivit les guerriers. Lorsqu'ils furent arrivés à la voie du chemin de fer, ils décidèrent de détruire quelques rails et les pièces de bois auxquelles ils étaient fixés. Ma mère brisait les attaches et les hommes enlevaient les rails, après quoi, la bande, se retirant à un mille environ, attendit pour voir ce qui allait se passer quand le train arriverait.

Lorsque l'équipe du train aperçut les Indiens au loin, elle commença à tirer sur eux. Ceux-ci cravachèrent alors leurs poneys et leur donnèrent la chasse. Les hommes qui étaient dans le train étaient si occupés à se moquer des Indiens et à s'amuser de leurs efforts pour les rattraper, qu'ils oublièrent de regarder la voie devant eux, ne soupçonnant pas que les Indiens fussent assez habiles et assez rusés pour leur tendre un piège. Lorsque le train atteignit l'endroit où la voie était détruite, il sortit des rails et fut terriblement endommagé.

Ma mère s'était cachée près de là et, lorsque le train dérailla, elle accourut. Il se trouva que c'était un train de marchandises emportant vers l'Ouest lointain toutes sortes de denrées, parmi lesquelles il y avait une grande quantité de sucre d'érable, de cotonnades et de perles. C'est dans cet accident de chemin de fer que ma mère trouva les premières perles que les Sioux aient jamais vues. Avecela, tout le travail d'ornementation des mocassins ou des vêtements se faisait avec des piquants de porc-épic teints.

Pour en faire usage, les femmes les mettaient dans leur bouche pour les ramollir, puis les aplatissaient avec leur ongle avant de les poser.

Ma mère était fort ingénieuse, aussi conçut-elle l'idée de faire usage de perles à la place des piquants et de voir ainsi quel aspect cela aurait. Elle perla de cette façon une bande de peau de bison, employant pour faire le fond du dessin des perles jaunes au lieu des blanches dont on se sert maintenant. Cette bande perlée, elle la cousit sur une peau de jeune bison qui me servait de couverture. Je fus donc le premier Indien Sioux à porter une couverture garnie de perles.

Pendant l'été qui suivit ma naissance, les Sioux des pays du nord vinrent nous rendre visite. C'était vraisemblablement vers l'époque de la Danse du Soleil, cérémonie religieuse qui réunissait la tribu tout entière. Près de notre camp dans les Black Hills, coulait une petite rivière que des pluies abondantes avaient grossie. Ma mère avait planté notre tipi près d'un endroit où l'eau était peu profonde, et comme c'était là le meilleur gué, nos visiteurs y passaient sur leurs poneys en faisant jaillir de grandes gerbes d'eau, puis montaient la colline où notre tente était placée. Ma mère m'avait mis à l'entrée, enroulé dans ma couverture de peau de bison ornée de la bande perlée, avec auprès de moi une grande jatte de « wasna » ou hachis indien, en signe de bienvenue : je jouai ainsi le rôle de « comité de réception ». Tous les Indiens s'arrêtaient en passant pour me donner une caresse et prendre du hachis. Ma mère avait fait cela en l'honneur de mon père.

Quelquefois les petits incidents de notre vie ressortent plus que les grands. Un de mes premiers souvenirs est celui d'une levée de camp la nuit. J'étais endormi dans un « hunpa wanjila », ou travois comme on l'appelle aujourd'hui. Un des chevaux en se retournant força les perches à se croiser me pinçant très péniblement à la hanche. Je me réveillai en pleurant et il fallut que ma mère vienne me consoler. Lorsque, devenu grand, je mentionnai ce petit incident à ma mère, elle me dit que j'avais environ deux ans quand il était arrivé.

A cette époque nous ne savions rien de Noël avec ses échanges de présents, tel que le connaissent maintenant les enfants de tous les pays, mais lorsque nous étions assez grands pour marcher seuls, garçons ou filles, nous recevions des cadeaux utiles. Nos parents nous fabriquaient de nombreux jouets. Un des premiers cadeaux que je reçus de mon père fut un arc et des flèches. Il les fabriqua lui-même et peignit l'arc en rouge ce qui voulait dire qu'il avait été blessé au combat. Les flèches, elles aussi, étaient pareillement peintes. Comme j'étais très jeune alors, elles étaient terminées par une boule, au lieu d'une pointe aiguë et l'arc n'était pas dur à bander. Cet arc et ces flèches marquaient le début de mon éducation indienne. Ils allaient être mon arme de guerre et devaient me procurer ma nourriture ; aussi devais-je les garder toujours près de moi. Mon père m'apprit à tenir mon arc correctement dans la main gauche et à tendre la corde de la main droite en tirant vers moi. La flèche devait venir se placer sur le côté gauche de l'arc à plat sur le pouce. Mon père me recommanda de toujours bien viser et d'avoir grand soin de cet arc et de ces flèches. Un jour, dit-il, il serait heureux de me voir fouler le sentier de la guerre et conquérir mes propres « marques de distinction ». Aussi je gardais toujours mon arc et mes flèches auprès de moi, car ils disaient la bravoure de mon père, ce dont j'étais très fier, tout le monde dans le camp sachant ainsi qu'il avait été blessé dans un combat.

Nous, les garçons, nous avions l'habitude de jouer autour du camp en tirant à l'arc, mais il nous fallait retrouver nos flèches perdues. Quelquefois, ce n'était pas tâche aisée, mais mon père m'apprit à les chercher. Aussitôt que je fus capable de me tenir sur un poney, il m'en donna un. Ce cadeau fut un événement important de ma jeune existence. Les poneys indiens étaient de douces petites bêtes.

Quand ils paissaient dans la plaine, nous autres, garçons, pouvions nous approcher tout près d'eux, ils ne paraissaient pas effrayés ; en fait, ils étaient si doux que nous les attrapions à la main. Les merles avaient toujours l'habitude de suivre les troupeaux de poneys quand ils paissaient, car ils recevaient d'eux, et cela sans aucune peine, leur repas ; les poneys en effet en marchant à travers les herbes effrayaient des myriades de sauterelles, que les oiseaux avalaient goulûment. Aussi merles et poneys indiens ont-ils toujours été de bons amis. C'était un spectacle assez commun de voir quelques-uns de ces oiseaux perchés sur le dos d'un poney.

Un jour mon père m'emmena tirer un oiseau. Il me montra comment il fallait ramper sur le sol pour approcher du gibier. Nous allâmes vers le champ où pâturaient les poneys. Mon père et moi réussîmes à nous glisser tout près d'eux sans qu'ils fussent le moins du monde effrayés. Je fis usage de mes flèches à boule mais, malgré tous mes efforts, je ne pus arriver à atteindre un oiseau, aussi nous retournâmes au camp. Je me sentais très humilié car j'aurais voulu faire plaisir à mon père.

Le jour suivant, mes cousins et mes oncles partaient chasser des oiseaux, je les suivis. Ce jour-là je tuai mon premier oiseau. Cet événement me causa une véritable émotion ! Quand nous arrivâmes au camp, mon père était tout heureux d'apprendre que son fils avait tué un oiseau ! Aussi ordonna-t-il au crieur du camp d'annoncer que son fils « Ota Kte » ou « Beaucoup tué » avait abattu son premier oiseau et que pour cela « Ours Debout », son père, donnait un cheval. Dans tous les camps indiens il existe un vieil homme qui joue le rôle de héraut pour faire l'annonce des événements importants. En cette occasion, le cheval fut donné à un vieillard très pauvre.

Ce fut là le commencement de mon éducation religieuse. A ma naissance, mon père avait prié le Grand Esprit afin qu'il fît de moi un guerrier et, pour le devenir, il me fallait tirer juste. Aussi, lorsque je tuai mon premier oiseau, nous crûmes que c'était là la réponse à la prière de mon père et quand une prière est exaucée, nous sacrifions toujours quelque chose. Ainsi, ce présent fut fait à un vieil homme qui était trop pauvre pour jamais pouvoir nous le rendre.

Je commençais à me sentir un très grand garçon et le camp entier faisait attention à moi. Bientôt arriva avec l'automne le moment de changer de camp. Pendant que les plus âgés en discutaient, mes cousins et mes oncles étaient fort occupés à préparer une partie de chasse au daim. J'écoutai tout ce qu'ils se disaient. Il fut décidé de partir lorsqu'on lèverait le camp et de chasser à une petite distance de la colonne. Mes parents ne pensèrent pas un instant que j'allais les suivre et ils étaient bien trop occupés à chercher le gibier pour faire attention à moi.

En partant, mes cousins avaient réellement l'intention de rester en vue du camp en mouvement, mais nous nous en éloignâmes de plus en plus tout le temps. Lorsque le soleil fut très haut dans le ciel, il commença à faire très chaud. Nous avions tout à fait perdu le camp de vue et ne pouvions pas trouver d'eau pour étancher notre soif. Je souffrais beaucoup de la chaleur et je me mis à pleurer. C'est alors que les plus grands garçons s'aperçurent de ma présence et commencèrent à s'inquiéter. Nous étions dans une situation désagréable. Heureusement, un des jeunes gens ayant tué un daim, un de mes oncles recueillit un peu de sang tout chaud dans ses mains et m'en donna à boire. Ce sang était loin d'être rafraîchissant, mais il apaisa cependant ma soif. Celui qui avait tué le daim le découpa et en donna un quartier à chacun, car nous avions tous pris part à la chasse ce jour-là. Comme j'étais le plus petit de la bande, je reçus le plus petit morceau de viande.

Les plus grands garçons attachèrent ma part de viande de daim et la suspendirent à mes épaules. Le soir venait rapidement et nous étions à pied, rebroussant chemin pour essayer de retrouver le camp. J'étais très fatigué, mais je fis de mon mieux pour être courageux et suivre les autres. Soudain, chevauchant à l'horizon et venant vers nous, nous vîmes sur une colline éloignée un cavalier solitaire.

Il conduisait un deuxième poney. Nous ne savions pas si c'était un ami ou un ennemi, aussi les plus grands d'entre nous s'apprêtèrent à combattre, s'il le fallait.

Lorsque le cavalier nous aperçut, il nous fit des signaux. C'était mon père, parti à notre recherche. J'étais joliment heureux de le voir. Le deuxième poney était ma petite monture. Mon père, me soulevant dans ses bras, me mit à cheval et plaça un des plus petits garçons derrière moi, prenant un autre petit bonhomme avec lui sur son propre cheval. Dans cet équipage, nous revînmes au camp très fatigués mais bien heureux de nous retrouver au logis.

Mon père appela le vieux crieur du camp pour annoncer alors que son fils « Ota Kte » ou « Beaucoup Tué » avait rapporté au camp son premier quartier de viande et que, pour cette raison, Ours Debout allait à nouveau donner un poney, qui fut attribué à un autre vieillard. Mon père était si fier de moi qu'il était tout heureux de faire ce don.

CHAPITRE II

LE TIPI

Notre vie familiale commençait dans le tipi. C'est là que nous naissions, et nous aimions notre home. Il est probable qu'une telle demeure semblerait étrange à un enfant de race blanche, mais si vous avez jamais l'occasion de vivre dans une de ces tentes, vous la trouverez très confortable — à condition que ce soit un vrai tipi, pas de ceux qu'emploient les compagnies cinématographiques.

Quand j'étais petit, notre tribu toute entière avait des tipis faits de peaux de bisons. Les uns étaient de grande dimension ; les autres tout petits, selon la richesse de leur propriétaire. Dans mon enfance, un homme évaluait sa fortune d'après le nombre de chevaux qu'il possédait. Si le tipi était grand, il fallait de nombreuses perches pour le monter, ce qui nécessitait un nombre considérable de chevaux pour les emporter lorsqu'on levait le camp.

Pour monter un tipi de petite taille, il fallait à peu près douze perches, ces perches n'étant pas très longues, il suffisait de deux chevaux pour les porter lorsqu'on était en marche. Pour un grand tipi, on en comptait de vingt-cinq à vingt-sept et qui devaient être sensiblement plus longues. Lorsqu'on levait le camp, il fallait environ six chevaux pour transporter convenablement un tipi important. Nous étions libres de partir quand il nous plaisait. Aussi, pour avoir un grand tipi, fallait-il d'abord s'assurer assez de chevaux pour le transporter. Celui de mon père était le plus grand de la tribu. Lorsque nous dressions le camp, tout le reste de notre clan se plaçait à une certaine distance, craignant que pendant la nuit un vent trop violent ne renversât notre tipi sur eux.

Au sommet, deux pans servaient de pare-vent. Lorsque

le vent du nord soufflait trop fort, on relevait le pan de ce côté ; c'était l'autre que l'on dressait quand la tempête venait du sud. Nos tipis étaient toujours orientés face à l'est, de sorte que nous tournions toujours le dos à l'ouest.

Lorsqu'il pleuvait, on rabattait les deux pans et on les attachait à une perche fixée au sol. Dans un tipi bien monté, il n'y avait jamais de fumée, car on ménageait une cheminée de tirage au sommet. Quand la neige tombait en abondance, elle s'amoncelait tout autour de la tente, ce qui aidait encore à nous maintenir au chaud. La nuit, s'il tombait de la pluie et du grésil, il était bien agréable d'y être au lit et d'entendre la tempête venir battre contre les parois. Même, cela nous endormait.

Pour dresser convenablement un tipi, on plaçait d'abord trois perches sur le sol, l'une d'elles plus longue que les autres. Celle-ci devait servir à ménager l'ouverture de la porte. On liait ces trois perches ensemble, à l'aide d'une corde de *rawhide* (1), puis on les mettait debout.

On étendait ensuite l'enveloppe du tipi sur le sol et on la pliait en deux. On plaçait au milieu de la partie postérieure de cette enveloppe une perche que l'on attachait au sommet.

On disposait autour des trois perches qui étaient debout toutes les autres, sauf deux, que l'on réservait pour les pans. Lorsqu'elles étaient toutes en place, on dressait celle qui supportait l'enveloppe du tipi. On tirait alors un des bords du tipi jusqu'à l'espace réservé à la porte d'entrée, puis l'autre bord jusqu'à ce qu'il rejoignît le premier.

Un garçon grimpait en haut du tipi et fermait le devant à l'aide d'aiguilles de bois qui devaient maintenir les bords de la tente, pendant que les femmes la fixaient au sol avec des chevilles plus grosses faites en bois de merisier. Ces piquets avaient environ quinze pouces de long et on leur laissait de l'écorce sur une longueur de deux pouces, ce qui empêchait la peau de glisser sur eux.

Au centre de la tente, on dressait un grand feu et il y

(1) *Rawhide* : peau brute, sans poil ; cuir dur, rigide, préparé à la façon indienne, sans tannage et servant principalement à la fabrication des « pare-flèches », ou sacs de peau dure.

Le tipi en été et en hiver

(D'après les dessins de l'auteur)

faisait toujours bon et chaud quel que fût le temps qui régnât au dehors.

Sans doute vous vous demandez quelle sorte de meubles nous avions dans notre logis à cette époque. Nous n'en avions certes pas beaucoup, mais cela nous suffisait pour être heureux.

Nous n'avions pas de bois de lit, mais seulement une sorte de trépied lié par une corde en peau de daim. On y suspendait une sangle en peau semblable, traversée de branches bien droites, celles-ci placées en avant du trépied et allant à un second trépied.

Elles n'étaient pas de la même longueur, courtes en haut et plus longues en bas et étaient rattachées à la sangle de façon à ce qu'on pût en faire un paquet roulé quand le moment était venu de lever le camp. Par-dessus ces petites branches, on plaçait une peau de bison, fixée par la tête au sommet du trépied. Les branches empêchaient la peau de bison de glisser entre les deux bâtons du trépied et servaient de dossier. Ces supports avaient environ cinq pieds de haut. Les peaux étaient très longues et traînaient un peu sur le sol. Au milieu, on mettait une autre peau. Cela faisait une belle couche où il faisait bon dormir. Les lits étaient disposés tout autour du tipi.

Derrière le lit, contre la paroi de la tente, on suspendait à des perches une peau tannée sur laquelle était peinte l'histoire de la famille. Ces peaux étaient pour l'Indien ce que sont pour les Blancs les tableaux de leurs maisons. Quand on assistait à une danse on pouvait porter cette peau en guise de couverture.

Derrière le lit et devant cette peau, l'épouse gardait les sacs de rawhide. Ceux-ci étaient des objets de fantaisie fabriqués par les femmes. Lorsque l'on rapportait une peau pour cet usage, on la fixait d'abord sur le sol avec des piquets et les femmes en enlevaient la chair en la raclant. Puis on la lavait à l'eau pour être sûr qu'elle fût propre. Pendant qu'elle était encore humide, on la peignait. A cette époque nos couleurs étaient faites avec de la terre cuite et des baies sauvages.

Les pots de peinture étaient des carapaces de tortues. Le pinceau dont se servait l'artiste n'était pas un vrai pinceau, mais un petit os, un peu déchiqueté à l'extrémité, de façon à retenir la peinture. La règle à dessin était un bâton bien droit.

La femme à qui revenait le rôle de peintre préparait tout ce qu'il fallait pour décorer la peau et mêlait les couleurs avec de l'eau. Elle s'agenouillait sur la peau, y dessinait ses modèles, qu'elle peignait ensuite avec toutes les couleurs qu'elle trouvait jolies et qui plaisaient à son imagination.

Il fallait peindre le sac de façon à ce que les dessins des deux bords se marient au centre lorsqu'ils étaient pliés. On perçait des trous le long de ces bords et on y passait une lanière de peau de daim qui servait à les réunir. Le côté décoré du sac était cousu de cette façon. Quant à l'autre côté, il avait une lanière de peau de daim, qui servait à l'attacher à la selle lorsque l'on était en route.

Quand le grand sac était terminé, les morceaux qui restaient trouvaient encore leur emploi. On y découpait des semelles de mocassins : ces morceaux-là n'étaient pas peints, mais ceux avec lesquels les femmes devaient faire de petits sacs l'avaient été en même temps que le grand. Elles faisaient aussi une petite poche qui servait de sac à ouvrage. C'est là qu'elles mettaient leur nécessaire de couture : l'alène et le fil de nerf. Elles en faisaient aussi une gaine pour leur peigne. A cette époque, un peigne était fait d'une queue de porc-épic. Un autre sac contenait les couleurs et les pinceaux. Enfin, avec les morceaux qui restaient encore, on faisait quelquefois des gaines pour les couteaux. Tous ces objets peints de fort jolis dessins étaient l'œuvre exclusive des femmes. Le sac qui devait contenir la coiffure de guerre était aussi peint et décoré, mais tout ce qui devait servir à la guerre était l'œuvre des hommes.

Quelques-uns de ces sacs contenaient la viande séchée pour la provision d'hiver. D'autres renfermaient le fil de nerf, les morceaux de peau et les semelles de mocassins. En fait, les Indiens se servent de ces sacs comme les

Blancs de leurs malles. Celui qui contenait le bonnet de guerre était toujours suspendu au trépied du lit : on ne le posait jamais à terre.

Les autres sacs contenant la garde-robe familiale étaient faits et décorés avec des piquants de porc-épic teints. Ils étaient de forme arrondie et découpés dans de la peau de bison tannée. Les femmes leur donnaient la taille qu'elles désiraient, les cousaient avec du fil de nerf et les fermaient avec des lanières en cuir de daim.

A cette époque, nous mangions du porc-épic. On employait toutes les parties du corps de cet animal. Les poils servaient à fabriquer les coiffures de danse ; de la queue on faisait un peigne; les piquants, teints par les femmes, servaient à toutes sortes de travaux de décoration.

Ce travail en piquants de porc-épic était véritablement un art. L'arrachage des piquants demandait un certain temps et il fallait faire attention à ne pas se les enfoncer dans les doigts. Leur teinture était aussi tout un art et une science.

Lorsqu'une femme décorait un sac, elle mettait quelques-uns de ces piquants teints dans sa bouche pour les humecter. Elle les aplatissait ensuite avec l'ongle et les enfilait dans de petits trous faits avec une alène. Pour ce travail on employait différents coloris et, quand il était terminé, on obtenait un dessin d'un fort joli effet. On mettait plusieurs rangs de piquants autour du sac. Si l'on voulait avoir un sac de fantaisie, on ajoutait quelques glands sur les côtés.

Quand ces sacs de forme ronde étaient en place sur ceux en rawhide, la peau peinte suspendue derrière, les lits faits et le feu allumé, le tipi était aussi coquet que n'importe quelle maison de Blanc.

Quand nous étions tous établis dans nos quartiers d'hiver, nos femmes arrangeaient le tipi de façon à le rendre aussi confortable et accueillant que possible. Ce n'était pas pour le Thanksgiving Day (jour d'actions de grâce), car on nous apprenait à être reconnaissants tous les jours, non plus que pour Noël ou le Nouvel An car nous ne connaissions pas du tout ces fêtes des Blancs. C'était seulement pour notre plaisir et pour avoir l'assurance que nous serions à l'abri pendant les longs mois d'hiver.

L'entrée des Black Hills (Collines Noires), était un passage étroit connu sous le nom de la « Brèche au Bison ». Les animaux sauvages franchissaient cette brèche pour se protéger des vents glacés de l'hiver et les Sioux en faisaient autant. Il y avait là des sources d'eau vive et beaucoup de bois. La nature semblait nous y accueillir dans ses bras et nous étions heureux d'y vivre dans nos humbles tipis pendant le rude hiver.

Naturellement, au bout d'un certain temps, nos tentes commençaient à vieillir et à s'user. Les perches se cassaient. C'était alors le moment de songer à en faire d'autres. La tribu tout entière était dans les Collines Noires, où elle pouvait se procurer toutes les perches qu'elle désirait. On employait pour cela les pins sauvages, car c'étaient les arbres les plus droits et il y en avait de toutes les dimensions. Les hommes commençaient par abattre à la hache autant d'arbres qu'il en fallait et les halaient au camp un à un. On leur enlevait leur écorce et toutes leurs petites branches. Quand tous les pins avaient été amenés au camp, on en dressait un contre un arbre non abattu pour servir d'aisselier. On fixait un morceau de bois au couteau de chasse pour faire une plane. Pour remplir ce rôle, avant que les Indiens eussent des couteaux en acier, on employait une pierre tranchante. Comme la plupart des perches étaient coupées à peu près à la taille requise, il ne fallait pas beaucoup de travail pour les terminer. L'Indien n'avait pas de maître au-dessus de lui et travaillait à sa guise.

Lorsque les perches étaient prêtes, on les disposaient en faisceaux pour les faire sécher. Si l'une d'elles commençait à se courber pendant le séchage, on la retournait, la partie incurvée vers l'extérieur. Ceci servait à les redresser. Il leur fallait environ trois jours pour sécher et être bonnes à employer.

Pendant que les hommes les plus robustes préparaient les perches, les plus âgés trouvaient aussi beaucoup à faire.

Ils taillaient les piquets destinés à fixer le tipi au sol et préparaient les aiguilles de bois qui servaient à maintenir fermé le devant de la tente. Quand ils avaient terminé, ils fabriquaient d'autres bâtons de deux pieds de long environ, ayant à une extrémité un trou dans lequel on passait une lanière de rawhide. Ils devaient servir au cours des changements de camp. Toutes les perches du tipi avaient un trou à une de leurs extrémités. Quand le moment était venu de lever le camp, on attachait ces petits bâtons à autant de perches qu'un poney pouvait en porter sur un côté. La lanière de rawhide passée dans les trous des perches les empêchait de glisser et de se perdre.

Alors que toutes les perches, baguettes, épingles en bois et piquets étaient préparés pour le nouveau tipi, la prochaine et plus dure besogne était de se procurer les peaux qui devaient recouvrir les montants du tipi. La tribu tout entière se mettait en marche vers le Nebraska Nord, qu'elle savait être un excellent terrain de chasse. On envoyait en avant des guetteurs pour situer les troupeaux de bisons. Quand ils étaient de retour après avoir découvert l'emplacement d'un troupeau, les chasseurs se préparaient à partir pour la chasse.

Tous les parents se rassemblaient et s'entendaient alors pour que les peaux de la première chasse soient données au chef du clan. Si elle ne lui en procurait pas assez, le produit de la chasse suivante devait lui être aussi attribué. Les chasseurs tuaient autant de bisons qu'il leur était possible et les peaux étaient enlevées avec beaucoup de soin. Comme elles devaient servir à recouvrir les tipis, il ne fallait pas qu'elles aient de trous.

Dès que l'on apportait les peaux, nos femmes les étendaient sur le sol, la chair en dessus et les fixaient avec des chevilles pour les tendre pendant qu'elles étaient encore fraîches. Puis trois ou quatre femmes commençaient à enlever toutes les parcelles de viande qui restaient encore sur la peau. Avant que le fer ou l'acier soient employés pour cette besogne, elles se servaient d un morceau de silex ou d'une pierre tranchante. Ces « racloirs à viande » avaient la forme d'une pince avec des dents à une extrémité. Le manche était recouvert d'une peau de daim, avec une lanière que l'on fixait autour du poignet, ce qui aidait à tenir l'instrument.

Lorsque toute la chair avait été enlevée et que la peau était sèche, on la retournait le poil en dessus. Puis, à l'aide d'un outil fait avec une corne d'élan, on la grattait jusqu'à ce que tout le poil fût enlevé. Pour se servir de cet outil, les femmes le saisissaient à deux mains et le maniaient en le tirant vers elles. Elles étaient très habiles à ce travail.

Une fois tout le poil arraché, on voyait apparaître une couche de peau sombre. On l'enlevait de la même façon et il en apparaissait une deuxième qui était blanche. Celle-ci, les femmes l'enlevaient avec soin par petits lambeaux, qui servaient à préparer une excellente soupe. On faisait cuire ensemble la cervelle et le foie du bison, ce qui donnait une sorte de mélange dont on enduisait toute la peau, que l'on pliait en un paquet carré. On empilait ces paquets et on les laissait ainsi quatre ou cinq jours.

On fabriquait alors un cadre pour y étendre la peau lorsqu'on la développait. Ce cadre était fait de perches rondes attachées ensemble aux quatre coins avec des lanières de rawhide. Lorsqu'on dépliait la peau, elle était humide. On la fixait au cadre à l'aide d'une lanière de rawhide passée dans les trous que les chevilles avaient faits à ses bords. La bouillie de cervelle et de foie enlevée avec un racloir, on lavait la peau à grande eau jusqu'à ce qu'elle soit parfaitement propre. Les femmes prenaient ensuite une pierre de grès et ponçaient toute sa surface, ce qui la rendait très douce.

On attachait ensuite une corde de tendon tressée à un arbre naturellement courbé, l'autre bout était fixé à un piquet enfoncé dans le sol : ce qui tendait la corde comme celle d'un arc. On enlevait alors la peau de son cadre ; et, la plaçant sur cette corde, les femmes la tiraient d'avant en arrière, lui donnant un mouvement de va-et-vient jusqu'à ce qu'elle soit très souple. Le résultat de cette opération était un superbe tannage blanc.

A cette époque, les femmes de nos tribus portaient des vêtements à manches fendues et, pour une personne placée derrière elles pendant qu'elles tiraient sur la peau, elles ressemblaient à des anges qui volent avec leurs longues manches battant comme des ailes.

Ces peaux étaient alors prêtes à être mises de côté jusqu'à ce qu'il y en eût suffisamment pour faire un tipi. Pendant qu'un certain nombre de femmes étaient occupées à tanner les peaux, d'autres faisaient la cuisine, préparaient la viande séchée et mettaient les fils de nerf à sécher sur des perches. Ces fils de nerf étaient la corde animale, et les femmes s'en servaient en guise de fil. Rien ne se perdait, je vous l'assure. Quand on avait préparé un nombre suffisant de peaux pour le tipi, on coupait les parties trouées et on cousait les peaux ensemble.

Pour prendre les mesures d'un tipi, on mettait deux perches sur le sol en les écartant à angle droit. Tous les tipis étaient faits de façon à avoir l'air d'être assis. Quand les peaux étaient cousues ensemble, les femmes les plaçaient sur les perches et leur donnaient une forme circulaire à la partie inférieure tout comme les femmes blanches arrondissent le bas de leurs robes. Quand on avait cousu suffisamment de peaux pour remplir l'espace entre les deux perches, on les roulait autour de la perche postérieure. On y cousait encore d'autres peaux jusqu'à ce qu'elles atteignent la perche antérieure. On ménageait un petit morceau de peau au sommet et à la partie postérieure. C'est à ce morceau que la corde en rawhide était fixée pour attacher le tipi à la perche qu'on levait la dernière pour monter la tente.

A cette époque, nos femmes n'avaient pas de « réunions de couture », mais quand il fallait faire un tipi, elles s'assemblaient toutes avec leurs fils de nerf et leur alène — celle-ci faite d'un os de l'aile d'un aigle. Elles s'asseyaient et, tout en riant et en plaisantant, perçaient les trous avec leur alène et enfilaient les fils de nerf que l'on avait gardés parmi les restes des bisons. Cela ne leur semblait pas être un vrai travail.

Quand le nouveau tipi était tout prêt à être dressé, on démontait l'ancien, mais on ne jetait pas la peau qui le recouvrait. Le moindre morceau trouvait un emploi. Convenablement fumée, cette peau devenait imperméable et, tout au long de l'hiver, on en faisait des mocassins et des jambières. Quelquefois, elle servait à faire un carquois pour l'arc et les flèches. Plus tard, lorsque les Indiens commencèrent à avoir des fusils, ils se servirent de cette vieille peau pour faire des étuis, ainsi elle était entièrement utilisée.

Nous ne possédions pas beaucoup d'ustensiles de cuisine. Quand on tuait un bison, on faisait très attention en enlevant l'estomac à ne pas le percer. La tunique interne (ou tripe), bien lavée et placée sur quatre bâtons, faisait une sorte de récipient qui pendait entre ceux-ci. La viande, que l'on avait eu soin de laver, était placée dans ce sac-estomac, on y ajoutait de l'eau et du sel. Puis on faisait chauffer des pierres sur un feu voisin et on les mettait dans le sac. La chaleur dégagée par les pierres faisait bientôt bouillir l'eau, la viande était cuite et la soupe bientôt prête. Alors nous nous asseyions pour nous restaurer.

En guise d'assiettes nous avions des carapaces de tortues ou bien des billots de tronc d'arbres creusés. Les cuillères étaient faites de cornes de buffalos ou de chèvres de montagne. Ces cornes, après avoir été ramollies par l'ébullition, étaient coupées en deux. Pendant qu'elles étaient encore chaudes, on leur donnait une forme de cuillère. Quelques-unes étaient plus grandes que les autres, on en faisait une sorte de louche.

Une fois que toute la soupe et toute la viande avaient disparu du sac, on découpait celui-ci et on le mangeait. Cela nous épargnait du lavage de vaisselle, puisqu'il n'y avait pas de pots à laver et que nos plats étaient peu nombreux. A cette époque, nous ne connaissions ni le café, ni le pain ; notre menu comprenait en tout de la viande et de la soupe.

Si la tripe devait être mangée sans servir comme sac à soupe, on enlevait avec soin la peau externe. Cette peau était très solide. Une fois nettoyée et tannée, on la suspendait à l'intérieur du tipi pour y mettre de l'eau. Nous n'avions pas besoin de tasses avec ce récipient. Quand nous voulions boire, il nous suffisait de presser le fond du sac et l'eau venait affleurer le bord. Quelquefois nos mères y mettaient des feuilles de menthe sauvage, ce qui donnait un bon goût à l'eau que nous buvions. En été, cette outre était suspendue sous un arbre et nous, les enfants, nous n'avions pas besoin d'entrer dans le tipi pour boire.

Nos femmes indiennes confectionnaient aussi une friandise appelée « wasna » ou hachis indien. Elles le préparaient en hachant les os et en les mettant à bouillir jusqu'à ce qu'ils deviennent mous et que la graisse monte à la surface de l'eau. On écumait cette graisse et on la mettait de côté. On grillait de la viande séchée et on la pilait finement avec un marteau de pierre. Quelquefois on ajoutait des cerises sauvages. On faisait alors fondre la graisse et on la mélangeait avec les cerises sauvages et la viande pilée. Lorsqu'il avait été bien préparé, ce hachis se conservait quelque temps. Les femmes gardaient généralement une peau de tripe dans laquelle elles l'enveloppaient, il durcissait alors un peu comme le fromage de tête chez les Blancs.

Quand on devait donner un grand repas, la femme qui pouvait offrir une de ces peaux pleine de hachis en était très fière. Quand un guerrier partait pour une longue expédition, il en emportait habituellement un peu, de même les braves qui partaient sur le sentier de la guerre, car de cette façon il n'était pas nécessaire d'allumer de feu, ce qui pouvait révéler la présence des Indiens à leurs ennemis.

Si elles voulaient changer un peu le menu, les femmes pilaient de la viande séchée et rôtie jusqu'à ce qu'elle soit tendre. On la servait alors avec la graisse provenant de la cuisson des os — de la même façon que les Blancs se servent de beurre pour donner du goût à leur bifteck.

Aux premiers jours de printemps, lorsque nous quittions nos quartiers d'hiver, notre clan d'Indiens avait plus d'allure que n'importe quelle grande parade de cirque.

Chaque famille avait sa place marquée dans le rang. Personne ne s'efforçait jamais de dépasser ceux qui étaient devant — comme le font aujourd'hui les Blancs avec leurs automobiles.

Pendant la route, tous les poneys portant les perches du tipi d'une famille allaient ensemble. Puis venait celui qui portait l'enveloppe du tipi. Celle-ci était pliée de telle façon que le poids était égal de chaque côté. Ensuite venaient les poneys portant les sacs. Ceux de rawhide étaient suspendus aux selles, un de chaque côté. Au-dessus, on mettait les sacs ronds et au milieu, la partie du lit faite de branches tendues sur une peau de daim. Comme celle-ci était généralement décorée, lorsqu'elle était roulée, on voyait une grande variété de couleurs.

Les tout jeunes enfants voyageaient sur des travois tirés par des poneys très doux, leur maman les conduisait, montée elle-même sur un cheval. Les garçons et les filles plus âgés montaient leurs propres poneys et s'amusaient à poursuivre les oiseaux et à chasser, jusqu'à ce qu'ils arrivent à l'emplacement du nouveau camp.

Dans ce remue-ménage de changement de camp, de préparatifs des enfants et de mise en route de la caravane, bien qu'il y eût plusieurs centaines de personnes, il n'y avait pas de confusion, pas de courses éperdues, pas de jurons et pas de commandements sévères. Chacun savait que l'on changeait de camp et chacun ou chacune faisait son devoir sans avoir besoin d'ordres. Le camp tout entier se mettait en route sans bruit.

Les vieux guerriers s'avançaient les premiers à pied. Ils étaient toujours en avant et nous nous reposions sur eux. Ils avaient l'expérience et connaissaient parfaitement la topographie du pays. Si le départ avait lieu avant le lever du soleil, quel magnifique spectacle nous offrait la lueur dorée du jour naissant ! Nos vieux braves s'asseyaient alors pour attendre le lever de l'astre, pendant que nous restions debout autour d'eux, retenant nos chevaux. L'un d'entre eux allumait alors le calumet et, pendant que le soleil montait au-dessus de l'horizon, la tribu tout entière se tenait immobile : la cérémonie du Grand Esprit commençait. Le moment était solennel : le vieillard, tenant le fourneau de la pipe dans ses deux mains, pointait le tuyau vers le ciel, puis vers l'est, le sud, l'ouest et le nord, enfin vers la terre, notre mère à tous. Pendant la cérémonie, on faisait une prière ; les hommes fumaient, après quoi ils mettaient la pipe de côté. Quelquefois, en cette occasion, nous prenions quelques aliments. Une fois que cette cérémonie avait été accomplie, nous nous sentions en quelque sorte plus en sûreté pour nous mettre en route.

Les vieux braves reprenaient la tête de la caravane et, quand ils arrivaient à un endroit convenable et bien fourni en herbe, avec beaucoup de bois et d'eau, ils s'asseyaient. Nous savions alors qu'ils avaient trouvé un campement pour la nuit et tout le monde était heureux. Chacun se mettait en devoir de chercher un endroit pour planter son tipi. Pour cela, nulle hâte ; nous prenions tous notre temps. Chaque femme montait son tipi. Bientôt le camp tout entier était un grand cercle de tentes, les feux étaient allumés et nous étions prêts à manger. Pendant ce temps, les hommes débridaient les chevaux et voyaient ce dont ils pouvaient avoir besoin.

Quelquefois nous repartions le lendemain matin. D'autres fois nous restions plusieurs jours au même endroit. Mais comme nous allions vers nos quartiers d'été dans le nord du Nébraska et que la distance à parcourir était considérable, nous, les enfants, nous avions hâte de nous mettre en route de nouveau.

S'il survenait quelque mésentente au sujet du départ, les vieux braves rentraient dans leurs tipis et tenaient conseil. S'il était décidé de faire une longue étape le jour suivant, un des hommes faisait le tour du camp et avertissait tout le monde d'avoir à se mettre au lit de bonne heure de façon à être prêt à partir tôt le lendemain matin. Les femmes préparaient de l'eau pour emporter dans le cas où nous n'en trouverions pas pendant l'étape du jour.

De très bonne heure, le matin suivant, nous pouvions

entendre l'appel du vieil homme passant devant les tipis. Il criait : « Co-oco-o ! » Cela voulait dire « Levez-vous ! » et nous nous levions. Nous ne posions pas de questions telles que : « Quelle heure est-il ? Puis-je rester couché un moment de plus ? » Nous, les garçons, nous nous levions toujours tout de suite pour montrer que nous étions de jeunes hommes.

Notre voyage nous prenait beaucoup de temps. Mais nous nous arrêtions quand nous le voulions et nous restions sur place aussi longtemps que cela nous plaisait. Il n'y avait pas de course précipitée. Finalement nous atteignions notre destination et notre camp était bientôt monté. Alors on choisissait un éclaireur pour aller à la recherche du bison. Quand il revenait, les chasseurs partaient et le camp était transporté près de l'endroit où se trouvaient les buffalos. De cette façon, le travail n'était pas aussi pénible pour les femmes que s'il avait été très éloigné. Lorsque la viande fraîche arrivait au camp, nous faisions tous un grand repas et, à la fin de la nouvelle journée, nous étions tous heureux et satisfaits de nous endormir.

Bientôt arrivaient les chaudes journées de l'été. Peut-être le lecteur pense-t-il que nous avions bien chaud dans nos tipis fermés, mais il n'en était rien. On coupait des branches fourchues de sureau rouge. Quoique ce soit un bois très tendre, à la fourche d'une branche il est très solide. On coupait des branches de quatre à cinq pieds de long. Quelquefois on se servait de frêne, mais le sureau rouge valait mieux.

Le tipi était fixé au sol avec des piquets ; pendant les jours chauds de l'été les femmes enlevaient ces piquets, ce qui libérait le bas de la tente. On plaçait alors les fourches de sureau rouge dans les trous qui existaient aux bords du tipi, ce qui le relevait un peu, lui donnant l'aspect d'une ombrelle ouverte. Non seulement cela augmentait la grandeur du tipi, mais augmentait aussi la surface d'ombre. Quand on tenait les tipis propres et en bon état, il était très agréable de se promener à travers un camp important, quand le bas de toutes les tentes était relevé.

Pendant la période chaude de la journée, tous nos parents se réunissaient et s'asseyaient à l'ombre, les femmes confectionnant des mocassins, des mitasses ou d'autres pièces d'habillement, pendant que les hommes fabriquaient des cordes de peau brute pour leurs chevaux et des selles. Quelques-uns faisaient des arcs pour la chasse, pendant que d'autres fabriquaient des boucliers et des coiffures de guerre. Tout ce travail se faisait pendant que les habitants du camp se reposaient.

Nous autres, les enfants, nous courions jouer aux alentours, nous amusant autant que nous le pouvions. A la fraîcheur du soir, après le repas, toutes les grandes personnes s'asseyaient en dehors des tentes, appuyées contre elles. Quelquefois il y avait des courses à pied, des courses de poneys ou une partie de balle. Nous pouvions faire bien des choses pour notre amusement. Quelquefois deux ou trois jeunes hommes qui avaient été sur le sentier de la guerre s'habillaient de leurs plus beaux costumes, parfumaient leurs meilleurs chevaux de parfum indien, leur mettant des plumes d'aigle à la queue et en garnissaient leur propre front. Quand ils étaient tout prêts à parader, ils déambulaient autour du camp, passant devant chaque tipi — plus spécialement là où il y avait de jolies filles.

Nous, les enfants qui étions moins âgés, nous nous asseyions pour les regarder. Je me rappelle combien je désirais être assez grand pour monter un cheval parfumé, tout paré, pour aller voir une jolie fille. Mais je savais que c'était là chose impossible jusqu'à ce que j'aie été sur le sentier de la guerre, et j'étais trop jeune pour cela. Avant de pouvoir diriger nos pensées vers de telles choses il nous fallait d'abord savoir pêcher, tuer du gibier et le dépouiller ; découper la viande et la rapporter au logis ; conduire convenablement nos chevaux et être capables d'aller sur le sentier de la guerre.

Quand venaient les ombres de la nuit, nous allions dormir, à moins que nos parents n'eussent décidé de faire une partie de balle la nuit. Quand cela arrivait, nous, les petits, nous essayions de rester éveiller pour assister aux jeux. Il n'arrivait jamais que l'on nous dise : « Il faut aller au lit », car nous ne faisions jamais la mauvaise tête, ni ne pleurions pour nous lever le matin. Quand nous étions fatigués de jouer, nous allions vers nos parents les plus proches, nous restions dans leur tipi pour la nuit et le lendemain matin nous rentrions chez nous.

Quand un orage menaçait, chacun courait vers son tipi. On enlevait toutes les branches fourchues et on rabattait les côtés de la tente. Si l'orage s'accompagnait de grand vent, femmes, garçons et filles se hâtaient d'enfoncer en place, avec des marteaux de pierre, les piquets des tentes. Puis on emportait dans les tipis les longues branches de sureau rouge et là elles servaient à étayer les perches pour les empêcher de se rompre. Lorsque l'orage était passé comme toute la terre paraissait fraîche !

Telle était la vie que nous menions. Le Grand Esprit, là-haut, pourvoyait à tous nos besoins. Est-ce donc étonnant que nous soyons pleins de contentement et d'un heureux embonpoint ?

CHAPITRE III

JEUX

Je commençais alors à me considérer comme un grand garçon et naturellement je n'accourais plus vers ma mère pour tous les petits incidents de la vie. Lorsque je ne jouais pas avec les autres enfants, je passais mon temps à la recherche du gibier ou à la pêche. Un jour, ma mère alla rendre visite à sa mère qui habitait à une petite distance de nous. Elle appartenait au clan d'Ours Agile. Quand la nuit tomba et qu'elle ne rentra pas pour souper, je ne pleurai pas. D'autres femmes vinrent à notre tipi et furent très bonnes pour moi. Mon père pensait que Mère allait bientôt rentrer.

Quelques jours après, un de mes oncles du clan d'Ours Agile, me voyant en train de jouer, m'appela à lui et m'emmena voir ma mère. Quelle merveilleuse sensation c'était d'être de nouveau auprès d'elle ! Elle arrangea mes cheveux, me donna des mocassins et de bonnes choses à manger. J'étais réellement heureux de me faire câliner. Elle ne parla jamais de retourner vers mon père et, en fait, elle n'y pensa jamais.

Un jour que je jouais dehors, mon père m'appela. J'allai à la maison avec lui et là il me donna un cheval et tout ce qu'il fallait pour faire de moi un homme. Quand je rentrai dans notre tipi, il y avait encore là deux femmes et toutes deux m'appelèrent « fils ».

Ces deux femmes étaient les épouses de mon père.

C'étaient deux sœurs. Nous vivions tous dans le même tipi et elles étaient toutes deux très bonnes pour moi. Mais quand vinrent leurs propres enfants, cela fit une différence.

Aujourd'hui une telle organisation serait très pénible

Le Ta-hu-ka-can-kle-ska, jeu d'été pour les garçons.

Le Hu-ta-na-cu-te sur la glace, jeu d'hiver.

Le Pte-hes-te, jeu d'hiver sur la glace ou sur le sol gelé.

Le Pa-slo-han-pi, jeu d'hiver pour les femmes, sur la glace ou sur le sol gelé.

JEUX SIOUX

(D'après les dessins de l'auteur)

pour les enfants, mais de mon temps cela me rendait la vie plus agréable. J'avais plus de personnes pour s'occuper de moi. Les parents de mon père étaient tous deux partis pour le Grand Au-Delà, mais ma mère avait encore les siens ainsi que mes belles-mères. J'avais donc quatre grands-parents et ils étaient tous bons pour moi. C'était le rôle des grand'mères de la tribu de s'occuper des enfants. Quand mes frères et mes sœurs allaient voir leur grand'-mère et que je les accompagnais, elle ne me donnait pas d'aussi bonnes choses qu'aux enfants de sa propre fille.

Quand je rendais visite à mon aïeule maternelle, elle me faisait des gâteries et cela compensait ce que je perdais avec les autres. Ma mère avait deux sœurs qui avaient chacune deux enfants. Elle avait eu une fille avant d'épouser mon père et celle-ci vivait avec elle. J'avais deux logis — l'un était celui de mon père, l'autre celui de ma mère. Quand il m'arrivait de rendre visite à celle-ci avec les enfants de ses sœurs et ma propre sœur, nous allions voir ma grand'mère. Nous nous appelions tous « frères et sœurs»; le terme « cousin » n'était pas en usage.

Grand'mère avait autant de vessies tannées qu'il y avait d'enfants. Ces vessies remplaçaient les sacs en papier. Elle les mettait de côté et les conservait propres jusqu'à ce que nous venions la voir. A cette occasion grand'mère nous faisait du « wasna » mais il n'y entrait pas autant de graisse que dans celui que l'on faisait pour les grandes personnes. Pour nous, les enfants, elle y ajoutait un peu de sucre et des cerises sauvages.

Quand tout était prêt, elle remplissait les petites vessies et nous en donnait une à chacun. Nous courions, nous jouions tout en mangeant le hachis contenu dans nos sacs, tout comme les enfants d'aujourd'hui croquent des bonbons. Quand nous avions vidé nos sacs, nous les rapportions. Nous goûtions particulièrement ces visites, car nous avions largement de quoi nous régaler. Grand-père possédait une grande habitation et il était très heureux d'avoir tous les enfants autour de lui. C'était un vieil homme fort industrieux. Son nom était « Wo-wa-se » ou

« Labeur ». Ce nom lui allait réellement bien, car il était toujours actif. Grand-père était un très brave homme et il aimait mon père. De sorte qu'il n'y avait nulle mésentente entre mes parents, j'allais et venais des uns aux autres comme je voulais.

Nous étions à ce moment établis, pour l'hiver, en sécurité dans les Black Hills, et nous commencions à préparer nos jeux d'hiver.

Quand nos parents tuaient un bison, on utilisait l'animal entier, de toutes sortes de façons ; rien n'était perdu. Les peaux servaient de couvertures pour nos lits ; les cornes de tasses et de cuillères, et s'il en restait, c'était pour nos jeux.

Lorsqu'on rôtissait un côté entier de bison et que toute la viande était enlevée des os, mon père prenait six côtes et les réunissait. Puis, ayant fendu un morceau de bois de merisier, il plaçait les extrémités des os entre les deux pièces de bois et liait le tout ensemble aux deux bouts des os avec une corde de peau brute. Sur ceux-ci père attachait un crâne de bison avec des cordes semblables. Puis il faisait une lanière de peau brute qu'il attachait à la partie antérieure de son invention, pour pouvoir la tirer. C'était là mon traîneau de côtes ou « can-wo-slo-han ». Lorsqu'ils avaient glissé un certain nombre de fois dans la neige, ces os devenaient plus lisses qu'aucun des patins d'acier que l'on voit sur les traîneaux actuels. Nous pouvions en faire usage sur la neige en hiver ou pour glisser le long des pentes herbeuses pendant l'été. Ces côtes ou patins ne rouillaient jamais et, lorsque nous changions de camp, nous n'avions pas besoin d'emporter nos traîneaux. Là où il y avait des buffalos, il y avait assez de côtes pour en faire d'autres.

Un des jeux auxquels nous jouions s'appelait « hu-ta-na-cu-te ». Il n'y a pas de mot ou de nom en anglais pour ce sport, mais il se jouait en quelque sorte un peu comme le « hockey » sur glace des Blancs, avec cette différence qu'au lieu de frapper nous lancions. Notre instrument de jeu était fait de l'extrémité d'une côte de bison. Ce morceau d'os avait environ six pouces de long. D'un côté il était taillé en pointe mousse un peu en forme d'U. De l'autre il était carré et, par là, on enlevait la moelle. On y enfonçait deux petits bâtons ronds, faisant un angle et séparés par un coin. Puis on plantait deux plumes au bout des deux bâtons et nous étions tout prêts pour le jeu.

Il arrivait que la neige se mît à tomber abondamment pendant que nous nous apprêtions à jouer. J'étais l'un des garçons assez heureux pour posséder un couteau. Cela agissait en quelque sorte comme un aimant pour attirer les autres vers moi. Il fallait les voir s'asseoir autour de notre tipi, attendant leur tour de faire usage de mon couteau pour tailler un os. Ils étaient tous gentils avec moi.

Dans nos contrées il faisait très froid. La neige gelait très dur après être tombée, ce qui rendait sa surface aussi lisse que du beurre. C'est alors que nous nous mettions à jouer à « hu-ta-na-cu-te ». Nous nous séparions en deux camps et chaque camp essayait par tous les moyens de prendre l'avantage sur l'autre. Quelquefois nous jouions contre un talus pour voir si nous pouvions passer par-dessus.

On prenait le « hu-ta-na-cu-te » dans la main droite, entre le pouce et le deuxième doigt, l'index posé sur le coin entre les plumes. Nous plaçant sur un rang, nous le lancions de toutes nos forces sur la glace ou sur la neige gelée. S'il était lancé correctement et s'il atterrissait sur la partie aplatie de la pointe, il parcourait une longue distance. Quelques-uns des joueurs les plus experts pouvaient même le faire rebondir en l'air.

Quelquefois, les plumes n'étant pas bien fixées sur le hu-ta-na-cu-te, il ne volait pas droit. Alors il fallait les réajuster. Quelques-uns d'entre nous devenaient très habiles à ce jeu et pouvaient lancer à une très grande distance. Celui qui lançait le plus loin était le vainqueur. Quand il faisait beau nous y jouions, vêtus seulement de nos culottes de toile et de nos mocassins. A cette époque nous ne possédions pas de chemises ni de bas comme les Blancs, mais nous ne sentions pas le froid, car la partie était très animée et l'exercice nous donnait chaud.

Nous avions un autre jeu appelé « pte-hes-te ». On le fabriquait avec la pointe d'une corne de bison. Après avoir poli la corne avec soin nous en coupions à peu près trois ou quatre pouces. Puis, enfonçant un long bâton dans le bout ouvert, on le calait tout autour pour le maintenir autant que possible au centre de l'ouverture. On n'employait qu'un seul bâton. On fendait des plumes dont on le garnissait, les fixant avec des fils de tendon à peu près de la même façon que pour les flèches, avec cette différence que nous employions deux paquets de plumes. Ces plumes peintes de brillantes couleurs avaient bel aspect et servaient à diriger l'instrument. On prenait le « pte-hes-te » par le bâton, dans la main droite, on le balançait d'arrière en avant par-dessus l'épaule et on le lançait en le faisant glisser sur le sol gelé. Cet instrument allait vite et beaucoup plus loin qu'une flèche. Il nous fallait prendre bien soin de les faire très droits, car ils étaient beaucoup plus lourds que les « hu-ta-na-cu-te » et s'ils nous avaient frappés, ils auraient pu nous tuer.

Nous avions aussi un autre jeu appelé le « can-wa-ki-ya-pi » une sorte de toupie. Elle était faite d'une branche taillée en pointe. Comme fouets, nous avions des bâtons avec un morceau de peau de daim en guise de lanière. Nous lancions la toupie en la faisant tourner entre nos doigts et nous la fouettions pour la maintenir en marche. Dans tout bois naturel on trouve un cœur juste au centre. Mon père enfonçait un morceau d'os très pointu dans le cœur de ma toupie en guise de pivot. Quand tous les garçons jouaient au « can-wa-ki-ya-pi », ou jeu de la toupie, c'était curieux d'entendre celle-ci tourner et chanter.

Peut-être allez-vous vous demander ce que faisaient les filles. Chez les Indiens, filles et garçons jouent à des jeux différents et sont toujours séparés. Je pense que c'est une des raisons pour lesquelles nos filles en grandissant devenaient de si aimables jeunes personnes.

Le premier jeu de filles que je vais mentionner était appelé « pa-slo-han-pi ». On le fabriquait avec un morceau de corne de bison ou d'élan, un peu comme le « pte-hes-te » des garçons.

Le manche du « pa-slo-han-pi » était très long et ne portait pas de plumes. Plaçant le premier doigt de la main droite sur le bout du bâton, la jeune fille lançait le « pa-slo-han-pi » par-dessus son épaule, du même geste qu'une fille lance une pierre, mais en frappant la glace il glissait. Celle qui lançait le plus loin était déclarée gagnante. Quelques jeunes filles y étaient très habiles.

Il y avait encore le « i-ca-slo-he », sorte de jeu de billes auquel on jouait en hiver sur la glace. Les filles offraient un prix à la gagnante. Vous vous demandez probablement où nous trouvions nos billes. En ce monde, Celui qui est là-haut et qui a toujours pourvu aux besoins de Ses enfants, nous aidait pour nos jeux aussi bien que pour notre labeur quotidien. Dans notre réserve nous trouvions de belles pierres rondes. Lorsqu'un garçon en découvrait, il les donnait à sa mère, pour être offertes à une jeune fille.

Les filles commençaient par mettre des branchages sur la glace pour servir de sièges, puis elles choisissaient leur camp. Les bonnes joueuses essayaient toujours de rester ensemble de façon à gagner l'enjeu. Elles s'asseyaient en face les unes des autres, fixant leur distance avant de commencer la partie. Chaque camp avait devant lui un petit morceau de bois qui s'appelait « un-pa-pi ». Celui qui jouait le premier prenait toutes les billes de son côté. Alors la première joueuse les lançait toutes, l'une après l'autre. Si elle renversait le morceau de bois qui se trouvait devant ses adversaires, celles-ci lui lançaient l'enjeu. Si c'était un chapelet de perles et s'il frappait le morceau de bois, il était alors regagné. Mais l'autre camp pouvait essayer de le reprendre en atteignant le morceau de bois adverse. Souvent un chapelet de perles s'échangeait ainsi plusieurs fois. Quand un des camps perdait son enjeu on recommençait alors avec des billes. Quelquefois les petits garçons, enclins à jouer des tours, s'élançaient en glissant sur la glace, attrapaient les perles et s'enfuyaient avec ; sur ce les filles les pourchassaient pour les leur reprendre.

Le « ta-si-ha » est un jeu pratiqué par les jeunes femmes quoique les jeunes gens s'y essayent à l'occasion. Il était réservé à ceux que les Blancs appellent la « jeunesse » et se jouait les soirs d'hiver.

On fabriquait ce jeu avec des os de pied de daim. Lorsque ces os avaient été bien nettoyés, on les enfilait sur une cordelette de peau de daim, leur extrémité la plus mince en bas. A cette extrémité, on ajoutait un gland fait de petites pierres attachées ensemble. Lorsque les Indiens commencèrent à avoir des perles, ils s'en servirent pour fabriquer ce gland. On employait environ huit de ces os pour ce jeu, chacun d'eux s'adaptant à l'extrémité la plus large de l'autre. A l'autre bout de la cordelette de peau de daim, on attachait l'os long de l'aile d'un aigle. Aujourd'hui on emploie un morceau de fil d'acier.

Lorsque les jeunes femmes jouaient entre elles, elles choisissaient leur camp, mais si les jeunes gens se joignaient à la partie, ils prenaient le côté opposé. Saisissant l'os de l'aile d'aigle de la main droite et le gland de la main gauche, ils lançaient le chapelet d'os devant eux. S'ils réussissaient à attraper le premier os, ils jouaient à nouveau. S'ils manquaient leur coup, ils passaient le « ta-si-ha » à la personne suivante de leur rang. Le joueur qui attrapait l'os dix fois de suite, comptait un coup gagné. Après avoir fait cela dix fois, on passait au second, au troisième, au quatrième, etc., jusqu'à ce qu'on eût attrapé tous les dix. Puis il fallait attraper le gland, ce qui constituait une partie. Les joueurs essayaient toujours de faire mieux que ceux du camp opposé. Quelquefois ils jouaient avec une main derrière le dos. D'autres fois ils tenaient le « ta-si-ha » de la main gauche. C'était très amusant d'assister à ce jeu.

Quelques-uns des jeunes gens étaient si timides qu'ils se couvraient la figure, ne s'inquiétant pas s'ils gagnaient ou perdaient. Tout ce qu'ils désiraient, c'était d'être près de la jeune fille qu'ils aimaient. Quelques-uns de ces jeunes gens avaient leurs doigts couverts de bagues en maillechort qu'ils désiraient montrer aux jeunes filles — tout comme un jeune Blanc portant un diamant veut en faire « étalage ».

Les gens de chez nous pensaient que toujours travailler sans jouer n'était bon pour personne. Aussi les plus âgés avaient-ils un jeu appelé « hanpa-pe-cunpi ». Il était aussi connu sous le nom du « mocassin » ou le « jeu de la main ». On le jouait un peu comme « bouton bouton, qui a le bouton ? » Mais notre jeu était empreint de plus de dignité. Il fallait deux hommes très habiles à cacher un bâton dans leur main. On se servait de deux bâtonnets, longs de deux pouces chacun et attachés au milieu par une corde de peau de daim teinte, les unes rouges, les autres bleues, représentant les camps adverses. Au milieu, entre les joueurs, on mettait dix bâtons longs. Ils servaient à la marque dont un homme avait la charge.

Un clan tout entier jouait contre un autre. Lorsque nous entendions les hommes de notre clan parler d'aller vers un autre pour y jouer le « jeu de la main » nous étions très surexcités et nous aspirions au jour où, devenus grands, nous pourrions y prendre part. Chaque personne du camp se mettait alors à chercher ce qu'elle pourrait bien trouver comme enjeu. C'était des couvertures, des peaux de loutre, des robes de bison, des mocassins — en fait, tout ce que chacun avait le moyen d'offrir.

Lorsque le soleil s'était couché et que l'ombre commençait à tomber, notre clan était prêt à partir. Les hommes allaient devant, puis venaient les femmes, tandis que nous, les enfants, nous restions en arrière. Chacun se mettait à chanter le « jeu de la main » pour que l'autre clan sache que nous arrivions et ce chant était en quelque sorte un défi. Vite on déménageait le plus grand tipi en emportant tous les lits dans une autre tente. On répandait alors du parfum indien tout autour, ce qui le remplissait d'une odeur délicieuse.

Les joueurs, eux aussi, étaient parfumés. Ils entraient les premiers et prenaient place sur un rang au centre du tipi. Les femmes se plaçaient derrière eux et nous, les enfants, nous restions derrière celles-ci.

Lorsque tous nos joueurs étaient placés, l'autre clan entrait et s'asseyait, en suivant la même ordonnance, de l'autre côté du tipi. Un vieux guerrier prenait alors les deux bâtons, et quand tout le monde était assis et silencieux, il contait ses exploits de guerre. Lorsqu'il avait terminé, il donnait les bâtons à deux hommes de l'un des camps qu'il jugeait capables de soutenir l'honneur de leur clan. Le camp opposé choisissait un homme pour jouer le rôle de « devineur » ; celui-ci s'asseyait juste en face des deux partenaires.

La partie commençait par des chants, les joueurs claquant des mains ensemble, puis frappant le sol, puis mettant les mains derrière leur dos, se livrant à toutes sortes de gestes afin de tromper le devineur. Ces mouvements duraient pendant tout le chant. Lorsqu'il touchait à sa fin, le devineur devait dire dans quelle main les deux joueurs tenaient le petit morceau de bois. S'il montrait la main gauche, cela voulait dire qu'il avait conclu que le bâtonnet était dans leurs mains gauches ; de même pour la main droite. Si le devineur mettait la main droite devant lui, le pouce dirigé dans un sens et le doigt dans un autre, cela voulait dire que les joueurs tenaient le morceau de bois dans les mains placées à l'extérieur. S'il montrait droit devant lui cela signifiait qu'ils le tenaient dans les mains placées au centre.

Si le devineur faisait une erreur, les joueurs recevaient deux des longs bâtons pour leur camp. S'il devinait juste pour l'un des partenaires, cela donnait seulement un bâton pour le camp des joueurs et celui qui avait trompé le devineur jouait seul. Il lui fallait alors faire très attention, car c'était beaucoup plus facile pour le devineur qui n'avait plus qu'un homme à surveiller.

Parfois une jeune femme ou un jeune homme se levait et commençait à danser pour distraire l'attention du devineur. Il était très difficile de garder son attention fixée sur les deux joueurs quand tintaient les grelots des danseurs. Si le « devineur » se trompait avec l'homme qui jouait seul, le côté des joueurs gagnait un autre bâton et les deux hommes rejouaient ensemble.

Dès que le « devineur » avait désigné correctement ses deux adversaires, ceux-ci passaient leurs petits morceaux de bois à l'autre clan et on recommençait la même tactique. Ce qui importait, c'était d'empêcher le camp opposé de gagner les longs bâtons. Si le « devineur » ne se montrait pas très habile, on le remplaçait par un autre.

Quand un camp avait gagné à peu près huit des dix longs bâtons et rejouait, l'excitation était grande. Mais si le « devineur » arrivait à battre les deux joueurs au premier appel, ceux-ci devaient passer les bâtonnets à l'autre camp.Les deux longues baguettes restaient au centre pour être gagnées.

Il pouvait arriver que le côté opposé ait meilleure chance et gagne les deux bâtons du centre. Puis, s'il gagnait encore, il commençait à prendre ceux de l'autre clan.

Quand un côté en avait gagné dix, cela comptait comme un jeu. Deux jeux gagnés sur trois était habituellement la façon de compter la partie. Quand elle était finie, le camp perdant préparait un grand repas pour les gagnants, en plus de tous les enjeux.

Le clan qui avait gagné retournait alors chez lui en chantant et en se réjouissant. Puis il attendait que les perdants organisent une revanche. Si cette revanche n'était proposée, le clan gagnant se rendait alors dans un autre tipi pour y jouer et essayer de gagner encore une fois. Mon père fut bien souvent choisi comme devineur pour son clan, car il était fort habile à ce jeu.

A cette époque il était très amusant d'assister au jeu de « han-pa-pe-cunpi » avec toute sa famille.

Les hommes y jouaient tard dans la nuit, pendant que tout le monde les regardait avec beaucoup d'attention. Quand nous, les enfants, nous avions sommeil, nous nous étendions par terre et nous nous endormions.

Si les hommes voulaient fumer, ils usaient d'une seule pipe qu'ils se passaient entre eux. On ne servait aucun breuvage, rien qui pût troubler les sens de nos hommes et de nos femmes, aussi personne ne devenait bruyant.

Il n'y avait pas de vilains mots dans notre langue, donc pas de mauvais propos. Vraiment notre sommeil était un sommeil réparateur.

J'ai parlé de « i-ca-slo-he » ou jeu de billes pour les jeunes femmes, mais il y en avait un aussi pour les petits garçons. C'était un jeu d'intérieur pour les froides soirées d'hiver, quand les feux brûlaient. Nous trouvions quelques pierres rondes et nous prenions une écorce d'arbre ou un morceau de pierre, plat et uni. Si nous ne pouvions trouver ni écorce, ni pierre plate, nous nous servions de notre main ou de notre avant-bras que nous tenions de façon à faire un angle avec le sol. Nous tirions des cendres du feu et nous tracions des sillons. Puis nous faisions descendre nos billes le long de la pente, et celles qui franchissaient le plus grand nombre de sillons gagnaient. Quoique nous nous efforcions tous de faire aller nos billes le plus loin possible, il n'y avait pas de tricheurs, le jeu se jouait loyalement.

Un autre jeu d'hiver, pour le plein air était le « i-pa-ho-tun-pi » ou jeu de la sarbacane. Autrefois la sarbacane était très courte, faite de frêne ou de n'importe quel bois ayant un cœur assez grand. On forait un trou au cœur du bois. Peut-être vous demanderez-vous comment nous le pouvions, puisque nous n'avions ni forets, ni fils de fer à cette époque. Cela demandait certainement un peu de patience. L'artisan prenait un bâton mince et chauffait l'extrémité jusqu'à ce qu'elle devienne rouge, puis il l'enfonçait dans le cœur du bâton de frêne. On répétait l'opération de nombreuses fois et il fallait un temps considérable pour forer un trou de part en part.

Quand ce fusil était terminé, il restait à se procurer les munitions. Quelquefois nous nous servions pour cet usage de la racine d'une plante médicinale. Nous enlevions l'écorce et nous mâchonnions la partie interne jusqu'à ce que toute la sève soit sortie et que cela fasse une boule très dure. On enfonçait d'abord une petite balle dans le canon du fusil en la faisant rouler au bout jusqu'à ce qu'on puisse la sentir. Puis on y mettait une balle plus grosse ce qui laissait une petite colonne d'air entre elles deux. Avec un bâton qui avait juste le calibre du canon on poussait : cela faisait partir la balle avec force et avec un certain bruit.

Nous nous amusions ainsi pendant tout l'hiver, mais la fonte des neiges nous avertissait de la venue du printemps et du moment de jouer à de nouveaux jeux. Les grands garçons réparaient leurs arcs et leurs flèches et nous savions alors que le moment du « jeu de l'arc » était arrivé. On rassemblait une grande quantité de broussailles que l'on empilait contre un talus. Les garçons se mettaient en ligne pour jouer à ce jeu. On tirait une flèche dans le tas de broussailles en laissant dépasser les plumes. C'était le but. Le tireur plaçait alors son arc debout sur le sol, une main posée au sommet, la corde de l'arc faisant face au tas de broussailles. On frappait la corde avec une flèche placée de champ, la corde étant tendue faisait partir la flèche en arrière comme lancée par un ressort et l'envoyait se ficher dans le tas de buissons. La flèche dont les plumes étaient le plus près de la première lancée gagnait. Ce jeu était réservé aux grands garçons. Chaque compétiteur avait ses flèches peintes de façon à pouvoir les reconnaître de sorte qu'il était facile de voir où elles étaient plantées.

Le chant de l'alouette des prairies attirait bientôt notre attention et nous abandonnions le jeu de l'arc pour partir à la chasse de ces oiseaux. Les alouettes de notre Etat, en ce temps-là, parlaient le langage des Sioux — tout au moins nous le pensions ; mais, en Californie, où j'habite maintenant, il est impossible de les comprendre. Peut-être deviennent-elle trop civilisées. Dans notre pays les petits bonshommes que nous étions pensaient que ces oiseaux étaient nos ennemis, parce qu'ils avaient l'habitude de nous direr es choses déplaisantes à entendre. Ils appelaient un garçon par son nom et lui disaient que « sa mère avait besoin de lui » ou quelque autre mauvaise plaisanterie en langage d'oiseau. Aussi n'aimions-nous pas les volr venir près de nous. Ces chanteurs préçoces étaient de malins oiseaux et quelquefois nous chassions toute une journée pour ne rien prendre. Pour chasser les oiseaux nous nous servions de flèches à pointe mousse, mais pour les lapins nous prenions nos flèches à pointe de bois acérée. Celles-ci ne nous étaient données que lorsque l'on nous considérait capables de nous en servir convenablement. Nous voilà donc partis et bientôt nous rencontrions une piste fraîche de lapin. Aussitôt que nous en avions tué un, nous nous en régalions. Nous n'avions pas d'allumettes, mais nous savions faire du feu en frottant deux bâtons l'un contre l'autre. Nous rôtissions le lapin et nous avions du bon temps. Quand nous en avions assez, nous rentrions au logis, fatigués, mais heureux.

Il pouvait arriver que quelques garçons suggèrent d'aller pêcher et nous voilà partis sans canne, sans ligne, sans flotteur, sans hameçon. Tout ce que nous emportions c'était nos arcs et nos flèches. Vous vous demandez comment nous pouvions attraper des poissons avec de telles armes ? La première chose que nous faisions, c'était d'attraper nos poneys. Nous leur arrachions quelques crins noirs à la queue. Nous en attachions deux longueurs bout à bout, puis nous en tordions plusieurs brins ensemble. C'était cela notre ligne. Nous emportions quelques morceaux deviande de bison, s'il y en avait. Quand nous arrivions à la rivière ou au ruisseau, nous cueillions une longue branche de saule, nous y attachions la ligne en crins au bout de laquelle nous accrochions un morceau de viande à l'aide d'un fil de nerf.

Cette combinaison faisait une très bonne canne à pêche avec ligne et appât. On lançait celui-ci dans le courant et bientôt le poisson était attiré par la viande. Alors arrivait un gros poisson qui avalait l'appât et que l'on faisait vivement sauter hors de l'eau d'une saccade.

Les garçons qui ne possédaient pas de poney à qui prendre du crin, pour en faire une ligne, avaient une autre méthode pour pêcher. Munis d'une souple baguette de saule, ils faisaient un nœud coulant à l'une de ses extrémités avec du fil de nerf ou de la tresse. Ils la plongeaient dans l'eau et, quand un gros poisson essayait de passer au travers, ils était vite jeté sur la berge. Quelquefois les garçons tiraien le poisson à l'arc, faisant alors usage d'une flèche avec de très longues barbes. A cette époque il ne fallait pas longtemps pour prendre assez de poissons pour faire un repas. Nous les rôtissions ou les faisions bouillir — cela si nous pouvions trouver un récipient. Quand nous en attrapions plus que nous ne pouvions en manger, nous les rapportions à la maison, enfilés sur une brochette faite d'une petite branche. A cette époque le poisson était agréable à manger, mais maintenant je ne puis plus y goûter.

Un autre de nos jeux s'appelait « pa-slo-han-pi ». Il portait le même nom qu'un de ceux des filles mais se jouait différemment. Le « pa-slo-han-pi » était un long bâton de six à sept pieds en bois de saule. Au début du printemps, la mince écorce du saule pèle aisément. On coupait un morceau d'écorce mince et droit. On répétait l'opération jusqu'à ce que le bâton soit complètement dépouillé. Puis nous prenions ces fines lamelles que nous enroulions autour du bâton en formant des dessins variés. Ensuite nous allumions un feu sur lequel nous empilions des broussailles. Quand il commençait à fumer, nous y mettions nos longs bâtons jusqu'à ce que la partie écorcée de la branche prenne une teinte jaune au contact de la fumée. Alors nous enlevions l'enveloppe faite avec l'écorce et le bâton était très joliment marqué en jaune et en blanc. Parfois, certains garçons faisaient leurs dessins en noir en brûlant le bâton avec un bois d'essence différente. Nous fabriquions six ou huit de ces bâtons avant de commencer la partie.

Nous jouions un peu à la façon dont les jeunes Blancs jouent à la « mère gigogne ». Le « pan-slo-han-pi » se tenait dans la main droite, entre le pouce et le deuxième doigt, le bout du deuxième doigt au sommet du bâton. Quand tout était prêt nous nous mettions tous en ligne.

Dans leur jeu, les filles lançaient le « pa-slo-han-pi » par-dessus l'épaule droite, mais les garçons, eux, le faisaient glisser sur leur mocassin, sur un billot de bois ou sur une pierre. Un pied levé, on lançait le bâton sur le mocassin par un mouvement rapide de la main. Cela lui faisait arcourir une longue distance et le joueur qui pouvait envoyer son bâton le plus loin gagnait tous les autres. Les compétiteurs lançaient chacun un bâton à la fois, puis nous courions tous pour voir à qui était celui qui avait parcouru la plus grande distance. Chaque joueur reconnaissait le sien par les dessins qu'il portait.

Nos femmes avaient un jeu d'été appelé « tan-pa ». Dans notre réserve il y avait des pruniers sauvages. On prenait à peu près sept noyaux de prunes et sur chacune de leurs faces on faisait différentes marques au feu. Chacune comptait pour un certain nombre de points. Puis on faisait un panier avec l'herbe plate qui pousse dans les marais auprès des joncs queues de chats. Ces paniers avaient environ cinq pouces de large et un pouce et demi de profondeur avec un fond épais.

Trente longs bâtons servaient de jetons ou de marques. Quand tout était prêt, les femmes se réunissaient et mettaient devant elles leurs enjeux, comme les Blanches le font actuellement lorsqu'elles jouent à l'euchre ou à « cinq cents ».

Il n'y avait pas de limite au nombre des joueurs au jeu de « tan-pa » des femmes. Quelquefois elles choisissaient des partenaires, d'autres fois elles jouaient trois ensemble, ou encore chacune jouait pour son compte. Les enjeux consistaient en fil de nerf, piquants de porc-épic, perles, peau verte ou peau de daim. Quelquefois une des joueuses apportait une paire de mocassins. A l'heure actuelle on peut aller acheter un enjeu pour très peu d'argent. Mais quand une Indienne en apportait un, c'était vraiment quelque chose, à cause du long travail qu'il lui avait coûté.

Quand elles étaient fatiguées de jouer pour des points elles changeaient et jouaient pour des paires. La première joueuse prenait le panier, les trois doigts du milieu à l'intérieur, le pouce et le petit doigt à l'extérieur. Elle le secouait avec un mouvement circulaire pour mêler les noyaux et frappait le fond sur le sol. Cela les faisait sauter en l'air et retomber. Si la joueuse amenait une paire de la même marque, cela valait un bâton à son camp et elle recommençait. Si au second coup il n'y avait pas de paire, elle passait le panier au camp adverse.

Les hommes adultes avaient un jeu appelé « pa-in-yan-ka-pi ». C'était un grand cerceau en bois de frêne ayant à peu près la grandeur d'une roue de chariot. Sur quatre points du cerceau on faisait une entaille de deux pouces environ, avec des dessins. Ces marques étaient peintes en jaune et en rouge et chacune comptait pour un certain nombre de points. On employait en outre quatre bâtons de frêne de quatre pieds environ. Deux de ces bâtons étaient liés ensemble avec de la peau de daim, d'abord à six pouces du bas, puis à dix pouces. La cordelette supérieure était plus courte que l'inférieure, formant ainsi une espèce de fourche à deux dents. On choisissait deux hommes, deux bons coureurs, et chacun avait un de ces bâtons fourchus. Les joueurs portaient seulement une culotte de toile pour que rien ne pût entraver leurs mouvements. Le but principal du jeu était de jeter par terre un cerceau à l'aide d'un des bâtons en frappant la marque correspondant à la couleur de la peau de daim avec laquelle le bâton était attaché.

Un des hommes faisait rouler le cerceau aussi vite qu'il pouvait. Puis les deux coureurs se lançaient après lui avec leurs bâtons, prêts à le jeter par terre en le frappant s'ils s'en approchaient. Quand le cerceau tombait, tout le monde accourait pour voir quelle était la marque et noter les points. Cela ressemblait beaucoup au football, parce que les gagnants hurlaient tout autant que le font les Blancs à un match de football.

Parfois il arrivait que de vieux braves qui assistaient à la partie se mettaient à vanter la façon dont ils jouaient quand ils étaient jeunes et la vitesse à laquelle ils couraient. Alors les jeunes gens commençaient à taquiner leurs ancêtres pour qu'ils leur montrent leurs qualités. C'était un instant animé que celui où les vieux braves quittaient leur couverture et s'élançaient. Bien sûr, ils ne pouvaient pas faire montre de très grande agilité, mais cela leur faisait un immense plaisir lorsque les jeunes hommes les applaudissaient, et le gagnant était très fier.

Nous avions des courses à pied pour tous les âges de

la tribu. Quelquefois un clan tout entier courait contre un autre pour un enjeu. Les courses de poneys étaient très en honneur. L'exercice nous conservait en forme physique parfaite.

Et maintenant, voyons ce qui concerne le baseball américain. Rappelez-vous que je dis baseball américain — non pas anglais. C'étaient nous les seuls vrais Américains. Ce jeu me fait sourire, car bien peu de Blancs ont la moindre idée que nous ayons jamais pratiqué un tel sport. D'abord, laissez-moi vous relater un petit incident : un jour j'avais fabriqué un arc et des flèches pour un jeune Blanc. Sa tante fut tout indignée que son neveu veuille jouer à l'Indien. Il vint à moi et me dit que sa tante ne lui permettait pas de se servir d'un arc et de flèches. Elle voulait qu'il joue à un vrai jeu américain comme le baseball.

Pauvre petit bonhomme ! Comme cela lui aurait été difficile de jouer le vrai baseball américain, car il est bien différent de celui des Anglais (ou des hommes blancs) !

A l'époque de l'année où les écorces d'arbres s'enlèvent facilement, beaucoup d'entre nous s'en allaient cueillir la seconde pousse des frênes. Les branches de seconde pousse sont toujours droites. C'était une vraie partie de plaisir, car à tout âge, dans la tribu, on cueillait ces baguettes. En rentrant au logis, les hommes allumaient du feu et y présentaient les bâtons jusqu'à ce que l'écorce commence à brûler. A ce moment on l'enlevait, ce qui laissait apparaître un beau bois blanc. Ensuite on courbait une extrémité en forme de crosse de berger et on la fixait en cette position avec une corde en rawhide pour qu'elle sèche et garde sa forme. Lorsque le bâton avait séché ainsi, on détachait la corde de peau et on enlevait un morceau à l'extrémité, ce qui le faisait un peu ressembler aux cannes de golf des Blancs. Le manche était suffisamment long pour que les joueurs puissent atteindre le sol et frapper la balle en courant. C'était là les crosses en usage pour ce jeu. Chaque joueur avait la sienne propre, décorée selon son goût.

La balle était faite de déchets de peau de daim, roulés

en paquet puis recouverts d'un morceau de peau de daim cousu avec des fils de nerf. Ces balles étaient très dures et à peu près de la taille d'une balle de baseball ordinaire.

Quand la balle et les crosses étaient prêtes, un homme parcourait le camp et recueillait tous les objets qui devaient servir d'enjeux. C'était vraiment amusant de voir la façon dont il les disposait de manière à ce qu'ils se montrent à leur avantage. Quand il arrivait à notre côté du camp, il comparait les objets que nous allions donner avec ceux qu'il avait déjà reçus. Si le camp opposé avait donné une peau de loutre, quelqu'un de notre côté devait être aussi généreux et faire un don semblable. Quand on donnait du calicot, on le mesurait par yards. Vous ne pouviez pas donner trois yards et compter ni espérer en gagner six. Les deux camps devaient faire des dons de valeur sensiblement égale. Lorsque tous les prix avaient été réunis, on les portait au milieu du camp ou du terrain de jeux et le collecteur restait auprès pour les surveiller.

Pendant ce temps les jeunes gens qui devaient prendre part au jeu étaient occupés à peindre leurs corps et à arranger leurs cheveux. Puis, se mettant à courir de long en large, ils s'échauffaient pour la partie. Chacun était impatient de la voir commencer. Les enfants montaient sur leurs poneys et allaient à l'endroit d'où ils pourraient y assister. Tout le monde, sauf les joueurs, était à cheval, formant un grand cercle. Le camp avait environ un mille de long et on choisissait un tipi à chaque extrémité pour servir de but. N'importe quel nombre de joueurs pouvait prendre part à ce jeu. Quelquefois il y avait jusqu'à cinquante joueurs dans chaque camp, chacun armé d'une crosse.

Il n'y avait pas de ligne de hors jeu. L'objet principal de la partie était d'abord d'arriver au but ; on ne devait pas toucher la balle avec la main, il fallait la frapper avec la crosse ou la renvoyer avec le pied.

Quand les joueurs étaient prêts, un homme lançait la balle en l'air et quand elle retombait les deux équipes faisaient tous leurs efforts pour la pousser vers leur ligne de but. Si la balle allait vers un des côtés du camp, c'était une bousculade parmi les gens qui étaient près de là, pour se mettre hors d'atteinte.

Nous autres petits bonshommes, nous fouettions nos poneys et nous les poussions aussi vite que nous pouvions pour suivre la balle. Les joueurs étaient tous des coureurs rapides, très robustes et de belle stature. Ils portaient seulement une culotte de toile et des mocassins unis ; quelquefois ils couraient pieds nus.

Un jour, je m'en souviens, on jouait à ce jeu et nous étions tous à regarder, lorsque la balle arriva de notre côté. Nous nous sauvâmes aussi vite que nos poneys pouvaient nous porter, puis nous regardâmes pour voir ce qui allait arriver. Deux des meilleurs coureurs s'élançaient vers la balle ; au moment où ils se rencontrèrent, l'un d'eux fut soulevé de terre et renversé. Il alla se cogner contre un petit tipi, qu'il renversa, mais cela ne sembla pas le gêner le moins du monde, car il s'élança vers la balle et la renvoya. Un tel jeu demandait toute la force d'un homme.

Il fallait qu'un camp gagne deux parties sur trois pour remporter tous les enjeux. La plus grande surexcitation régnait lorsque chaque équipe avait gagné une fois et que c'était le moment de la dernière partie. La balle était près du but avec tous les gens de ce camp criant victoire. Soudain un coup la relançait dans le terrain de jeu. Là elle pouvait être reçue par un des « outfielders » (comme vous les appelez). Si c'était un joueur exceptionnellement adroit, il lançait la balle par-dessus la tête des autres jusque dans le tipi.

Quels cris et quels chants quand les vainqueurs rentraient chez eux ! Lorsque ce jeu se jouait la nuit tout le monde y prenait part. La balle que l'on employait pour la partie nocturne était environ trois fois plus grosse que celle employée le jour. Elle était faite de peau de daim bourrée de poils du même animal. Aussi était-elle très molle, n'allait pas très loin et, s'il arrivait qu'elle vous frappe, elle ne faisait pas beaucoup de mal. Quand nous, les petits bonshommes, nous savions que l'on allait faire une partie la nuit, nous prenions nos crosses et nous nous mettions en route avec toutes sortes de bonnes intentions de prendre part au jeu. Nous espérions bien frapper la balle au moins une fois, mais lorsque nous voyions les hommes venir vers nous, nous changions d'idée et nous nous enfuyions loin de la balle aussi vite que nous pouvions.

Quelquefois les femmes jouaient seules. Une de mes cousines était si rapide à la course que, lorsqu'elle courait après la balle, les autres généralement abandonnaient la chasse. C'était alors une jeune femme de très grande taille. C'est maintenant une vieille femme. Elle s'appelle Mrs. Black Horn et habite encore à l'Agence de Pine Ridge, Dakota du Sud.

Quand nous étions tout petits, nous nous asseyions tous en rond le soir pour écouter nos vieilles gens raconter leurs chasses, batailles, pêches et changements de camps. Comme les enfants d'aujourd'hui, nous essayions d'imiter les grands. Les vieux braves racontaient comment ils avaient envoyé un certain éclaireur, quelles nouvelles il avait rapportées et comment la chasse avait débuté. Nous aussi, les enfants, nous voulions avoir une chasse au bison bien à nous. Nous n'avions pas de jouets, naturellement, mais nous ne nous plaignions pas et nous nous mettions à en fabriquer nous-mêmes. Nous prenions un peu de terre d'adobe, la travaillant jusqu'à ce qu'elle soit facile à modeler et bientôt nous possédions un grand déploiement de cavalerie. Nous nous servions des joncs des marais pour faire les jambes des chevaux.

Quelquefois nous les fabriquions avec des branches de saule rouge. Nous pouvions leur donner quatre couleurs différentes. Si nous employions le saule comme il était sur l'arbre, le cheval était bai ; si nous enlevions la première écorce des jambes, cela ressemblait à des balzanes. En enlevant l'écorce du corps nous avions un cheval jaune, ou nous pouvions encore avoir des chevaux tachetés en enlevant l'écorce çà et là.

Puis nous faisions aussi de petits bonshommes avec ces branches — cela si nos chevaux étaient fabriqués avec du saule. Si nous avions fait des chevaux en terre nous modelions des hommes de la même façon. Lorsque tous étaient terminés, nous allions là où les vrais chevaux pacageaient et nous ramassions des bouts de crottin sec que nous appelions des bisons parce qu'ils étaient bruns.

Nous fabriquions de petits arcs et des flèches, et nous nous séparions par clans comme les grandes personnes. Lorsque nous permettions aux filles de prendre part au jeu, c'était encore plus amusant, car elles confectionnaient de petits tipis avec des feuilles d'arbre à coton qu'elles fixaient avec une petite brindille. Quand elles en avaient fait beaucoup et qu'ils étaient disposés en rond, cela avait tout à fait l'aspect d'un vrai camp.

Alors nous, les garçons, nous faisions semblant d'envoyer un éclaireur, et quand il revenait nous partions tous avec nos imitations de chevaux pour chasser le bison et nous jouions ainsi des heures entières.

Lorsque nous étions à la recherche de feuilles d'arbre à coton pour les filles, il nous arrivait quelquefois de casser une branche fourchue ce dont elles se servaient pour faire une poupée. Ces poupées n'étaient pas très belles, car elles n'avaient pas de bras, mais une fois habillées d'un morceau de peau de daim, elles nous semblaient très bien à nous autres enfants indiens.

Les femmes fabriquaient de très jolies poupées avec des petits morceaux de peau de daim, qu'elles bourraient de poils du même animal. Elles étaient incassables et, une fois habillées, fort jolies. Les petites filles les conservaient très longtemps.

A mesure que celles-ci grandissaient et devenaient des jeunes filles, on leur apprenait à imiter leurs mères en tout. On leur montrait à tanner les peaux de daim et à les coudre ensemble pour faire un tipi. Elles employaient des perches de saule de sept à huit pieds et cela faisait de fort beaux tipis. Cependant, bien peu de jeunes filles pouvaient se payer un tel luxe et celles qui le pouvaient étaient très fières d'en faire montre.

Quand nous jouions, c'étaient généralement les filles

qui décidaient où il fallait planter le village. Quelques-uns d'entre nous avaient leurs poneys et nous suggérions une bataille et une attaque du camp. C'était alors une grande joie. Quelques-unes des filles avaient leurs poupées dans de petits travois et elles fuyaient en courant pendant que les garçons qui étaient dans leur camp nous combattaient. Si l'un d'eux tombait de son poney quand il était dans le camp ennemi, l'un de nous se montrait brave et essayait de le secourir.

Après la bataille, lorsque la paix était revenue, si le parti adverse avait perdu tous ses chevaux, les garçons emportaient les perches de tipi dans un autre endroit et on remontait le camp.

Bien que tout cela fût un jeu, c'était tout à fait comme les histoires que l'on nous contait au logis. Il n'y avait aucune brutalité entre les enfants et on ne prenait avantage de la faiblesse de personne. Nous jouions toujours « franc jeu » car on nous apprenait à être loyaux en toutes choses.

Si quelques personnes plus âgées passaient, elles s'arrêtaient pour nous regarder jouer. S'il leur arrivait de traverser l'endroit où était dressé notre camp en miniature avec ses hommes et ses chevaux en terre, elles prenaient toujours grand soin de ne casser aucun de nos jouets et de ne pas troubler nos jeux.

Nos jouets étaient tous dehors, aussi n'avions-nous pas besoin de les ranger ; de cette façon ils ne salissaient pas le tipi. Mais s'il tombait une pluie abondante pendant la nuit, nos jouets de boue avaient bien misérable aspect le lendemain matin. Seulement il restait encore beaucoup de terre d'adobe et des quantités d'arbres de quoi en fabriquer d'autres, aussi personne ne pleurait, ni ne se tourmentait de cette perte.

CHAPITRE IV

CHASSE AU BISON ET COMBAT

Vers l'année 1875 nous étions campés près de la grande rivière Blanche quelque quarante milles à l'est des Black Hills (Collines Noires).

La tribu des Sioux comptait alors environ vingt mille âmes car les Indiens de la Réserve de Pine Ridge et de Rosebud étaient réunis. Un jour, mon père revenant du Conseil dit à ma mère de se préparer à partir car la tribu s'en allait vers le nord du Nebraska, où les traces de bisons étaient alors très abondantes.

De bonne heure, le lendemain matin, on m'appela pour grimper en haut du tipi et enlever les chevilles ou petits bâtons qui le fixaient. En quelques minutes il était par terre et nous étions en route vers le sud. Nous, les garçons, montés sur nos poneys, nous allions le long de la caravane en marche poursuivant tout ce que nous voyions. Nous fîmes trois camps avant d'arriver à l'endroit où nous pensions trouver des buffalos.

Au coucher du soleil, nous nous réunîmes tous autour d'un grand feu fait de cette bouse de bison qui brûle comme du charbon. C'était une nuit claire et calme, la fumée des feux de camp montait droite dans l'air. Tous les anciens s'étant réunis commencèrent à discuter paisiblement. Finalement deux d'entre eux se levèrent et, jetant les yeux sur l'assemblée, parurent y chercher quelqu'un. Enfin leur choix s'arrêta sur un jeune homme, ni très grand, ni très gros, mais un homme sur qui l'on pouvait compter à tous les points de vue. Il connaissait chaque pied carré du pays et savait où étaient les points d'eau. Il était brave et parfaitement capable de voyager seul la nuit par tous les temps et aussi de se défendre s'il rencontrait des ennemis.

Cet homme fut désigné comme éclaireur. Dès qu'il en fut averti, il alla à son tipi pour y prendre ce qu'il avait l'intention d'emporter avec lui. Quand il revint, tout ce que je lui vis était un carquois plein de flèches et un arc très puissant. Pour tout vêtement il portait une culotte de toile et des mocassins sans ornements. Autour du cou, il avait une corde de peau de daim roulée, qui retenait son sac de médecine. Quand il revint à l'assemblée une vingtaine d'hommes et de femmes chantaient en son honneur. Il fit trois fois le tour du feu en courant et puis disparut dans la nuit. Alors on éteignit le feu.

Le vieil homme qui jouait toujours le rôle de héraut vint ensuite à chaque tipi pour avertir ses habitants d'être très silencieux. La lune brillait, bien qu'il fût encore très tôt. On nous prévint que si nous jouions, nous devions veiller à ne faire aucun bruit. On aurait dit que les bébés eux-mêmes, les chiens et les poneys faisaient attention à cet ordre.

Notre éclaireur resta absent toute la nuit. De bonne heure le matin, le même vieillard passa devant chaque tipi avant l'aurore en criant : « Co-o-Co-o », ce qui voulait dire « Apprêtez-vous ». En un rien de temps toutes les tentes furent à terre. Dès que le vieil homme était passé, les feux se trouvaient allumés, le déjeuner cuit et le camp était en marche avant le lever du soleil.

Douze anciens conduisaient notre camp. L'un d'eux portait une bouse de bison enflammée au bout de sa lance. Ils s'en allèrent sur une colline, d'où ils étaient visibles à une grande distance. Là, ils dressèrent un grand feu sans rien faire pour éviter d'être aperçus, car il n'y avait pas d'ennemis aux environs.

Pendant que ces hommes épiaient le retour de l'éclaireur, les autres descendirent de leurs chevaux et enlevèrent leurs selles pour reposer leurs bêtes et leur sécher le dos dans le cas où elles auraient été couvertes de sueur. Les femmes étaient occupées à refaire leurs paquets. Même nous, les garçons, trouvions de nombreuses occupations.

Tout à coup un des anciens se leva et s'écria : « Hi-yehe ! », ce qui signifiait que notre éclaireur revenait. Cela nous remplit de joie. Le feu fut ranimé avec de nouvelles bouses et les hommes se rassemblèrent en demi-cercle autour du foyer, tous assis, avec les femmes et les enfants derrière eux. Les chiens et les poneys aussi s'approchaient instinctivement, comme si eux-mêmes voulaient écouter son rapport.

Un des anciens assis près du feu tenait le calumet de paix pointé vers l'endroit par où l'éclaireur approchait. Nous pouvions voir celui-ci à une grande distance, au sommet d'une colline. Il y resta un long moment. Finalement il se mit à courir un demi-mille vers l'est, puis à peu près autant vers l'ouest, enfin il courut tout droit vers le lieu où nous étions réunis autour du feu.

Nous comprîmes tous, quand il courut vers l'est, puis vers l'ouest, qu'il avait vu de nombreux troupeaux de bisons. Il s'approcha du feu du côté opposé à celui où nous nous trouvions et s'assit. Alors le vieil homme lui offrit le calumet de paix. Il tendit les deux bras puis, après avoir fait passer la pipe trois fois, il la garda et la rendit après en avoir tiré quelques bouffées. Tout le monde s'écria : « Ha-ho », ce qui signifiait « merci ». Il acceptait de fumer le calumet de paix pour montrer qu'il ne dirait que la vérité.

Après cette cérémonie, l'éclaireur commença à raconter où il avait vu des buffalos, combien il paraissait y en avoir et avec quelle quiétude ils se reposaient, n'étant troublés par aucun ennemi. Tout cela c'étaient de bonnes nouvelles, car les bisons se seraient montrés inquiets, s'il y avait eu des ennemis près de là. Quand l'éclaireur faisait le geste de montrer, il employait le pouce au lieu de l'index. Son récit terminé, il retourna à son tipi. Alors le vieil homme qui portait la pipe donna l'ordre de se mettre en route. Les bisons n'étaient pas à une grande distance, aussi les chasseurs commencèrent à se préparer à les attaquer. Ils s'en allèrent en avant de nous, montés sur leurs poneys et conduisant en main leurs meilleurs chevaux. Comme on ne mettait jamais aucun poids supplémentaire sur ces rapides coursiers, ils étaient toujours frais et dispos pour une longue course, dès que les bisons étaient en vue.

Cependant, alors même que les chasseurs savaient où étaient les buffalos, il ne leur était pas permis de dépasser les autres. Si un bison était tiré, cela effraierait le troupeau entier : aussi les chasseurs devaient rester groupés, car cette chasse devait pourvoir à la provision de viande d'hiver.

Pour être sûr qu'aucun d'eux ne ferait preuve d'indocilité en dépassant les autres, trois hommes armés de massues de guerre chevauchaient avec les chasseurs et s'en servaient contre quiconque essayait de « faire le malin », comme disent les Blancs. Il était très rare qu'un chasseur fût assez fou pour s'attirer une telle punition.

Les trois hommes porteurs de massues gravirent au galop une colline, cherchant la meilleure direction à prendre pour s'approcher le plus possible du troupeau sans se découvrir. Bientôt ils dirent aux chasseurs de monter sur leurs meilleurs chevaux. Les hommes montaient sans selle, les rênes maintenues sur leur bras gauche. Comme les chevaux étaient dressés pour la chasse, ils savaient exactement ce que l'on attendait d'eux.

Aussitôt que les chasseurs apparurent au sommet de la colline, les bisons les aperçurent. Quelques-uns des animaux étaient couchés paisiblement. Alors, voyant les cavaliers approcher ils commençaient à se lever et à se rassembler à la hâte en donnant des signes d'alarme. Les trois hommes armés de massues galopaient toujours de long en large, surveillant les chasseurs, car ce n'était pas encore tout à fait le moment de commencer la tuerie. Lorsqu'ils furent arrivés assez près du troupeau, le commandement fut donné d'attaquer.

Les hommes étaient tous prêts et impatients. Ils galopaient aussi vite qu'ils pouvaient et quand ils envoyaient une flèche dans une bête, elle était tirée de façon à transpercer autant que possible le cœur. Bientôt un grand nuage de poussière s'éleva, car les bisons s'enfuyaient et les chasseurs devaient alors veiller à ne pas être entourés et piétinés sous les sabots des pesantes bêtes. La poussière était si dense qu'il était impossible de voir bien loin dans aucune direction. La chasse au bison dans ces conditions était une entreprise périlleuse.

Les hommes tuaient seulement ce qu'ils jugeaient nécessaire pour le camp. Ils ne poursuivaient pas les animaux toute la journée et ne les massacraient pas par amusement. Quand ils revenaient avec la viande nous étions tous très heureux. Les femmes la cuisaient et commençaient à préparer la viande sèche pour les jours froids qui allaient venir. Très souvent pendant l'hiver la neige était très épaisse et nos chasseurs ne pouvaient pas sortir pendant de longs jours ; mais s'il y avait beaucoup de viande séchée nous n'avions aucune inquiétude.

Peu de temps après cette chasse nous transportâmes notre camp en amont du « Minia-Tanka-Wakpala » ou de la « Rivière à l'eau profonde » qui en anglais s'appelle la Rivière Niobrara. Nous étions encore une vingtaine de mille environ. Nous avions beaucoup de viande de bison séchée, mais comme le temps était beau un des hommes s'en alla chasser le daim. Nous apprécions tous un changement de menu.

Ce chasseur revint bientôt et raconta qu'il avait vu de la fumée au loin, que les daims étaient en marche et s'enfuyaient venant de cette direction. Cette nuit-là tous les chefs et les guerriers tinrent conseil. Ils choisirent trois hommes pour aller en éclaireurs aux alentours et déterminer la cause de la fumée. Puis on donna l'ordre que personne n'allumât de grand feu. Chacun devait rester tranquille et les poneys gardés sous la main.

On ne dormit pas beaucoup dans le camp cette nuit-là. Quelques guerriers restèrent avec leurs chevaux et les jeunes hommes montèrent la garde toute la nuit. Il nous fallait être très prudents ne sachant pas si des éclaireurs ennemis ne surveillaient pas notre camp.

Le jour suivant, vers midi, nos éclaireurs revinrent disant qu'ils avaient vu des Pawnies sur nos terres de chasse. Ces Indiens étaient nos ennemis. A l'instant les guerriers se préparèrent à aller sur le sentier de la guerre et il régnait dans le camp une grande agitation.

Mon père amena son propre cheval et aussi un autre pour moi. Il était prêt et voulait que j'aille avec lui. Tous les chefs s'étaient réunis en conseil dans un grand tipi, un homme en sortit et relâcha un des chevaux de mon père. Cela signifiait qu'on ne voulait pas qu'il partît. Mais c'était un homme intrépide ; aussi il prit son meilleur cheval et s'en alla seul vers l'ennemi. Aussitôt que les braves le virent partir, sans attendre ils montèrent sur leurs poneys et s'élancèrent à sa suite, laissant le village sans hommes pour le défendre, sauf les vieillards.

Mon grand-père me dit qu'il n'allait pas combattre ; mais qu'il allait chasser le bison, parce que nous n'avions plus de viande fraîche. Alors il sella un cheval pour que je l'accompagne. Nous n'allâmes pas très loin avant d'entendre un tonnerre de sabots. Regardant par-dessus une petite élévation de terrain, nous vîmes alors environ une centaine de bisons venant vers nous. Grand-père me mit en sûreté derrière cette éminence et me dit de faire attention car nos ennemis, les Pawnies, avaient sans doute effrayé ces bêtes. Le bruit fait par l'approche de ces animaux ressemblait à un tremblement de terre, et la pensée que peut-être les Pawnies étaient tout près derrière eux n'était pas très réconfortante pour un petit bonhomme comme moi. Grand-père me dit de rester où j'étais pendant qu'il leur donnait la chasse.

Les bisons arrivèrent au galop et grand-père s'élança à leur poursuite juste au moment où ils contournaient l'élévation de terrain. Il portait seulement une culotte de toile et des mocassins. Quand les bisons furent tous passés, je regardai par-dessus le faîte. Je vis mon grand-père, ses deux tresses de cheveux attachées ensemble, dépeçant un bison qu'il avait tué sans bruit.

Conduisant mon cheval par la bride, j'avançai vers l'endroit où il était et je m'assis pour le regarder dépouiller la bête. De temps à autre je jetais un coup d'œil inquiet autour de moi, car je savais que nos ennemis étaient tout près. Bientôt la peau était enlevée et le découpage commença. Mon grand-père avait des couteaux très aiguisés, et aussi quelques-unes de ces petites baguettes que les vieux appelaient « cure-pipe ».

Il découpa un beau morceau de tripe, ou enveloppe interne de l'estomac du bison, la lava dans le sang et me la donna à manger crue avec un peu de moelle d'un os d'une jambe de devant ; je retirai cette moelle avec une des petites baguettes qu'il me donna. Les Sioux à cette époque apprenaient à manger de la viande crue, aussi quand nous étions en pays ennemi et que nous n'osions pas allumer de feu, nous pouvions encore tenir. Cela ne paraîtrait pas très appétissant aux jeunes garçons et aux petites filles de race blanche d'aujourd'hui, mais on nous apprenait à manger ce qui était considéré bon pour nous sans poser de questions. Nous ne savions pas, à cette époque, ce que voulait dire être anémique.

Mon grand-père était très occupé pendant que je mangeais. Il mit la peau du bison sur mon cheval, le poil en dessous, après avoir attaché toute la viande avec des cordes de rawhide qu'il découpa dans la peau.

Puis il suspendit la viande sur le dos de mon cheval contre le côté chair de la peau du bison. Quand tout cela fut prêt, il ramena la peau par-dessus pour couvrir la viande fraîche et je grimpai à cheval au sommet. Il y avait un tel chargement que mes deux jambes le dépassaient de chaque côté à angle droit.

Nous atteignîmes le village sains et saufs et tout le monde fut bien heureux d'avoir de la viande fraîche. On fit un grand feu au-dessus duquel se balancèrent des quartiers entiers du bison attachés à des piquets. Pendant que la viande rôtissait, les femmes arrachaient des herbes et en jonchaient le sol pour s'asseoir dessus. On dressa aussi un abri. Quand la viande fut cuite à point, nous eûmes une vraie « barbecue » que nous appréciâmes de tout cœur, quoique nous n'ayons ni café, ni pain, ni gâteau ;

mais nous étions très reconnaissants que l'on nous eût procuré de la viande de bison fraîche.

Quelques jours après nous vîmes revenir des hommes de notre parti de guerre. L'un d'eux marchait en tête en agitant un scalp. Cela causa un grand émoi. Ils paradèrent tout autour du village ; mais mon père revint au logis entre deux jeunes hommes, grièvement blessé. Il alla tout droit à notre tipi. Tout le monde paraissait être heureux et se réjouir. J'allai voir mon père.

Il était assis sur une robe de bison, le dos appuyé contre un trépied en bois. Il paraissait très tranquille, je n'approchai pas de lui, car je le savais blessé, et il allait bientôt recevoir la visite de l'homme-médecine. Aussi, nous autres garçons, nous décidâmes d'aller chasser les oiseaux. A notre retour j'allai à notre tipi, mon père faisait le récit du combat à quelques vieux braves. Il semblait que les Pawnies étaient montés vers le nord, où le gibier était plus abondant. Ils savaient que c'était le terrain de chasse des Sioux, aussi les guerriers avaient caché leurs femmes, leurs enfants et leurs chevaux dans le lit d'un cours d'eau à sec. Lorsque notre tribu arriva, les Pawnies pensaient bien qu'ils allaient nous rencontrer et ils étaient sur le qui-vive. Mon père s'approcha à cheval tout près d'eux, puis fit demi-tour, certain d'être poursuivi par quelques ennemis. Il avait un coursier très rapide, ce qui rendait difficile aux Pawnies de le rattraper. Malgré cela ils s'élancèrent à sa poursuite, ce qui permit à nos hommes de les encercler et d'en tuer quelques-uns. Alors mon père essaya une seconde fois la même tactique ; mais rares furent les Pawnies qui le poursuivirent, car un certain nombre de la première bande n'étaient pas revenus.

Mais les Sioux voulaient absolument combattre, aussi s'élancèrent-ils contre les Pawnies. Plusieurs centaines de ceux-ci furent tués dans la bataille qui suivit et beaucoup de leurs femmes, de leurs enfants et de leurs chevaux furent capturés.

Quand mon grand-père demanda à mon père s'il avait tué quelques ennemis, celui-ci répliqua avec calme : « Oh !

j'en ai tué sept seulement». Mon père ne s'emballait jamais. Enfin, il nous dit qu'ils avaient fait quelques Pawnies prisonniers que l'on gardait dans un des tipis.

Le jour suivant plusieurs des garçons, j'étais du nombre, voulurent voir ces prisonniers. Le village avait environ un mille de large et nous allâmes à pied jusqu'à l'endroit où on les gardait. Parmi eux il y avait un jeune homme grand et mince avec qui nous désirions beaucoup jouer — de cette façon nous pouvions le toucher. C'était la première occasion que nous avions nous, les garçons, de toucher un ennemi. Aussi, à force de gentillesse, nous le décidâmes à sortir du tipi et à nous montrer à quelle vitesse il pouvait courir. Comme il avait été blessé, son allure n'était pas très rapide ; mais nous étions satisfaits d'avoir eu l'occasion de le toucher.

Bientôt les chefs tinrent un conseil et il fut décidé de renvoyer les prisonniers chez eux. Tout homme qui en avait pris un devait lui donner des vêtements et un cheval. Cela coûtait quelque chose de capturer un homme ou une femme à cette époque. Tous les Pawnies furent habillés de vêtements sioux et gagnèrent les hauteurs environnantes en compagnie de quelques-uns de nos braves. On les escorta à une certaine distance de notre camp puis on les relâcha.

Nous vîmes les prisonniers partir avec quelques-uns de nos propres guerriers et nous n'espérions jamais les revoir. Mais lorsque j'étais à l'école indienne de Carlisle, en Pensylvanie, on y amena quelques Indiens Pawnies et, parmi eux, se trouvait le jeune homme grand et élancé. Nous nous reconnûmes immédiatement.

Maintenant que les prisonniers étaient partis, tout le monde dans notre camp s'apprêta pour une grande danse de victoire. Tous ceux qui avaient été au combat y prenaient part, chacun revêtu du costume qu'il avait porté pendant la bataille. Ceux qui avaient été blessés peignaient l'endroit en rouge vif, pour représenter le sang. Si un cheval avait été blessé, l'animal était amené à la danse et peint là où il avait été touché par la balle. Même les chevaux recevaient des honneurs pour la part qu'ils avaient prise dans la bataille.

Les éclaireurs qui étaient partis en avant les premiers portaient des plumes d'aigles ébarbées jusqu'en bas. Ceux qui avaient tué un ennemi portaient une plume d'aigle placée verticalement derrière la tête. S'ils avaient été blessés en tuant l'ennemi, la plume était peinte en rouge.

Ceux qui avaient porté une coiffure de guerre pendant le combat la gardaient aussi pour la danse. Quelques-uns portaient des scalps. A cette danse les honneurs n'étaient pas faussement rendus. Chaque guerrier voyait ses exploits équitablement reconnus. Il était facile de dire quelle était exactement la situation de ceux qui y participaient. Plusieurs jours s'écoulèrent avant que prît fin la danse de victoire. Puis nous reprîmes notre vie paisible et tranquille.

CHAPITRE V

MON PREMIER BISON

Nous campions entre la Rivière Blanche et un endroit appelé la Butte aux Corbeaux. Comme à l'habitude, tout le monde dans le camp paraissait heureux de son sort. Un jour j'aperçus près de là un grand nombre de chevaux. C'étaient de fort belles bêtes au poil luisant et bien étoffées. Comme je demandais à ma belle-mère d'où venaient ces chevaux, elle m'apprit que le Grand-père de Washington les avait envoyés pour nous. Cela me remplit de joie, car je pensais bien en avoir un maintenant qu'on me traitait en jeune homme.

Dans chaque clan on choisit un chef pour distribuer les chevaux à ses gens. A l'appel de leur nom, les chefs recevaient autant de bâtonnets qu'il y avait de chevaux alloués à leur clan. On appela mon père, qui reçut un paquet de bâtonnets. Il dit alors à tous les jeunes hommes qui avaient besoin d'un cheval de venir à son tipi. A mesure qu'ils entraient, chacun recevait un bâton, ce qui voulait dire que mon père leur donnerait un cheval lorsque ceux-ci seraient amenés au camp.

Lorsque tous les bâtons furent distribués, il restait encore deux jeunes gens qui n'avaient pas de chevaux. Mais père ne les laissa pas partir déçus. Il ramassa deux bâtons et les leur donna, disant que, puisqu'il avait déjà réparti tous les chevaux dont le gouvernement devait leur faire cadeau, il leur donnerait à chacun un cheval de son propre troupeau.

Quoique nous eussions de beaux poneys dans notre clan, ils n'étaient rien en comparaison des chevaux envoyés par le Gouvernement.

Mon père aurait certainement aimé en avoir un pour lui, mais il était chef et devait d'abord penser à ses gens. Quelle différence avec la façon d'agir des « gros bonnets » chez les Blancs de nos jours ! Avant d'obtenir un poste, ils sont prêts à promettre tout ce que l'on veut et n'importe quoi à ceux qui peuvent les y placer par leur vote. Mais tiennent-ils leurs promesses ? Ah bien ! pas que je sache ! Dès qu'ils sont élus, la première chose qu'ils font c'est de garnir de plumes leur nid et celui de leur famille.

Mais le chef indien, sans éducation, lui au moins était honnête. Quand on envoyait quelque chose pour ceux de son clan, ceux-ci le recevaient. Sa famille ne passait pas la première. Il ne touchait aucun salaire. A la guerre on le trouvait toujours au premier rang, mais quand il s'agissait de recevoir des cadeaux, sa place était au dernier. Il n'y avait pas de poignées de mains, pas de sourires, ni de « salamalecs » sans signification. Le chef était noble et sincère.

Un jour, nous, les garçons, nous entendîmes quelques hommes qui parlaient d'aller à l'agence. Ils disaient que le Gouvernement avait envoyé des bisons tachetés pour les Indiens. C'était là le nom que nous donnions aux vaches, car en langue sioux nous n'avions pas de mots pour désigner le bétail des hommes blancs. Notre bison sauvage était en train de disparaître rapidement, car les Blancs le tuaient aussi vite qu'ils pouvaient. Nous étions donc très heureux d'apprendre que nous allions recevoir un peu plus de viande, car c'était là le principal de notre menu. Nous avions entendu parler de ces bisons tachetés, mais nous n'en avions jamais vu.

Aussi, montant sur nos poneys, nous partîmes pour l'agence avec les hommes. Quelle terrible odeur nous accueillit ! C'était épouvantable ! Il nous fallut nous boucher le nez. Je demandai à mon père ce qu'il y avait par là car la puanteur était telle que je ne pouvais l'endurer. Il me dit que c'était l'odeur du bison tacheté. Je lui demandai alors si nous allions être obligés de manger de ces horribles animaux. « Les Blancs en mangent »,fut sa réponse. Il y avait alors plusieurs Blancs autour de nous et ils étaient tous chauves. Je commençais à me demander s'ils l'étaient devenus en mangeant de ce bétail à l'odeur épouvantable. Je me rappelais que les buses étaient chauves, qu'elles se nourrissaient de charogne, et je commençais à plaindre les Blancs qui étaient obligés de se nourrir d'une pareille viande.

Chaque homme fut appelé pour prendre la bête qui lui revenait et que l'on tuait à la sortie du corral. On pouvait voir de tous côtés des vaches gisant là où elles avaient été abattues, car les Indiens ne voulaient pas les conduire près de leurs demeures. Ils les dépeçaient, coupaient les morceaux les plus tendres et les rôtissaient sur place. Ce traitement enlevait la plus grande partie de l'odeur. Puis ils emportaient la peau et ils la troquaient contre de l'indienne et des couleurs. S'il leur arrivait de couper la queue en dépeçant l'animal pour l'apporter plus tard à un marchand, ils l'échangeaient contre un peu de sucre candi pour les enfants. Les Indiens se montrèrent bientôt gens avertis en ce qui concernait la queue et ils demandaient quelque chose en échange, qu'elle fût encore attachée à la peau ou non.

Avez-vous jamais pensé à la différence qui existe entre la viande d'un animal tué lorsqu'il est en bon état et la viande de celui qui a été transporté sur pied en chemin de fer pendant de longues journées ? Ces pauvres animaux sont si serrés les uns contre les autres dans les wagons à bestiaux qu'ils n'ont même pas la place de se coucher pour se reposer et, s'ils peuvent le faire, leurs gardiens leur piquent les flancs simplement pour les obliger à se tenir debout. Nous, nous savions la différence et c'était la raison pour laquelle, au premier abord, nous ne pouvions pas manger de cette viande.

Bien que recevant beaucoup de viande de bœuf et des rations du Gouvernement, nous avions faim de chair de bison et leur peau nous manquait. Aussi, un jour, nous quittâmes l'agence sans permission. Nous étions très indépendants à cette époque. Nous nous étions mis en route vers la partie nord du Nebraska, car nous savions que cette région était un bon terrain de chasse.

J'avais très souvent accompagné mon père et mon grand-père à la chasse aux buffalos, mais c'étaient toujours eux qui les avaient tués et j'avais seulement aidé à les manger ensuite. Mais cette fois j'y allais comme chasseur. J'étais décidé à essayer de tuer un bison tout seul si cela était possible. Mon père m'avait fabriqué un arc avec des flèches à pointes d'acier spécialement pour tuer le gros gibier. Cela devait être la première occasion que j'avais de voir quelle sorte de chasseur je ferais.

Un guetteur qui avait été envoyé en avant revint un matin de très bonne heure pour dire qu'il y avait du buffalo près de là. Chacun se mit à se préparer et j'étais du nombre. Pendant qu'une de mes belles-mères m'aidait, elle me dit : « Fils, lorsque vous tuerez un buffalo, gardez-moi les rognons et la peau. » Je ne savais si elle essayait de me taquiner ou de m'encourager. Pourtant cela me remplissait de fierté de l'entendre me parler ainsi.

Mon père, lui, me parlait toujours comme si j'eusse été un homme. Bien sûr, maintenant, je me sentais assez grand pour accomplir les travaux d'un homme. La nuit qui précéda la chasse, mon père m'instruisit en ces termes :

« Mon fils, les terres sur lesquelles on a découvert ces bisons passent pour n'être pas très accidentées et vous n'aurez pas à les poursuivre dans des endroits dangereux, car le sol y est très uni. Quoi que vous fassiez, surveillez les bisons de près. Si celui que vous poursuivez court droit devant lui sans se retourner, alors vous pouvez vous en approcher tout près et vous aurez une grande chance de le tirer au cœur. Mais si vous voyez qu'il vous regarde du coin de l'œil, alors prenez garde ! Ces animaux sont très rapides et puissants. Ils peuvent enfoncer leurs cornes sous votre cheval, le lancer en l'air et vous tuer.

« Si vous touchez au bon endroit, vous pouvez abattre la bête avec une seule flèche, sinon il vous en faudra plusieurs. Si votre poney n'est pas assez rapide pour rattraper le buffalo, le mieux que vous ayez à faire c'est de lui tirer une flèche juste en arrière des fausses côtes. Il se peut qu'elle pénètre jusqu'au cœur. Si l'animal descend une pente ou s'élance dans une côte, vous avez un autre moyen. Tirez-le à l'articulation des hanches, il tombera assis et vous pourrez prendre tout votre temps pour le tuer.

« Ouvrez l'œil ! Tout d'abord vous rencontrerez un nuage de poussière, mais une fois passé au travers, tout s'éclaircira et vous pourrez voir où vous vous dirigez. »

C'était la première fois que j'allais chasser des bêtes aussi imposantes. J'avais tué plusieurs petits animaux, mais un bison est loin d'être une créature de petite taille et vous pouvez imaginer combien j'étais ému.

De bonne heure, le matin suivant, chacun était prêt à partir. Je portais mon arc à la main car il n'y avait plus de place dans le carquois où je mettais mes flèches. Je montais une petite jument noire, très bonne à la course et aussi légère qu'un daim.

Deux hommes montés sur des bêtes magnifiques allaient devant nous. Ceci afin de maintenir l'ordre dans notre troupe. Il n'y avait pas de danger que quelqu'un aille en avant et effraie le gibier, car nous devions tous rester groupés derrière ces deux hommes.

Ils gravirent le sommet d'une colline d'où ils pouvaient avoir une bonne vue du troupeau et chercher l'emplacement le plus favorable pour approcher les animaux. Nous nous rapprochions toujours le plus possible des buffalos, car cela durcit la viande de l'animal de le faire courir plus qu'il ne faut.

Après avoir surveillé le troupeau de divers côtés, ils choisirent celui qui semblait le plus avantageux. A cet endroit, ils prévinrent les chasseurs d'échanger leurs montures pour leurs coursiers rapides et de se tenir prêts. Je n'avais pas à changer de cheval car la petite jument noire était tout ce que je possédais comme monture. Je vis quelques hommes attacher leurs deux tresses de cheveux derrière leur dos et d'autres qui portaient des chemises commencèrent à retrousser leurs manches. Ils voulaient avoir les bras libres lorsqu'ils commenceraient à tirer.

Ils placèrent leurs carquois sur le côté au lieu de les porter dans le dos. Personne n'avait d'épieu ni de lance et ne portait de plumes.

Les chevaux dont on ne se servait pas furent entravés et laissés à la garde d'un vieil homme. Quand les deux cavaliers en donnèrent l'ordre, tout le monde se mit immédiatement en route. Naturellement j'étais avec eux et au tout premier rang. Je voulais accomplir un acte de courage. Je m'en remettais pour beaucoup à mon poney. Je savais qu'il avait le pied sûr et qu'il pouvait galoper comme je voulais.

Au sommet de la colline tous les chasseurs rendirent la main à leurs chevaux, qui s'élancèrent rapides comme le vent. Je cravachai ma petite jument noire et il s'en fallut de peu que je ne prenne la tête du groupe. Je me trouvai rapidement au milieu d'un nuage de poussière, ne pouvant rien voir devant moi. Tout ce que je pouvais entendre c'étaient le grondement et le fracas que faisaient les sabots des buffalos s'enfuyant avec un bruit de tonnerre. Mon poney faisait des écarts de côté et d'autre et il me fallait me cramponner de toutes mes forces.

Pendant un certain temps je n'essayai même pas de tirer une flèche de mon carquois, car j'étais tout entier occupé à prendre soin de moi-même. Je savais que si mon poney tombait et si l'un de ces grands animaux me piétinait, ce serait mon dernier jour sur terre. Je me rendais compte à ce moment combien j'étais impuissant au milieu de cette poussière et de ce désordre, avec ces pesantes bêtes tout autour de moi. Le bruit de leurs sabots était effrayant. Mon poney allait comme le vent tandis que je me cramponnais à sa crinière et bientôt nous nous trouvâmes hors du nuage de poussière.

Ce fut alors que je vis ce que mon père m'avait déjà dit. J'étais pas mal en avant des bisons ; quand ils m'aperçurent, ils se mirent à courir dans deux directions opposées. Quand je regardai ces grands animaux et que je songeai à essayer d'en tuer un, je sentis combien j'étais petit. J'en avais vraiment peur. Alors je pensai que ma belle-mère m'avait dit de lui rapporter des rognons et une peau et l'idée qu'après tout j'étais un homme me revint à l'esprit ; c'est pourquoi je dirigeai mon poney vers le troupeau qui fuyait dans la direction du nord. Il n'y avait plus de poussière et je savais où j'allais.

J'étais seul, mais j'étais décidé à donner la chasse à ces animaux, que j'en tue un ou non. Pendant tout ce temps-là je pouvais entendre les coups tirés par les chasseurs qui possédaient des fusils et je savais qu'ils en tuaient. Aussi je me mis à la poursuite de ce petit groupe et tout en m'élançant derrière eux je pris une de mes flèches que je tirai au milieu du troupeau. Je ne savais même pas où elle était allée et je pensais déjà à abandonner la poursuite, lorsque je remarquai une jeune génisse qui galopait moins vite que les autres.

Cela m'encouragea, aussi, cravachant mon poney à nouveau, je me mis à sa poursuite. Comme je m'en approchais, elle s'arrêta, tourna court et se mit à galoper dans une autre direction, mais je vis qu'elle perdait du terrain. Elle n'était pas aussi grosse que les autres, aussi je n'avais pas peur. Je décidai que je tuerais ce bison, dussè-je employer toutes les flèches de mon carquois.

Je galopai jusqu'à ce que je fusse tout à côté de la bête, ainsi que me l'avait enseigné mon père. Je pris une flèche dans mon carquois en me cramponnant à mon poney de toute la force de mes jambes. Je la mis en place et, tendant l'arc de toutes mes forces, je la laissai partir. j'avais espéré tuer le bison très rapidement, mais la flèche pénétra dans le cou — et moi qui avais pensé avoir si bien visé ! Mais l'animal, secouant seulement la tête, continua à courir. Je le rattrapai encore et lâchai une autre flèche qui pénétra dans la direction du cœur. Quoiqu'elle n'eût pas été tirée avec assez de force pour être mortelle, je vis que l'animal s'affaiblissait rapidement et que sa course se ralentissait. C'est alors que je pris ma troisième flèche et que je tirai à nouveau. Celle-là pénétra jusqu'au cœur. Je commençais à croire que ce bison avait les neuf vies d'un chat et qu'il allait être aussi difficile à tuer que cet animal, lorsque je vis du sang lui sortir des naseaux. Alors je compris qu'il allait bientôt s'abattre. Je lui tirai ma quatrième flèche, il chancela, s'abattit sur le côté et bientôt il était mort. Ainsi j'avais tué mon premier buffalo.

Quand j'examinai l'animal tombé et vis que je lui avais tiré cinq flèches, j'eus l'impression que c'était trop pour un seul bison. Je me rappelai alors qu'une fois mon père avait tué deux bisons avec une seule flèche. Il savait que la première avait frappé au bon endroit, car elle avait pénétré très profondément, il galopa simplement auprès de la bête, enfonça complètement la flèche et, la retirant, la prit pour tuer un autre bison.

Pendant que je restais à penser à cela, je me sentais honteux de ma maladresse comme tireur. Je songeai à retirer toutes les flèches, sauf une. En fait, j'avais commencé quand me revint à l'esprit une remarque que mon père m'avait faite un jour. C'était : « Fils, rappelle-toi toujours qu'un homme qui dit des mensonges n'est jamais aimé par personne ». Aussi, au lieu d'essayer de tromper, je dis la vérité et cela me rendit plus heureux.

J'enlevai toutes les flèches et commençai à dépecer le bison. Tout alla merveilleusement bien jusqu'à ce que j'essayasse de retourner l'animal. Je découvris alors que c'était une trop lourde tâche pour moi. Comme je n'avais qu'un seul côté de dépecé, je songeai à enlever les rognons et à couper un beau quartier de viande pour ma belle-mère. Juste à ce moment, j'entendis quelqu'un m'appeler. Je montai sur mon poney et gravis le sommet de la colline. Là, je vis mon père qui m'avait cherché. Il m'appela, mais je retournai simplement vers mon bison. Il sut ainsi que quelque chose était advenu ; aussi vint-il vers moi, et alors je lui montrai le bison mort qui gisait là à demi dépouillé.

Il était fort heureux que j'eusse essayé de faire de mon mieux. Alors je lui dis le nombre de flèches qu'il m'avait fallu employer et où chacune avait frappé. Je lui dis même que j'avais tiré ma première flèche en plein dans le troupeau, ne sachant pas où elle avait frappé. Il rit, mais il était fier de moi. Je pense que c'était parce que j'avais dit la vérité et que je n'avais pas essayé de le tromper ou de mentir, bien que je ne fusse qu'un enfant.

Alors mon père s'attaqua à mon bison. Il l'eut vite dépecé et découpé tout entier. Il dit qu'il avait été bien près de rentrer à la maison quand il avait découvert que je manquais. Il avait pensé que j'étais avec mon grand-père alors que grand-père me croyait avec lui. Pendant tout ce temps j'avais poursuivi une rude besogne à moi tout seul. Quand nous arrivâmes au logis, je me sentais très fier de pouvoir donner à ma belle-mère la peau et les rognons. Et elle était contente que j'aie si bien réussi.

Mon père appela le vieil homme du camp, qui jouait toujours le rôle de héraut, pour annoncer que « Ota Kte » ou « Beaucoup Tué » avait abattu son premier buffalo et que « Ours Debout », son père, faisait cadeau d'un cheval.

Ce fut là le premier et dernier bison que j'aie jamais tué et il me fallut cinq flèches pour en venir à bout.

CHAPITRE VI

MON PERE VA A WASHINGTON

Quoique nous fussions libres de faire ce que bon nous semblait, il n'y avait ni fainéants, ni oisifs dans notre camp. Nous étions pareils aux oiseaux qui volent de-ci, de-là... Quand les hommes n'avaient rien d'autre à faire, ils allaient à la chasse ce qui nous gardait le ventre plein. Les femmes, elles, étaient occupées à faire des mocassins, des vêtements, et se distrayaient à des jeux. Il n'y avait jamais de bavardages.

Comme nos provisions commençaient à diminuer, nous entreprîmes de déplacer encore notre camp. Et cette fois ce fut pour aller plus loin vers le sud du Nebraska.

Nos éclaireurs partis reconnaître les lieux où se tenaient les bisons revinrent en disant que la plaine était couverte de cadavres de ces bêtes. Elles avaient été abattues par des Blancs. Jamais les Indiens n'avaient montré tant de dérèglement ni de folie dans leur façon de tuer ce noble gibier. Nous continuâmes à avancer, sûrs de rencontrer de nombreux buffalos vivants. Mais nous fûmes frustrés dans notre attente. Je vis des centaines de cadavres de ces animaux, gisant çà et là, en pure perte, et l'odeur était épouvantable.

Nous commençâmes alors à voir des Blancs qui vivaient dans des abris creusés dans la terre, tout pareils à des ours sauvages, moins le long museau. Ces gens étaient sales. Leur figure, leur tête, leurs bras et leurs mains étaient recouverts de poils.

Beaucoup d'entre nous voyaient des Blancs pour la première fois et ceux-ci nous paraissaient d'aspect repoussant. Aucun de nous n'avait jamais vu de gorilles, sans cela nous aurions pu penser que Darwin avait raison en ce qui concerne ces hommes.

A l'extérieur des abris, nous vîmes quantités de ballots de peaux de bisons, toutes empaquetées et prêtes pour le marché. Ces individus nous dérobaient la source de vêtements et de logements que nous dispensait notre Créateur et laissaient pourrir dans la plaine notre nourriture. Et pour tout cela ils allaient recevoir de l'argent, alors que les Indiens ne recevaient que des injures. Nous pensions que ces gens devaient être des démons, car ils se montraient sans pitié. Trouvez-vous qu'un tel traitement fût juste envers les Indiens ?

Certains d'entre vous peuvent dire : « Oh ! il fallait débarrasser les plaines des bisons et c'était là le seul moyen. » Tout cela peut être vrai, mais vous êtes-vous jamais arrêtés à considérer les milliers d'Indiens qui allaient être affamés par ce massacre de grande envergure ? Pourquoi ne pas envisager cela de cette façon ? Supposons qu'un homme possède une ferme avec beaucoup de bétail et que l'on considère comme une bonne idée de bâtir une ville sur ses terres. Trouveriez-vous juste que des étrangers viennent tuer à coups de fusil tout le bétail du fermier sans le payer pour ce massacre ? Non, vous ne jugeriez cela ni loyal, ni juste. Il leur faudrait d'abord payer le fermier pour avoir détruit ses troupeaux, de façon à ce qu'il puisse acheter des vêtements et de la nourriture pour les siens.

Lorsque nous campions près de l'endroit où étaient construits les abris, je me souviens que nos mères nous disaient de nous hâter de nous endormir, sans quoi les hommes velus viendraient nous prendre. Nous savions qu'ils portaient de longues cannes qui faisaient beaucoup de bruit et avec lesquelles ils tuaient nos bisons. Nous appelions ces cannes « maza-wakan » ou « fer sacré ». Ces gens se souciaient peu de nous et cela n'avait aucune importance pour eux de nous ravir l'existence, même par la famine et par le froid. Ce fut là le commencement de notre haine pour les Blancs. Cependant nous ne cherchions pas à les tuer.

A quelque temps de là, une délégation d'hommes appartenant à notre réserve partit pour Washington. D. C., pour aller voir le « Grand Père ». Ils ne savaient pas parler anglais et ils avaient tous revêtu leur grand costume indien. Mon père était du nombre. Avec eux ils emmenaient un homme qui devait leur servir d'interprète, mais celui-ci ne savait pas grand'chose.

Quand ils arrivèrent à Washington, les sénateurs leur offrirent leurs repas et leur firent visiter la ville. Le « Grand Père » leur accorda une audience. Leurs griefs lui furent exposés en mauvais anglais, mais il promit de redresser tous les torts.

Puis on leur demanda ce qu'ils désiraient comme cadeaux. Quelques-uns voulaient des fusils et des balles, on les leur donna. Mon père désirait des bottes de cowboy, une redingote, un chapeau haut de forme et une chemise empesée avec des manchettes.

Après avoir accordé tout cela et avant que les Indiens ne repartent chez eux, le Président Hayes offrit à chacun d'eux une grande médaille ronde en argent. Elle portait d'un côté l'effigie de George Washington et la date de 1876. Au revers il y avait une main d'homme blanc serrant celle d'un Indien et en dessous les mots « Paix et Amitié » avec un calumet et un tomahawk entrecroisés. La médaille était percée d'un trou par lequel passait un ruban rouge, de sorte que nos braves pouvaient la suspendre à leur cou.

Pendant leur séjour à Washington, les Indiens furent traités avec beaucoup de courtoisie et on leur promit tout ce qu'ils voulurent. Mais jamais ces promesses ne furent tenues. Elles furent rompues — comme toutes celles de l'homme blanc à l'Indien.

Bientôt les Indiens repartaient vers l'ouest, très heureux à la pensée qu'ils allaient avoir tout ce qu'ils désiraient. Mon père était habillé de telle façon qu'il ne put enlever ses bottes pendant tout le voyage de retour au Dakota. Quand il arriva chez lui, nous, les enfants, ne le reconnûmes pas du tout quand il se dirigea vers son tipi. Quand il y pénétra, nous accourûmes tous pour voir quel était cet homme blanc qui venait d'entrer dans notre tente.

Là était assis mon père. Il demanda à l'une de ses femmes de lui tirer ses bottes, car il avait les pieds très fatigués. Elle saisit un pied et traîna mon père tout autour du tipi. « Allez-vous donc vous mettre à ressembler aux Blancs qu'il vous faille porter des souliers si extravagants que vous ne pouvez les enlever ? » demanda-t-elle à père. Son chapeau de soie, il l'avait suspendu au trépied du lit. Nous, les enfants, nous nous tenions à la porte du tipi pour jeter un coup d'œil vers lui. Il nous paraissait si drôle, il avait plutôt l'air d'un objet de curiosité. Il portait même des gants de peau et une canne, mais avec toute cette belle parure d'homme blanc, il avait encore les cheveux longs.

Mère se mit en devoir de lui préparer quelque chose à manger, qu'il parut apprécier. Après le souper et quand vint le moment d'aller au lit, père garda sa chemise empesée. Il se sentait trop bien habillé pour l'enlever. Mère lui dit qu'elle ne voyait pas comment il espérait dormir avec ce placard sur la poitrine.

Le soir suivant, en s'habillant pour se rendre au conseil qui allait avoir lieu, il planta une plume d'aigle sur le côté gauche de son chapeau de soie. Cette plume portait trois raies rouges « comme un bon de troisième Emprunt de la Liberté ». Cela voulait dire qu'il avait été blessé trois fois.

Lorsqu'un homme revenant de Washington assistait à un conseil, on s'attendait à ce qu'il vînt en grande toilette. C'était là une sorte « d'insigne » qui montrait qu'il était vraiment allé à Washington. Je pense que père leur prouva d'une façon satisfaisante qu'il y avait été.

Au bout de quelques jours, ces vêtements de Blanc commencèrent à perdre le charme de la nouveauté et père négligea de les porter. Un jour, deux de mes sœurs apercevant le chapeau de soie dans le tipi décidèrent que cela ferait un magnifique récipient pour mettre l'eau qui nous servait à faire nos bonshommes en terre. Aussi, prenant le chapeau, elles descendirent à la rivière. Elles le remplirent d'eau et chacune le portant par un côté, elles l'emportèrent à un endroit où elles allaient faire leurs jouets en boue. Cette boue était une sorte d'adobe, comme la terre de quelques parties de la Californie. Nous l'appelions « gumbo ». Avec cette matière les filles fabriquaient des coquilles de palourdes qu'elles réunissaient deux par deux pour les jeter dans l'eau. Pendant que celles-ci descendaient le courant en flottant, elles leur lançaient des pierres. Lorsqu'on les touchait, ces coquilles éclataient en faisant un léger bruit.

CHAPITRE VII

RATIONS. — UNE EXPÉDITION GUERRIÈRE. — CHEVAUX SAUVAGES

Vers cette époque je commençais à être assez âgé pour remarquer ce qui se passait autour de moi. J'observais que le Gouvernement essayait de nous dédommager pour la terre qu'il nous avait enlevée. Il avait passé un accord avec les Sioux selon lequel il leur paierait leurs terres, en leur donnant des rations et en leur distribuant périodiquement des marchandises. Cela me fait rire maintenant de me rappeler ce temps-là parce que le Gouvernement ne faisait que des maladresses et distribuait toujours les denrées à contre temps.

Quand il fallut toucher les rations, on laissa ce soin aux femmes. Quelques clans avaient dressé leurs tipis près de l'agence, alors que d'autres demeuraient à quinze ou vingt milles de distance. Ce n'était pas très difficile pour ceux qui habitaient tout près de recevoir leurs rations, mais c'était une vraie corvée pour ceux qui étaient loin : il leur fallait aller à cheval. Pour chaque tipi, même ne fût-il occupé que par une seule personne, il était alloué cent livres de farine, un bœuf sur pied et un certain nombre de livres d'autres denrées de première nécessité. Dans le cas où il y avait plus d'une personne par tipi, l'allocation était exactement la même.

Les femmes n'emportaient pas chez elles tout ce qu'elles recevaient. Elles prenaient seulement ce qui leur plaisait. Ce qui n'était pas à leur convenance était rejeté sans cérémonie par-dessus le bord le plus proche.

Une des plus extravagantes rations allouées aux Indiens était la farine en sacs de cent livres. Nous n'avions jamais vu de farine et, comme nous ne mangions pas de pain, nous n'en comprenions pas l'emploi. La plupart des femmes ne savaient pas quoi en faire. Le Gouvernement avait oublié d'envoyer en même temps que la farine des instructeurs pour montrer à nos femmes à faire du pain. Aussi, quand elles recevaient leur sac de farine, elles l'emportaient à la berge la plus proche, l'éventraient et versaient le contenu dans la boue. Ensuite elles le secouaient et l'emportaient chez elles. Cela faisait de belles chemises pour les garçons et j'en ai vu souvent vêtus de ces chemises-sacs. Comme marque de fabrique ces sacs portaient un Indien en pied, son arc et ses flèches à la main, tout prêt à tirer.

Ensuite le Gouvernement distribua des cartouches de tabac dont il allouait un certain nombre à chaque tipi. Il pouvait bien se faire que l'unique occupant de quelques-uns de ces tipis fût une vieille femme solitaire. Que pouvait-elle faire avec du tabac en cartouche ? De toutes façons, les Indiens n'aimaient pas ce tabac, car il était trop fort pour eux.

Lorsque nous devions lever le camp, nous, les garçons, restions toujours à flâner pour voir si nous pouvions découvrir quelque objet abandonné. Souvent nous trouvions d'étranges choses éparses sur le sol. A l'examen, il se trouvait que c'étaient des cartouches de tabac qui avaient été mouillées par la pluie. Elles gonflaient alors et éclataient.

On nous distribuait aussi du café vert. Les femmes s'aperçurent vite qu'il fallait le faire griller avant de pouvoir s'en servir, mais elles n'avaient pas de moulins pour le moudre après le brûlage. Aussi, le mettant dans un sac en peau de daim et plaçant celui-ci sur une pierre, elles le pilaient avec un marteau en pierre. Nous n'avions pas de nom pour ce breuvage, mais il était si noir et si amer que nous pensions que les Blancs nous avaient envoyé quelque espèce de drogue.

Je me souviens que la première fois où l'on nous en distribua, j'étais allé voir ma mère. Chaque fois que je lui rendais visite, elle me préparait de fort bonnes choses à manger. Comme elle venait de recevoir de ce café et qu'elle désirait m'offrir un vrai régal, elle me prépara du

« pejuta-sapa » ou café, en y ajoutant beaucoup de poivre. Quoique je n'en aimais pas le goût, je le bus parce que je voulais lui faire plaisir et elle pensait que plus c'était amer meilleur ce serait pour moi. Cependant mes belles-mères et elle apprirent à employer et à préparer comme il fallait ce que nous envoyaient les Blancs.

Un jour mon père rapporta à la maison un baril de sirop et ma belle-mère en donna à chacun de nous, les enfants, avec une cuiller en corne de chèvre. Je le goûtai du bout de la langue, ne sachant pas si je l'aimerais. C'était si sucré et si bon que je ne voulus pas le prendre tout entier tout de suite. Mais il ne fallut pas longtemps pour qu'il disparût et alors je léchai la cuiller et en demandai d'autre.

Après cela, toutes les fois que mon père portait une peau chez le marchand, nous étions tous pressés de le voir arriver à la maison, car nous nous attendions toujours à ce qu'il revînt avec un nouveau baril de sirop. Un jour, il en rapporta réellement un autre et nous, les enfants, étions très joyeux. Il alla dans le tipi le donner à ses femmes et toutes deux se mirent à faire du pain frit. C'est une des premières choses que les Sioux apprirent à faire avec de la farine. Dans la confection de ce pain il entrait de la farine, de la levure, du sel et de l'eau. On le roulait comme des beignets et on le faisait frire dans la graisse.

Naturellement nous étions très contents de voir ces préparatifs. Nous nous tenions aux alentours, en dehors du tipi, à surveiller le travail. Bien entendu nous n'attendions qu'un mot pour venir recevoir un morceau de pain frit recouvert de sirop. Mais grande fut notre déception. Mon père avait invité quelques hommes : ils ouvrirent le baril de sirop et consommèrent la plus grande partie du pain frit. Nous en eûmes tous un peu, mais pas autant que nous eussions voulu. Nous ne savions pas que le sirop était aussi pour les grandes personnes et nous étions tout à fait choqués de voir la façon dont les hommes y puisaient.

Le Gouvernement nous distribuait aussi du lard, mais nous n'avions jamais vu de porc fumé et nous lui trouvions une drôle de teinte jaune sur les bords. Il était alloué un demi-porc par tipi, mais les femmes en coupaient toute la partie jaune et la jetaient à la rivière.

Le premier sucre que nous reçûmes était du sucre d'érable. Les anciens demandèrent ce qu'était cette denrée sucrée. Lorsqu'on leur en eut interprété l'explication, ils comprirent que cela venait de l'érable, aussi l'appelèrent-ils « jus de bois ». Lorsque nous commençâmes à recevoir du sucre blanc il nous fallut un autre mot pour le distinguer, aussi l'appela-t-on « can-hanpi » ou « jus blanc du bois » alors que le sucre d'érable était connu sous le nom de « can-hanpi-zizi » ou « jus jaune du bois ».

Nous continuions à recevoir de plus en plus de denrées sucrées et nous en aimions le goût. Mais cette nourriture n'était pas bonne pour nous, quoique nous essayions de manger tout ce que l'on nous envoyait. Nous recevions des pommes, des prunes, des gâteaux, des pâtés et aussi beaucoup de « bonnes paroles ». Mais rien de tout cela n'était vraiment bon pour nous. Quand ils pensaient que les choses tournaient en leur faveur grâce à leurs discours doucereux, les Blancs faisaient alors volte-face et nous maltraitaient. Lorsque nous essayions de nous défendre, ils nous appelaient « sauvages » et nous donnaient encore d'autres vilains noms, qu'il ne serait pas convenable de mettre en caractères d'imprimerie.

C'est alors que vinrent les missionnaires, ils nous dirent de ne pas lutter. Mais en même temps qu'eux apparurent les contrebandiers d'alcool. Ces hommes nous vendaient des poisons qui nous ôtaient la raison. Les visages pâles leur donnent des noms différents, mais l'Indien avait seulement deux noms pour cela. Tout d'abord, quand les hommes buvaient de ces boissons ils pouvaient voir de multiples choses. Puis ils découvrirent que le ministre du culte en faisait usage à l'Eglise au service de la communion : cela leur donna l'idée que c'était de « l'eau sacrée ». Aussi jusqu'à aujourd'hui le mot pour « alcool » en langue sioux est « mini-waken » ou « eau sacrée ». Les hommes qui vendaient cette boisson accompagnaient toujours les missionnaires de toutes dénominations. Le nom blanc de « eau de feu » n'est pas employé dans notre tribu, c'est simplement le nom que donnent les Blancs au whisky. Je pense que c'était vraiment un vocable qui lui convenait, car il peut susciter plus de feu que n'importe quoi.

Ce fut alors que je remarquai pour la première fois le fort de l'agence de Nuage Rouge. Quand je revins à celle de Queue Tachetée, là aussi il y avait un fort. Quelques années après, lorsque étant à l'école je fus capable de lire et d'écrire, cela me rendait furieux de voir tous ces forts. J'avais lu un traité conclu entre le Gouvernement et les Sioux, en 1868, année de ma naissance et j'appris qu'il n'avait aucun droit de bâtir des forts sur le territoire des réserves. Mais aussitôt qu'un représentant des Blancs arrivait dans une agence, la construction d'un fort était la première chose jugée nécessaire. S'ils pensaient que les Indiens étaient assez sauvages à cette époque pour qu'il fallût construire des forts, il me semble que de nos jours les Etats-Unis devraient se hâter d'en avoir dans tout le pays, car la race blanche devient passablement sauvage.

Pendant que l'agence fonctionnait et que les Indiens recevaient des rations et des annuités en marchandises, les braves de Queue Tachetée songèrent à aller guerroyer contre les Poncas, pour rompre un peu la monotonie de leur existence. Ils n'avaient aucune raison de chercher querelle à cette tribu si ce n'est qu'ils ne l'aimaient pas. Le vieux souvenir de leur inimitié ne les avait pas encore abandonnés. De plus, la vue de si nombreux soldats aux alentours ne contribuait pas à calmer la nervosité des Indiens.

Tout le monde se préparait et beaucoup d'entre nous devaient partir. Mon père me dit qu'il allait m'emmener dans cette expédition et j'étais très heureux. C'était pour moi l'occasion tant attendue. Ma mère n'en savait rien mais mes deux belles-mères furent gentilles avec moi. Elles étaient occupées à faire des mocassins de rechange et à préparer d'autres objets que nous devions emporter. Finalement, tout étant prêt, nous nous mîmes en route.

Bien que je ne fusse qu'un jouvenceau, j'étais très heureux et je me sentais vraiment grand et brave. La première fois que nous campâmes, tout le monde fut très bon pour moi, car j'étais le seul jeune garçon de l'expédition. On savait que mon père était très brave et serait d'une grande aide pour ses compagnons. Nous continuâmes à avancer dans la direction du Missouri ou « Rivière aux eaux boueuses » comme nous l'appelions.

La troisième fois que nous fîmes un camp, mon père me parla ainsi :

« Fils, j'ai voulu que tu viennes avec moi parce que je désire que tu accomplisses une action de grande bravoure ou alors que tu sois tué sur le champ de bataille. J'ai arrangé ma coiffure de guerre pour qu'elle aille à ta tête. Je serai heureux de te la voir porter et de te voir mener ton coursier jusque dans le camp ennemi. Tu n'auras rien d'autre qu'un long bâton à la main. La nuit qui précédera je te conduirai aussi près qu'il me sera possible du camp ennemi.

« De bonne heure, le matin, il sortira quelqu'un de la loge. Alors je te laisserai t'élancer vers cet homme. Touche-le avec ton bâton, puis jette-toi à travers le camp aussi vite que ton cheval pourra te porter. Je serai derrière toi et, si tu le traverses sans mal, tu seras l'homme le plus jeune qui ait jamais accompli une telle action et je serai fier de toi. Mais si l'ennemi est prêt à tirer sur toi (comme c'est presque toujours le cas) et si tu tombes au milieu d'eux, conserve ton courage. C'est ainsi que je voudrais que tu meures. Je serai avec toi, mon fils. »

Tout cela me faisait si fort battre le cœur que je pouvais entendre ses coups et les larmes me venaient aux yeux. Mais j'étais prêt à accomplir ce que voulait mon père, car je désirais avant tout lui faire plaisir.

La quatrième fois que nous fîmes camp, mon père et moi quittâmes notre troupe et nous allâmes chasser l'antilope. Il en eut bientôt tué une qu'il rapporta tout entière au camp. Il en fit rôtir tout un côté. Lorsqu'il fut cuit et alors que nous allions nous asseoir pour manger, nous remarquâmes que quelques-uns de nos gens étaient arrêtés à quelque distance de là. Nous pouvions voir qu'il régnait une certaine agitation au camp, aussi, montant sur nos poneys, nous allâmes pour en apprendre la cause.

Là, nous trouvâmes un vieux chef qui nous suivait depuis quatre jours, nous apportant le calumet de paix. Cela voulait dire qu'il fallait nous en retourner. A cette époque nous croyions que si on nous présentait la pipe de paix et si nous ne l'acceptions pas de grandes calamités nous accableraient. Comme mon père croyait fermement aux vertus du calumet de paix, il nous fallut retourner chez nous.

L'agitation que nous avions vue au loin était causée par un des jeunes gens qui avait voulu tirer sur le vieux chef lorsqu'il l'avait vu venir avec la pipe. Il dit à ce chef qu'ainsi il avait arrêté un fort parti de guerre.

J'étais très désappointé et honteux de m'en retourner sans même voir un ennemi de loin. Mais mon père avait parlé et sa parole faisait loi. Nous dûmes repartir, quoique cela me chagrinât beaucoup de rentrer au logis sans avoir couru le danger d'être tué.

Quand nous arrivâmes au camp, deux de nos guerriers manquaient. Nous n'avions pas pensé qu'ils désobéiraient à l'ordre de la pipe, c'est cependant ce qu'ils firent. Ce fut longtemps après que l'un de ces hommes revint chez lui et raconta ce qui était arrivé. Lui et l'autre jeune guerrier avaient décidé de combattre seuls les Poncas. Ils les rencontrèrent et son compagnon fut tué. Le survivant avait aussi été grièvement blessé. Des soldats qui passaient le ramassèrent et l'emmenèrent au fort de Greenwood, Agence de Yankton, où ils le gardèrent jusqu'à ce qu'il fût assez bien pour voyager. C'est alors qu'ils le renvoyèrent chez lui, mais il était très mutilé. J'avais environ neuf ans quand tout cela arriva. C'est peu de temps après être rentré au logis et avoir quitté le sentier de la guerre sans que je sois blessé, que nous partîmes tous vers le nord du Nébraska pour chasser le bison. A cette époque c'était un merveilleux pays de chasse qui appartenait en entier aux Sioux. Comme nous nous préparions quelqu'un vint nous dire que près de là il y avait des chevaux sauvages. Nous changeâmes aussitôt nos projets, car tout le monde désirait avoir des chevaux.

Un vieil homme fit le tour du camp pour annoncer que tout le monde partait et qu'il fallait que nous nous attendions les uns les autres. Quelques hommes allèrent à cheval jusqu'à la plus proche rivière, mon père les accompagna. Bientôt je les vis revenir avec de longues-branches de saule. Celle que rapporta mon père avait à peu près quinze pieds de long.

Quand l'écorce est enlevée et que le saule est redressé il ne lui faut pas longtemps pour sécher ; c'est aussi un bois très léger. Pendant que mon père préparait son bâton, mon grand-père faisait des cordes avec de la peau de bison, des longues et des courtes, des lourdes et des légères.

Mon père prit une lanière de peau de daim et l'attacha au bout de son bâton, puis il en fixa une seconde à quatre pieds plus bas. Prenant alors une longue corde en peau tressée, il en fit une boucle qu'il fixa à la seconde lanière, la première était aussi reliée à la boucle, mais à mi-chemin de l'autre côté du cercle.

Tout le monde s'apprêtait et moi je regardais faire mon père. Quand je lui demandai si je pouvais accompagner les chasseurs, il me dit : « Eh ! quoi ! Bien sûr, je veux que tu viennes. Regarde comment nous nous y prenons et apprends tout ce que tu peux. Un jour tu seras assez grand pour faire tout cela. »

Le camp tout entier semblait devoir se mettre en route, les femmes et le reste. Tous les hommes qui portaient des bâtons longs ou courts montaient de rapides coursiers. Ils étaient vêtus comme pour la chasse au bison et ne portaient pas de plumes.

Les Blancs croient que les Indiens sont toujours affublés de leurs plumes, en fait, j'ai comme une idée qu'ils s'imaginent qu'ils couchent avec. Nous ne portions des plumes que lorsque nous étions en costume d'apparat, tout comme les Blancs mettent leurs vêtements de soirée pour une réunion ou une danse.

Deux jeunes gens chevauchaient à l'avant pour reconnaître les lieux. Bientôt ils revinrent et nous donnèrent nos instructions. Quelques-uns des chasseurs devaient aller à deux ou trois milles de là, du côté opposé à celui où pâturaient les chevaux. D'autres, au sud, d'autres au nord. Tous ceux qui portaient des bâtons devaient se tenir à l'est.

Je montais ma petite jument noire cette fois-là et je restai avec mon père qui allait à l'est. Je guettais chacun de ses mouvements. Je vis que, de temps en temps il excitait sa monture pour « l'échauffer » comme disent les Blancs. Chaque fois je suivais son exemple en l'imitant.

Il m'emmena alors à un endroit d'où nous pouvions voir les chevaux sauvages au pâturage. Il y en avait quarante ou cinquante, tous en train de brouter l'herbe verte. Parmi eux il y en avait un qui, très souvent, dressait la tête et regardait tout autour de lui d'une façon altière. Mon père me montrant cette bête : « Vois-tu ce cheval qui dresse la tête ? me dit-il, eh bien ! c'est un étalon — le chef du troupeau ».

Nous étions tous cachés derrière une colline mais un homme à pied restait en surveillance. Au bout d'un certain temps, la troupe qui était partie se poster à l'ouest des chevaux sauvages gravit l'éminence. Dès que ceux-ci l'aperçurent, ils s'enfuirent au galop vers le nord. Ils montaient rapidement le versant de la colline dans cette direction, quand soudain apparut la troupe qui guettait de ce côté. Les animaux s'arrêtèrent effrayés et dévalèrent la colline vers le sud. Mais le groupe de chasseurs qui était de ce côté les devança et leur coupa la retraite, alors ils s'enfuirent vers le côté est où nous les attendions et se jetèrent au milieu de nous.

Les chevaux sauvages avaient déjà parcouru une certaine distance et n'étaient plus assez frais pour une longue poursuite. Nos chasseurs, munis de bâtons, étaient prêts et leurs chevaux reposés et impatients de partir. Aussi, ayant cravaché leurs montures, ils s'élancèrent à la poursuite du troupeau. Je montais mon poney noir et je me tenais tout prêt derrière mon père. Comme nous gravissions une colline et que nous redescendions sur l'autre versant, je vis que mon père poursuivait un cheval à la robe tachetée, un fort bel animal. C'était un rapide coursier, bien qu'il eût déjà couvert un terrain considérable, mais comme nous gravissions une autre colline et redescendions sur l'autre versant, mon père pressait le cheval sauvage de très près.

Il préparait le bâton et la corde tout en le poursuivant. Je ne faisais guère attention à ce que faisaient les autres cavaliers, car je ne voulais pas perdre un seul des mouvements de mon père qui était mon idéal, comme je vous l'ai déjà dit. Je cravachai mon poney pour rester aussi près que possible et ne rien perdre de ces instants passionnants.

Comme nous atteignions le bas de la colline, mon père leva son bâton et le lança au-dessus de la tête du cheval sauvage. Alors il pressa son poney plus vite jusqu'à ce qu'il se trouvât aux côtés de l'animal. La boucle était grande ouverte et glissa en bas du cou du cheval, mon père donna alors une saccade qui rompit les lanières de peau de daim retenant la corde de peau brute au bâton et, jetant le bâton, il libéra complètement la boucle. Celle-ci se serra autour du cou de la bête qu'il tenait de cette façon au bout d'une longue corde. A ce moment le cheval sauvage était à peu près à court de souffle et incapable d'aller vite.

Père, prenant alors en main le bout de la corde, la jeta sur la tête de son propre cheval la faisant glisser au bas de son cou et, en même temps, il lança sa monture dans une direction qui l'éloignait de l'animal capturé. Lorsque la boucle se serra, le cheval sauvage commença à s'étrangler. Au bout d'un moment il s'arrêta, respirant bruyamment, chancela un peu et s'abattit. Père, sautant en bas de sa monture, courut vers lui et fit une bride avec la longue corde en la fixant autour de ses naseaux.

Il retourna alors à son cheval, lui lia la queue et le fit reculer vers la tête du cheval sauvage. Il attacha la corde servant de bride d'abord à la queue de sa monture, la ramenant autour des épaules puis de nouveau à la queue. De cette façon, tout le poids de l'effort se faisait aux épaules.

Juste à ce moment, le cheval sauvage se remit sur pied, mais il était maintenant lié à l'autre animal et il tirait sur son propre nez au lieu de tirer par son cou. Sur le chemin du retour, j'essayai de me représenter comment tout cela avait été accompli.

Mon père avait eu vite fait d'attacher les deux bêtes ensemble et ainsi en un tournemain nous ramenions au camp un nouveau coursier. Aussitôt que nous fûmes arrivés, deux autres hommes aidèrent mon père à mettre le cheval sauvage par terre. Ils faisaient vite alors que la bête était encore épuisée. Ils prirent une corde en rawhide très grosse et qui avait encore tout son poil. Là encore j'allais apprendre quelque chose car, jusqu'à présent, je n'avais jamais su pourquoi il y avait des lanières auxquelles on laissait tout le poil. Se servant de cette corde, les hommes attachèrent les jambes du cheval sauvage, en faisant attention à mettre le côté poil de la lanière contre la peau car, de cette façon, l'animal ne pourrait ni ruer, ni frapper et s'arracher la peau des jambes, car le poil était doux. Ils lièrent les quatre membres et laissèrent le cheval se mettre sur pied. Il parut quelque peu stupéfait. Quoiqu'il fût très fatigué, il essayait de ruer, mais bientôt il se rendit compte qu'il était inutile de taper. Au bout d'un moment nous, les garçons, nous nous approchâmes et commençâmes à caresser le cheval. Nous nous sentions tout à fait en sûreté pour le faire tant que ses jambes étaient entravées. Enfin, deux ou trois d'entre nous grimpèrent sur son dos, chacun à notre tour, en caressant encore plus l'animal. Bientôt il comprit qu'on ne lui ferait pas de mal et, avant la fin de la journée, il n'essayait plus de donner de coups de pied.

Le jour suivant on lui délia les jambes, mais on l'attacha à un autre cheval. Puis un jeune garçon monta sur son dos et lui fit faire le tour du camp toujours lié à l'autre cheval. De cette façon, il apprit à ne pas avoir peur. Bientôt devenu très paisible, il trottait ou galopait auprès de l'autre animal. Au bout de deux ou trois jours, nous avions un beau cheval dressé au lieu d'une bête sauvage.

Voilà comment j'ai appris la façon de capturer les chevaux sauvages, quoique je n'en aie jamais fait personnellement l'expérience. J'avais bien profité de cette journée passée avec mon père et les autres chasseurs, pendant laquelle nous allâmes à la poursuite des chevaux sauvages.

Bien que je n'aie jamais eu l'occasion d'en capturer, je puis au moins dire comment cela se fait. C'était le désir de mon père que je fasse mon éducation pour tout ce qui concernait notre peuple et ses façons de vivre et de me voir apprendre tout ce que je pouvais pendant ma jeunesse.

CHAPITRE VIII

DERNIER COMBAT DE CUSTER ET MORT DE CHEVAL FOU

Nous habitions à l'agence de Queue Tachetée, située sur l'emplacement actuel de celle de Pine Ridge. Tous nos hommes devaient s'en aller vers le nord pour rendre visite aux Sioux de cette région. Mon père et quelques autres chefs pensèrent alors qu'ils feraient bien de les accompagner. Il n'emmena aucune de ses femmes. Elles restèrent avec nous, les enfants, et comme nous nous amusions bien, nous ne nous inquiétions pas de lui. A son retour, il nous parla de la mort de « Longs Cheveux ». C'était le nom donné par les Sioux au général Custer. Je lui demandai de nous en faire le récit. Mais cela ne lui plaisait guère, car nous considérions comme un déshonneur de tuer un Blanc. Cependant, voici l'histoire du dernier combat de Custer, telle que nous la raconta mon père :

« Nous autres, les chefs, nous étions tous au Conseil, lorsque quelques hommes, rentrant précipitamment au village, annoncèrent que les soldats arrivaient. Nous nous précipitâmes dehors sans être prêts le moins du monde pour le combat. Mais les soldats tiraient déjà sur le village. Quelques-uns d'entre nous voulaient combattre immédiatement, car un jeune garçon venait d'être tué. Mais « Cheval Fou », l'un des plus grands chefs qu'aient jamais eus les Sioux, dit : « Non, attendez, je vais d'abord aller au-devant des soldats pour voir ce qu'il y a ». Montant alors à cheval, il parcourut d'un bout à l'autre le front des troupes. Sur un commandement, tous les soldats se mirent à tirer sur lui. Après être passé à cheval devant eux sans avoir été blessé, il revint vers les Sioux et leur donna l'ordre de l'attaque. Les Indiens n'avaient pas besoin d'être encouragés, car ils convoitaient quelques-unes des magnifiques bêtes que montaient les soldats. Ils s'élancèrent sur eux en brandissant leurs massues de guerre et, les frappant à la tête, ils leur prirent leurs chevaux.

« Mais, tandis que nous galopions au milieu de ces soldats, ils me faisaient réellement de la peine, tant ils paraissaient effrayés. Ils ne tiraient pas sur nous. Ils semblaient frappés d'une telle stupeur qu'ils tiraient en l'air. Beaucoup d'entre eux gisaient sur le sol, leurs yeux bleus grands ouverts, attendant qu'on les tue.

« En quelques instants tous furent massacrés, sauf un. Il montait un très beau cheval et avait pu fuir. Plusieurs de nos chefs s'élancèrent à sa poursuite, mais son cheval, qui était plus robuste et beaucoup plus rapide que les poneys indiens, gagnait du terrain. Nous commencions à parler de rebrousser chemin lorsque cet homme, prenant son revolver et dirigeant le canon vers sa tête, fit feu. Le cheval sans cavalier ne fut pas difficile à rattraper, aussi un de nos guerriers s'en empara.

« Nous nous retirâmes du champ de bataille, car ce n'était pas un honneur d'être vu sur un lieu de combat avec d'aussi faibles victimes comme adversaires. Mais les femmes et les garçons achevèrent les soldats qui n'étaient pas morts. Ils dévêtirent leurs cadavres et les garçons eurent quelques bons vêtements. »

C'est tout ce qui fut jamais dit de la mort de Custer. Pendant toutes les années où je suis resté à la maison, je n'ai jamais entendu parler de ce combat avec complaisance.

Vers l'année 1877 je vis arriver à l'Agence de Queue Tachetée un grand nombre d'Indiens du Nord. Qui étaient ces gens et que venaient-ils faire ? Je ne savais pas, mais ils me parurent très pauvres. Leurs tipis étaient de petite taille et leurs vêtements en mauvais état. Nous allâmes les voir dresser leur camp.

Le jour qui suivit, mon père invita un de ces hommes à notre foyer. Il avait la peau très foncée et des cheveux bruns clairs, d'une belle contexture, tout différents des cheveux noirs et épais des Indiens en général. C'était un homme petit et mince. Il ne portait rien sur lui qui parût de fantaisie et était très pauvrement vêtu.

Cet homme ne parlait pas beaucoup et ce qu'il voulait bien dire, il le disait d'un ton très calme — tout juste quelques mots à mon père, mais peut-être étaient-ce des mots importants.

J'allais et venais hors du tipi en courant, mais je ne faisais pas attention à ce que disait l'homme, tout en me demandant qui il était.

Une de mes belles-mères me vit regarder l'étranger et probablement comprit que j'étais curieux de savoir qui il pouvait être. Aussi, m'appelant à part, elle me dit : « Fils, cet homme est mon cousin Ta-sun-ke Wit-ko ou « Cheval Fou ». Son père était frère de la mère de ma belle-mère. En parenté indienne ils étaient frère et sœur. Mais Cheval Fou m'était seulement parent par alliance.

Cheval Fou ne demeura pas longtemps dans notre tipi. Après le repas, il partit à cheval, car leur camp était à deux mille de là. Nous étions alors à la Rivière du Castor où était établie l'Agence de Queue Tachetée. Lorsque Cheval Fou fut parti, mon père commença à parler bas à l'une de ses femmes. Il lui dit : « Lorsque je serai parti, faites en sorte que vos cousins tiennent les chevaux tout prêts. En réalité, il vaudrait mieux qu'ils établissent une clôture, car alors ils pourraient y parquer toutes les bêtes. Pendant la nuit, soyez sur le qui-vive et soyez vigilants ».

Ce fut tout ce que j'entendis, mais cela me causa une sensation étrange, comme si quelque chose d'imprévu allait arriver. Le lendemain matin, deux de mes oncles et mon grand-père étaient occupés à faire une clôture avec des saules. Quand vint la nuit, je les vis rassembler les chevaux et les conduire dans ce corral. Toutes les autres personnes qui vivaient près de là commencèrent à attacher leurs chevaux tout près de leur tipi.

De bonne heure le matin, des hommes arrivèrent précipitamment dans notre camp, apportant la nouvelle que Cheval Fou avait été tué par les soldats à l'Agence de

Nuage Rouge (fort Robinson). Tout le monde était bouleversé, les gens se précipitaient dehors, sellaient leurs montures et emmenaient en outre des chevaux de charge. Les femmes étaient occupées à rassembler toutes les affaires qu'elles voulaient garder. Quelques-unes même commençaient à arracher des morceaux de leurs tipis. Mon père n'était pas encore de retour, mais nous étions prêts à nous enfuir avec les autres. Seulement, où aller ? Nous étions comme des moutons à l'abattoir, ne sachant de quel côté fuir pour échapper aux fusils des soldats.

Alors j'entendis un homme qui disait : « Attendez ici jusqu'au retour d'Ours Debout. C'est vrai que Cheval Fou a été tué, on ramène son corps ici. Peut-être Ours Debout est-il avec eux en ce moment ». J'étais heureux à l'idée que nous allions attendre mon père.

Il y avait dans notre camp un homme appelé « Taureau Beuglant ». C'était un très gros homme, mais il était ce que nous appelions « un rêveur de chevaux ». Il n'avait jamais touché un cheval de sa vie. Son épouse s'était dépêchée de lui fabriquer un travois pour qu'il pût y monter au cas où nous aurions à nous enfuir. Maintenant que je me remémore cette journée je la trouve amusante, mais si quelqu'un avait été avec nous à ce moment, cela eût été tout différent. C'était une terrible impression pour nous, les enfants, de sentir nos ennemis si près en sachant qu'ils avaient déjà massacré des femmes et des enfants, et que maintenant nous ne pouvions espérer d'eux aucune pitié.

De jeunes hommes montèrent sur une colline pour voir ce que faisaient les autres. Ils revinrent en disant que le camp des Indiens du nord était vide. C'était celui auquel avait appartenu Cheval Fou. Quand on nous apporta la nouvelle, les gens de notre clan se montrèrent très inquiets. Ils se demandèrent si c'étaient les soldats qui les en avaient chassés. Toutes sortes de pensées traversaient leur esprit à ce moment. Nous apprîmes ensuite que, dès la mort de Cheval Fou, Taureau Assis avait pris charge de ses gens et s'était enfui avec eux au nord du Colorado.

Mon père rentra enfin. Ses deux femmes et leur mère avaient coupé leurs cheveux. Cela voulait dire qu'elles étaient en deuil de Cheval Fou, leur neveu et leur cousin. Quand mon père entra, elles étaient tout en pleurs. Aussitôt que le bruit du retour d'Ours Debout se répandit, tout le monde vint à notre tipi pour demander ce qu'il fallait faire et savoir les nouvelles. Alors mon père leur raconta tout ce qui était arrivé. Il dit :

« Nous étions tous devant la prison (corps de garde) au fort Robinson. Cheval Fou avait été invité à y entrer. Il prit avec lui son ami qui s'appelait Petit Gros Homme. Tous deux étaient compagnons de tous les instants. Ils pénétrèrent ensemble dans la prison pendant que nous attendions dehors.

« Bientôt nous entendîmes du bruit. On parlait fort et ceci nous inquiétait beaucoup. Le père de Cheval Fou et quelques-uns de ses amis s'élancèrent à l'intérieur. Il ne se passa pas longtemps avant que nous voyions le vieil homme ramenant avec ses amis le corps de son fils mourant. Il avait été transpercé par la baïonnette d'un simple soldat. Son père et ses amis rapportaient le corps de l'endroit où il était tombé. Pourquoi avait-on essayé de le tuer ? Il n'avait fait aucun mal. Ils l'avaient invité à entrer et l'avaient poignardé.

Lorsque son père l'eut ramené dehors, ce vieillard dit :

« Si mon fils avait pressenti que ceci allait arriver, la baïonnette du soldat n'aurait jamais touché son corps, mais il a été pris à l'improviste. »

Les gens de Nuage Rouge et de Queue Tachetée s'avancèrent alors et, comme ils le jalousaient, ils se préparaient à tirer sur le corps expirant de Cheval Fou. Mais je me mis devant lui et le protégeai. Je me tenais le fusil à la main, prêt à abattre quiconque oserait tirer car c'était un acte de lâcheté. Quand ils me virent ainsi décidé, ils n'osèrent pas. J'enveloppai alors Cheval Fou dans ma couverture et le laissai aux mains de son père. Quand je suis parti, ils préparaient un travois et ils vont ramener son corps ici.

Mais nous ne partirons pas ; nous ne nous enfuirons pas. Demain matin j'airai voir notre père (l'agent) à l'Agence et j'aurai un entretien avec lui. »

Dès lors tout le monde commença à revenir au calme. Ceux qui avaient commencé des chants de guerre se turent lorsque mon père leur parla. Ils savaient qu'ils pouvaient compter sur lui pour prendre la défense des gens de sa race.

Nous attendîmes patiemment que la famille de Cheval Fou ramenât son corps. Mes belles-mères et leur mère étaient en vêtements de deuil et pleuraient presque tout le temps. Bientôt nous vîmes, arrivant au loin, les gens de la famille de Cheval Fou. Ils avançaient lentement, portant le corps sur un travois.

Quelques-uns de ses amis restèrent fidèles à la mémoire de leur chef et ne s'enfuirent pas avec Taureau Assis au Canada. Ils se joignirent à notre clan avec leurs parents, mais ils restèrent à distance parce qu'ils avaient un mort avec eux.

Nous attendions qu'ils enterrent le corps mais ils ne lui préparèrent pas de bière comme on avait fait pour d'autres grands chefs. C'était, je pense, parce qu'ils ne ne voulaient pas que leur fils fût touché par des mains jalouses.

Je voudrais que vous vous souveniez de ceci : aucun des Indiens devenus célèbres et qui ont un grand nom dans l'histoire et dans les récits des Blancs n'est parmi ceux que nous considérions comme des personnages importants. Leur renommée était due ou bien à ce qu'ils se mettaient à faire du théâtre ou à ce qu'ils vendaient des choses qui ne leur appartenaient pas personnellement et en faisaient trafic avec les Blancs pour un peu d'argent. En général lorsqu'un Sioux commettait un crime et encourait la haine de son propre peuple, il se rendait auprès des Blancs pensant y trouver protection. Mais ceux-ci qui venaient vers l'ouest à cette époque n'étaient pas des amis des Indiens pas plus qu'ils ne l'étaient des gens de leur propre race.

Cheval Fou fut le plus grand chef que les Sioux eussent jamais eu. Si j'émets cette affirmation c'est que c'était un homme extraordinaire. Jamais il ne fut blessé avant de trouver la mort. Dans les combats il était toujours au premier rang, mais jamais ni une flèche, ni une balle ne l'atteignirent. Il n'eut jamais de chevaux blessés sous lui et c'est pourquoi cet illustre chef indien fut appelé Cheval Fou. C'était un homme fort simple et jamais il ne voulut revêtir de vêtements éclatants. Au combat il ne portait pas de coiffure de guerre complète, seulement sur le côté gauche de la tête il portait le corps entier d'un faucon et sur les épaules une cape rouge, qui faisait son vêtement de gala.

A la bataille de Little Big Horn, Cheval Fou se porta le premier à la rencontre des soldats et parcourut tout le front des troupes. Les soldats qui étaient en ligne tiraient sur lui, mais ils ne lui firent aucun mal. Plusieurs fois il recommença mais ni lui, ni son cheval ne furent blessés. Aussi l'appela-t-on «Ta-sun-ke Wit-Ko » ou « Cheval Fou ». Tout de suite après la mort de « Longs Cheveux » (Général Custer), quand les Blancs commencèrent à faire du bruit, Cheval Fou emmena son clan et s'enfuit au delà de la frontière au Canada.

Alors Queue Tachetée, Nuage Rouge, mon père et quelques autres chefs allèrent au Canada à la recherche de Cheval Fou. Ils lui apportaient le Calumet de Paix. Il était entendu que si Cheval Fou l'acceptait, le Gouvernement des Etats-Unis le nommerait Grand Chef des Dakotas au-dessus de tous les autres chefs. Ils devaient alors l'amener voir le Grand Père Blanc ou Président des Etats-Unis, à Washington.

Tous les gens des Agences de Queue Tachetée et de Nuage Rouge ne voyaient pas cela d'un bon œil surtout Queue Tachetée et Nuage Rouge eux-mêmes. Aussi étaient-ils hostiles à Cheval Fou et il courait du danger de deux côtés mais il ne le savait pas. Il eut confiance dans les deux partis — et c'est alors qu'il fut tué.

CHAPITRE IX

UN JEUNE SCOUT

Peu de temps après la mort de Cheval Fou, mon père revint un jour à la maison avec un fusil et un revolver. Il m'engagea à en prendre grand soin parce qu'ils appartenaient à l'armée et me dit que je pouvais cependant m'en servir si je voulais. Inutile de dire si je m'en servis ! Je fixai le revolver à ma ceinture avec une courroie. Il y avait une belle fonte pour porter le fusil et j'étais fier comme un paon d'avoir un revolver comme un jeune homme, quoique je ne fusse âgé que de dix ans à cette époque.

J'avais hâte d'en faire l'essai pour voir si je savais bien tirer. Aussi je réunis quelques garçons et nous partîmes à la chasse aux lapins. Cela m'était égal d'en tuer ou non, car tout ce que je désirais, c'était d'entendre la forte détonation du fusil. Cela ressemblait pour moi à votre Fête Nationale. Les autres se tenaient alentour pour écouter le bruit et je pouvais voir qu'ils étaient impatients de tirer aussi. Je leur en donnai à chacun l'occasion et nous eûmes une vraie partie de plaisir.

Bientôt après, nous fûmes obligés de partir vers le Mini Sose ou la Rivière à l'Eau Boueuse, que les Blancs appellent le Missouri. Là, était située l'Agence de Queue Tachetée. Nous devions alors nous rendre à la vieille Agence Ponca située au-dessous de celle de Yankton sur la rive ouest de la rivière, l'Agence de Yankton étant sur la rive est. Nous apprîmes que l'Agence de Nuage Rouge devait aussi déménager et suivre la grande Rivière Blanche jusqu'au Missouri.

Notre première étape depuis la petite Rivière du Castor ne fut pas longue. Là, je vis beaucoup de bétail (les bisons tachetés, comme nous l'appelions) passer près de notre camp. Il y avait aussi un grand nombre de chariots chargés de caisses bleues. Ceux-ci furent emmenés à six ou huit milles de là. J'appris alors que ce bétail était destiné à notre subsistance à mesure que nous avancions et que ces chariots étaient chargés de rations. Aussi n'étions-nous pas inquiets car nous avions beaucoup à manger et nous n'avions aucune hâte d'arriver à destination.

L'automne était déjà avancé et il commençait à faire très froid, finalement la neige se mit à tomber. Nous étions assez bien habitués aux rigueurs de l'hiver, aussi nous ne nous en inquiétions pas beaucoup. Bien que le Gouvernement nous obligeât à partir, on commençait à nous traiter très convenablement à cette époque. Le général Custer avait été tué pour avoir tenté de nous prendre notre terre par la force ; aussi maintenant le Gouvernement essayait-il d'une autre méthode. Nos Indiens savaient cela et agissaient d'une façon très indépendante. Toutes les fois que le camp se déplaçait, les Indiens choisissaient l'endroit où ils s'arrêtaient et quand ils repartaient l'agent ne pouvait pas leur dire grand'chose ; il avait mieux à faire. Nous allions soit à cheval, soit à pied, mais nous passions de très bons moments en ces jours-là.

Quand nous arrivâmes à la Petite Rivière Blanche, où est maintenant l'agence de Rosebud, ce pays était plein de gibier. Les daims étaient si nombreux que très souvent ils traversaient notre camp même. J'ai passé là de bien bonnes heures avec mon revolver. Je n'ai jamais tué de daims avec, mais du moment qu'il faisait une grande détonation, j'étais satisfait.

A quelque temps de là mon père me dit que j'avais été choisi pour servir d'éclaireur aux soldats. Alors je commençai à remarquer que plusieurs jeunes gens parmi nous portaient des revolvers pareils au mien. Je pense que je fus le plus jeune scout que le Gouvernement des Etats-Unis ait jamais employé — et je ne savais même pas que j'étais éclaireur.

L'idée de transporter notre clan venait de ce qu'il y

avait au Gouvernement quelques hommes projetant de nous enlever notre terre. Il leur semblait que s'ils pouvaient persuader à un assez grand nombre de Sioux de rester dans ces deux agences sur le bord ouest de la Rivière Missouri, depuis l'embouchure de la Grande Rivière Blanche jusqu'à celle du Niobrara, alors le Gouvernement sauterait sur l'occasion et apporterait quelque accord à signer. Puis quelques-uns des chefs pervers de notre peuple, qui étaient amis des Blancs, recevraient de l'« eau de feu », des étoffes et des promesses, et une fois bien ivres ils signeraient pour donner ce qui ne leur appartenait pas à eux seuls. Cela serait fait sans que les autres chefs le sachent. Tant qu'il y avait assez de chefs présents pour obtenir les signatures nécessaires, cela ne faisait pas de différence pour le Gouvernement qu'ils fussent ivres ou sobres. L'accord serait signé et les Sioux perdraient leur terre. C'est ce qui advint plus d'une fois.

Quand nous arrivâmes au Missouri nous découvrîmes que ce n'était pas un lieu qui nous convenait. Ce n'était rien en comparaison des rives de la petite Rivière Blanche ; pourtant les commissaires essayèrent de persuader les chefs que cette terre était très bonne pour la culture ; mais que nous importait la culture et qu'en savions-nous à cette époque ? Nous n'en avions pas besoin. Tout ce qui était nécessaire à notre confort et à notre vie existait à l'état sauvage sur nos propres terres. Pourquoi nous transplanter ici où il n'y avait rien ? Il nous fallait beaucoup de gibier, de bois et d'eau.

Maintenant que nous étions arrivés à la rivière Missouri et que nous découvrions que c'était un endroit qui ne nous convenait pas, nous essayâmes de nous en contenter pour l'hiver. Les parents de Cheval Fou s'éloignèrent de nous à une petite distance. Ils construisirent un trépied auquel ils attachèrent le corps de leur fils, enveloppé dans une couverture et recouvert d'une peau. Autrefois chez les Indiens un corps mort ne devait jamais toucher le sol, mais était attaché à un trépied. Nous nous demandions quand ils allaient enlever le corps de Cheval Fou, sans jamais poser de questions. C'était leur fils et ils avaient le droit de faire de son corps ce qu'ils croyaient être le mieux.

Nous restâmes là pour l'hiver. Alors un jour mon père dit qu'il vaudrait beaucoup mieux aller nous installer là ou campaient autrefois les Poncas. C'était un endroit appelé « Opa Wojula » ou « La Petite Rivière où l'on plante.» A cet endroit il y avait beaucoup de bois et de bonne eau. Aussi nous y étant rendus nous trouvâmes beaucoup de maisons d'hommes blancs.

Un jour quelques-uns d'entre nous, les garçons, nous nous rendîmes à une de ces maisons, sur nos poneys, simplement par curiosité. D'abord nous restâmes à cheval à une certaine distance, mais comme nous nous enhardissions un peu plus, nous approchâmes pour jeter un coup d'œil par les fenêtres, de dessous nos couvertures.

Les Poncas qui avaient vécu là, étaient partis plus loin, en aval de la Rivière Missouri entre Sioux-City et Omaha, Nebraska. Quelques-uns s'établirent dans le Nebraska et prirent le nom d'Omahas.

Quant à ceux qui descendirent vers Oklahoma ils s'appelèrent les « Poncas ». Mais tous appartenaient à la même tribu.

Quand ils abandonnèrent ces demeures quelques-uns de nos métis les occupèrent. Pendant que nous, les garçons, examinions les différentes maisons, je rencontrai quelques-uns de nos parents. Ils furent très gentils pour moi, m'invitant à descendre de mon poney et à entrer pour manger quelque chose et c'était un vrai plaisir de voir l'intérieur d'une habitation de Blanc.

Pendant que je parlais avec eux un homme d'aspect étrange entra. Il était habillé d'une longue robe comme une femme, mais c'était un homme. Il serra la main à tout le monde, même à moi ; en même temps, il me tapa amicalement sur l'épaule. Tout le temps je me demandais si c'était un homme ou une femme, car je n'avais encore jamais vu personne habillé de cette façon.

Cet homme à la longue robe commença à parler avec les sangs mêlés, mais je ne pouvais pas comprendre un mot de sa conversation. Alors un des métis me dit : « Beaucoup Tué, ce Saint Homme vous aime et désire que vous veniez habiter quelques jours avec lui. Il faudra dire cela à votre père ; la prochaine fois que vous viendrez, amenez-le avec vous ».

Je rentrai alors à la maison et j'entretins mon père de ce « Wicasa Wakan » ou « Saint Homme » à la robe et de ce qu'il avait dit aux sangs mêlés à mon sujet. Alors mon père dit : « Nous irons demain et je verrai ce que ce Saint Homme vous veut. Peut-être désire-t-il vous donner quelque chose. »

De bonne heure, le lendemain matin, père et moi nous nous mîmes en route pour rendre visite à Louis Bernard, le métis avec qui j'avais causé. Quand nous atteignîmes sa maison, Louis envoya chercher le Saint Homme qui entra aussitôt et parla avec mon père, par l'entremise de Louis, qui comprenait à la fois l'indien et la langue des Blancs.

Le Saint Homme dit à mon père : « J'aime votre fils et je voudrais qu'il reste avec moi quelques jours ». Alors père demanda à l'interprète s'il pensait que c'était raisonnable de me laisser avec lui. Louis dit : « Oui, ce sera très bien ». Aussi, père prit mon revolver et me dit que je pouvais rester. Il ramena mon poney au camp et je demeurai avec le Saint Homme. Il me prépara de bonnes choses à manger et j'attendis qu'il me dise de m'asseoir.

Comme nous nous mettions à table, je m'apprêtais à manger aussitôt, mais le Saint Homme ne commença pas tout de suite. Il resta assis une minute à faire des mouvements avec ses mains. En tout ce qu'il fit je l'imitai ne comprenant pas ce que cela signifiait. Je sus plus tard qu'il bénissait notre nourriture. Quand vint la nuit, il me fit une place pour dormir. Je me mis au lit, mais il me fit signe de descendre et de m'agenouiller avec lui. Ce que je fis, mais je le surveillais tout le temps. Il joignit les mains et, par des signes, me fit comprendre que je devais faire de même. Puis il remua les lèvres et je fis la même chose. Il priait, mais je ne savais pas comment prier de cette façon.

Le matin suivant, il m'emmena dans une autre construction qui avait des croix de bois à l'intérieur et à l'extérieur. Il y avait beaucoup d'autres gens dans cette maison. A l'intérieur, il y avait des sièges sur tout le pourtour, comme dans une salle de conseil indien. Le Saint Homme me fit signe de m'asseoir. Bientôt d'autres personnes commencèrent à entrer. La plupart étaient des métis avec leurs couvertures, mais quelques-uns étaient des Blancs. Alors le Saint Homme apparut avec une autre personne. Tous deux parlaient et j'observai que le Saint Homme portait une coupe ou un bol qui était très brillant. Dedans il y avait de l'eau ou quelque autre liquide. Dans l'autre main, il tenait quelque chose ressemblant à un petit balai. Tandis qu'il marchait près des gens, il commença à les asperger avec ce liquide qu'il dispersait en pluie çà et là avec son petit balai. Il s'apprêtait à en jeter sur moi, mais je me couvris la tête avec ma couverture et ne fus pas mouillé.

Le jour suivant, il m'emmena à la rivière Missouri et nous montâmes dans un bateau qui nous transporta sur l'autre rive. Là, nous prîmes place dans un chariot avec un conducteur pour nous rendre à l'Agence de Yankton, près de la ville actuelle de Greenwood, Dakota sud.

Nous atteignîmes Greenwood à la tombée de la nuit. Il commençait à faire très noir. Le Saint Homme se procura un bateau et nous embarquâmes. L'eau était très agitée, mais un Blanc devait nous faire traverser la rivière à la rame. Comme les vagues étaient très hautes, les deux hommes commencèrent à avoir peur et à pousser des cris. J'étais tout prêt à me sauver à la nage au cas où le bateau coulerait.

Quand nous eûmes traversé, nous quittâmes le bateau pour nous diriger vers un fort. Ce poste était situé sur la rivière Missouri, juste au-dessous de Chamberlain, Dakota sud.

Le Saint Homme rendit visite à tous les soldats. Il parla à plusieurs d'entre eux qui avaient des plaques de cuivre sur les épaules. Puis ils traversèrent ensemble de longues salles bordées de deux rangées de lits. Je me tenais tout près derrière le Saint Homme, comme un petit chien derrière son maître. Après qu'il eut fait le tour de ces lieux, il serra la main à tous les hommes et nous sortîmes de nouveau.

Il faisait maintenant très sombre, mais nous revînmes vers le bateau, où le Blanc nous attendait pour nous ramener sur l'autre rive. Les eaux s'étaient calmées et nous n'eûmes pas d'ennuis ; mais je fus très content lorsque nous nous retrouvâmes en sûreté de l'autre côté.

Le matin suivant, le conducteur du chariot nous ramena à l'endroit d'où nous étions partis avec lui. Puis nous prîmes le bateau de retour vers notre propre rive. Quand nous atteignîmes la maison du Saint Homme, je me glissai furtivement dehors et courus chez moi vers mon père. Ce fut la première et dernière fois que j'allai avec ce Saint Homme.

Mes parents étaient tous très contents de me revoir et, naturellement, ils voulaient savoir ce que j'avais fait pendant mon absence et si le Saint Homme m'avait donné quelque chose. Je racontai mon voyage à mon père et à mes belles-mères. Mon grand-père était là, par hasard, et entendit mon histoire. Il écouta mon aventure et dit alors : « Peut-être bien que l'homme aux vêtements de femme essayait de vous noyer dans la Rivière Boueuse ». Mon grand-père n'appréciait pas l'idée qu'avait eue cet étranger de m'emmener dans un tel voyage, sans que mes parents le sachent.

Alors père dit : « Je ne pensais pas que cet homme allait vous emmener ainsi. Il m'a seulement dit qu'il vous aimait et qu'il voulait que vous restiez avec lui quelques jours. Il ne vous verra jamais plus ».

Depuis, j'ai souvent pensé que mon père était allé au logis du Saint Homme et lui avait dit quelque chose, car il ne vint jamais me rechercher.

Pendant mon absence, j'avais laissé mon revolver à mon père. Une des raisons pour lesquelles je m'étais hâté de rentrer à la maison était que je soupirais après cette arme. Aussi ce fut la première chose que je demandai, après avoir relaté mon aventure. Père dit alors qu'il l'avait rendue aux soldats ainsi que le fusil, car tous deux leur appartenaient. Ce fut certainement un gros désappointement pour moi de rentrer à la maison sans y retrouver mon revolver.

Alors mon père me dit que dans deux jours je devais aller trouver les soldats et qu'ils me donneraient de l'argent. Je demandai pour quelle raison, je devais recevoir de l'argent, et père me dit que c'était parce que j'avais été éclaireur pour le Gouvernement pendant tout un hiver. Cela fut pour moi une vraie surprise, parce que je ne savais pas que j'avais travaillé pour le Gouvernement. Aussi, le lendemain, je montai sur mon poney et j'allai jusqu'au fort de la vieille Agence Ponca. Je trouvai là une foule de gens, aussi je restai sur mon poney, à quelque distance, surveillant tout le monde. De temps en temps, un vieil homme sortait de la maison et criait un nom ; la personne qui était ainsi appelée entrait et ressortait bientôt avec un papier vert et des pièces d'argent tintant dans ses mains.

Peu après le vieil homme sortit encore et demanda « Okta Kte est-il ici, le fils d'Ours Debout ? » Mais je me tins tranquille et restai en arrière, jusqu'à ce que tout le monde me pressât d'entrer dans la maison. Aussi, me laissant glisser à bas de mon poney, j'entrai parce que je ne voulais pas que l'on pensât que j'avais peur des soldats blancs.

Quand j'entrai il y avait assis là un soldat avec des galons sur ses épaules et un autre à côté de lui. Le reste des hommes de la pièce étaient des Blancs et ils avaient de grands livres devant eux. L'homme aux galons paraissait être le « personnage important ». Il regarda mon nom, puis me toisa. Le soldat assis auprès de lui compta de l'argent. Les autres hommes de la pièce étaient des marchands qui avaient vendu aux Indiens des denrées à crédit, sachant qu'ils étaient éclaireurs pour le Gouvernement et avaient de l'argent qui leur reviendrait.

Quand mon nom fut appelé et que l'homme compta

l'argent, tous ces marchands parcoururent des yeux leurs livres pour voir s'il n'y avait rien à mon compte. Ils secouaient la tête de droite à gauche comme un « sun-sunla » ou un âne. On poussa l'argent vers moi mais je n'y touchai pas. Alors l'interprète me dit : « Prenez-le, tout vous appartient ». Aussi, mettant ma couverture contre le bord de la table d'un revers de main, je ramassai l'argent dedans. Comme j'étais prêt à partir, l'interprète dit quelque chose aux deux hommes aux livres et ceux-ci lui ayant répondu, il me dit : « Très bien, allez ».

Quand je fus dehors et avant de partir pour la maison, voyant quelques Indiens entrer dans un magasin, je les y suivis. Ils étaient tous en train d'acheter de l'indienne, des couvertures, des châles, des couleurs et différentes autres choses, mais je regardais le sucre candi et les pommes. Comme je ne savais pas comment me servir de l'argent, je n'achetai rien. Finalement, je sortis, sautai sur mon poney et galopai vers le camp.

Lorsque je parvins à notre tipi, j'y trouvai assis mon grand-père, mon père et mes deux belles-mères. Mon père était sur une couverture entre ses deux femmes. Ils étaient tous en train de manger. Je lâchai mon poney et j'entrai. Mon père leva la tête et demanda : « Fils, avez-vous reçu l'argent ? » Je répondis en versant tout dans la couverture. Tout le monde dans ma famille était fort heureux de recevoir cet argent ; mais, jusqu'à ce jour, je n'ai jamais su quelle en était la somme.

CHAPITRE X

LE MAGASIN DE MON PÈRE. — LES PREMIERS CHARIOTS

Dès ce temps-là on considérait mon père comme un grand homme de sa tribu et un chef ayant au cœur le bien-être de son peuple. Il vit bien vite que la poussée des Blancs se faisait vers l'ouest et que, tôt ou tard, ils occuperaient le pays tout entier. Il comprit que la lutte ne mènerait à rien les Indiens et que leur moyen de salut était d'apprendre les manières des Blancs et de recevoir leur éducation pour être en mesure de défendre leurs droits. Mon père, qui était un homme avisé, prévoyait l'avenir et sentait qu'il était à un tournant de sa vie. Il prit l'argent que le Gouvernement venait de me verser et se mit en route. Il fut absent dix jours environ et, quand il revint, il était en grande toilette. Il portait un col, une cravate, une chemise empesée et même une montre et une chaîne. Alors, il annonça à ses femmes qu'il avait acheté toutes sortes de choses et qu'il allait ouvrir un magasin. Il ajouta que les marchandises seraient là dans quelques jours.

Peu après arriva un grand chariot traîné par quatre « bisons de charge » (ou bœufs). Nous appelions les bœufs « pete-waquin » ou « bisons de charge ». Toutes les marchandises que contenait le chariot aussi bien que celui-ci et les bœufs appartenaient à mon père. L'homme qui les convoyait amenait aussi un cheval magnifique.

Ma sœur aînée, Zintkaziwin, voulait ce cheval, mais père lui dit qu'il l'avait acheté pour moi. Cependant elle le désirait tellement que je le lui abandonnai car j'en possédais un et cela me suffisait. Elle voyait tant de belles choses dans le chargement du chariot qu'elle était emballée de tout, comme le sont les jeunes filles d'aujourd'hui.

Mais je ne restai pas aux alentours à regarder. Prenant mon arc et mes flèches, je sortis pour aller chasser les oiseaux.

Quand je revins de la chasse, j'avais très faim. Mes deux mères furent extrêmement bonnes pour moi en cette occasion, quoique je ne m'en rendisse pas compte à ce moment. J'appris ensuite que c'était parce que j'avais été éclaireur et que j'avais gagné toutes ces choses dont on se réjouissait tant. Mais à cette époque je ne pensais jamais à rien réclamer pour moi.

L'homme qui avait amené le chargement étant reparti, ce fut un des cousins de ma belle-mère et moi qui dûmes prendre soin de ces bisons de charge. C'était un jeune homme de grande taille, et nous conduisions ces bêtes de somme avec nos poneys. Ils s'habituèrent vite à marcher à côté de ces animaux et nous n'eûmes absolument aucun ennui.

C'était alors le début du printemps et la tribu tout entière s'apprêtait à retourner sur l'emplacement actuel de l'Agence de Rosebud. Ma belle-mère prit un autre de ses cousins pour conduire les bœufs car nous allions nous mettre en route. Son nom était « Haute Pipe ». Avant de partir mon père acheta un autre chariot et l'accrocha derrière le premier comme une remorque.

Haute Pipe s'apprêta à conduire. Comme c'était le printemps, il ne portait pas de couverture, ayant seulement des jambières et des mocassins. Les pans de sa chemise dépassaient, et il portait ses longs cheveux noirs séparés en deux tresses. Sur son épaule il avait un long fouet, comme un serpent noir. Il n'avait pas de chapeau.

Le tableau formé par ce grand Indien conduisant cet attelage de bœufs ne me paraissait alors pas particulièrement drôle, mais maintenant que j'y pense, je ne puis m'empêcher d'en rire.

Son costume et la façon dont il était accoutré en général étaient suffisants pour faire rire même un Blanc. J'imagine qu'il croyait occuper une situation très importante.

Pendant que nous faisions ce voyage, je remarquai que l'agent avait fourni un attelage de quatre mules à Queue

Tachetée pour transporter ses affaires. En plus, celui-ci avait un attelage de magnifiques chevaux blancs et un buggy couvert, tout neuf, pour se promener. Quand nous revînmes de la Rivière Missouri, à l'emplacement actuel de Rosebud, nous apprîmes que Queue Tachetée avait un crédit de cinquante dollars dans chaque magasin de la réserve. Peu de temps après, le Gouvernement lui bâtit une maison à deux étages pour vivre à l'Agence. Je crois que cette construction est encore debout. Tout cela, il le reçut du Gouvernement. Les autres Indiens commençaient à se demander comment il se faisait que Queue Tachetée reçût toutes les faveurs, car personne d'autre n'était si généreusement traité. Mais ils en ignorèrent la raison pendant un certain temps.

Quand nous arrivâmes à destination, les parents de Cheval Fou avaient encore avec eux le travois couvert de peaux mais cette fois-là ils n'élevèrent pas de trépied. Un jour, nous apprîmes qu'ils avaient ouvert le paquet que l'on supposait contenir le corps de leur fils et que, dedans, il n'y avait que des chiffons ! Qu'avaient-ils fait du corps et où était-il enterré ? Personne ne pouvait le dire. C'était le secret de la famille de Cheval Fou. Son corps avait été enlevé sans que personne le sût, et où repose-t-il maintenant ? Nul ne le sait. C'était un être de grande valeur, un excellent chef et un merveilleux entraîneur d'hommes. Jamais on ne prit sa photographie pendant sa vie, et sa sépulture est inconnue de tous. Telle fut la fin de l'un des plus grands hommes de notre tribu.

Après notre arrivée, mon père acheta une grande tente carrée dans laquelle il ouvrit son magasin. Ensuite le Gouvernement ayant monté une scierie mécanique sur la Petite Rivière Blanche, mon père demanda à l'agent s'il voulait lui scier du bois de charpente s'il lui apportait les troncs d'arbres. L'agent le promit, aussi mon père emmena avec lui quelques amis pour aller à la recherche d'arbres. Je ne sus rien de cela avant de les voir rapporter à la maison du bois de charpente non équarri.

Quand tout le bois fut coupé, mon père envoya chercher

à l'Agence de Pine Ridge un de ses cousins nommé « Loup Solitaire » qui vint l'aider à construire un bâtiment pour y installer son magasin. Ils firent aussi des claies pour y faire sécher les peaux que les Indiens apportaient et qu'ils échangeaient contre des marchandises.

A cette époque, je trouvais que tout ce que faisait mon père était très bien, mais quand ma pensée s'y reporte, cela me semble tout différent. Il fit réellement de drôles de choses pendant qu'il essayait d'apprendre les manières des Blancs. Par exemple, quand lui et Loup Solitaire construisaient le magasin, je me souviens que mon père était coiffé d'un petit chapeau melon et qu'il portait une couverture attachée autour de sa taille, retenue par une ceinture. Cela faisait beaucoup de poches pour mettre les clous.

Loup Solitaire ne portait pas de chapeau, mais il attachait ses longues tresses en arrière pour qu'elles ne le gênent pas quand il enfonçait des clous. Il avait sa couverture fixée autour de la taille tout comme père. Tous deux portaient des jambières et des mocassins. Alors que père avait les cheveux longs, il n'oubliait pas sa dignité et portait une plume d'aigle sur le côté de son petit melon. Ces deux hommes travaillaient sur le toit du magasin dans cet accoutrement « mi-blanc, mi-indien » ne s'imaginant pas combien ils étaient drôles.

Le magasin terminé, ils bâtirent un comptoir et placèrent des étagères. Père n'avait pas de balances, mais cela ne le tracassait pas du tout. Il vendait tant de tasses de sucre pour un dollar. Cinquante cents était la plus petite pièce de monnaie en usage dans le pays à cette époque.

Vous autres, gens de race blanche, qui avez un magasin, vous savez qu'il y a toujours des clients qui ne paient pas comptant et demandent crédit. C'était la même chose chez les Indiens. Mais la façon dont mon père tenait ses livres vous eût fait rire. Il n'avait pas un jour d'instruction dans sa vie (du point de vue des Blancs), mais il essayait d'apprendre. Si « Cheval qui Court » venait au magasin et demandait crédit pour dix dollars, père lui laissait faire ses achats. Alors, il tirait son livre et y dessinait une tête d'homme avec au-dessus un cheval à la course. Devant la figure de l'homme, il traçait dix bâtons. Si Cheval qui Court revenait et payait cinq dollars d'acompte, alors père effaçait cinq des bâtons. Cheval qui Court n'avait pas besoin de reçu pour l'argent qu'il versait, car on ne le lui réclamait plus. Biffer cinq des lignes droites voulait dire qu'on lui avait fait crédit de cinq dollars. Père n'avait pas besoin de vérifier de multiples livres pour voir ce que Cheval qui Court lui devait. Quand les derniers cinq dollars étaient payés, père effaçait simplement tous les bâtons. Il ne donnait pas de reçu. A cette époque, si Cheval qui Court ou n'importe quel autre Indien voulait du crédit, on le lui accordait. Il n'avait pas besoin d'apporter des garanties. Leur parole était aussi bonne que de l'or ; ils étaient honnêtes et pas encore civilisés.

Lorsque les Indiens apportaient des peaux à échanger, je me souviens que mon grand-père prenait son couteau de chasse bien aiguisé et enlevait toute la graisse qui adhérait à la peau. Lorsque les peaux étaient proprement nettoyées et séchées, on les emportait quelque part sur le Missouri. Alors père revenait, ramenant avec lui de nouvelles marchandises pour le magasin. Quand il s'en allait pour assister à un conseil, ou pour toute autre raison, il se reposait sur moi pour prendre soin du magasin. Je veillais aux choses de très près, jusqu'à ce que j'aie fait mon plein de sucre candi et de morceaux de gingembre, puis la garde du magasin devenait monotone. Je disais alors à une de mes belles-mères que je sortais. Mais mon père ne me grondait jamais pour cela, parce que j'étais le fils aîné.

Quand vint le moment de distribuer aux Indiens de Queue Tachetée leurs annuités de marchandises, le Gouvernement les amena environ à un mille et demi au-dessus de l'Agence sur la petite rivière Rosebud. Là, tous les tipis furent mis en cercle et toutes les marchandises placées au centre. Nous fûmes avisés qu'elles ne seraient pas distribuées avant le jour suivant. Il y avait là beaucoup de grandes caisses et une grosse pile de ballots de couvertures. Plusieurs jeunes gens furent désignés pour veiller sur ces marchandises pendant la nuit. Ils dressèrent un feu et quelques-unes des femmes des chefs leur préparèrent de bonnes choses à manger pendant qu'ils seraient de garde. Nous, les plus petits garçons, grimpions sur les ballots de couvertures et les boîtes, et nous trouvions que nous nous amusions bien, mais il ne nous vint jamais à l'esprit de prendre quoi que ce soit.

Le jour suivant, on tint un grand conseil et quelques-uns des meilleurs jeunes gens, les plus sages, furent choisis pour ouvrir les boîtes et les ballots. Ils devaient être honnêtes et on considérait comme un grand honneur d'être désigné pour faire partie de ce groupe. Quelques parents en étaient si fiers qu'ils faisaient don d'un cheval pour exprimer leur joie que l'un de leurs fils eût été choisi.

On désigna ensuite quatre hommes armée de massues. Leur rôle était de veiller à ce que personne ne gênât ces jeunes gens pendant qu'ils distribuaient les marchandises aux Indiens

Quand toutes les boîtes eurent été ouvertes et les ballots de couvertures défaits, les jeunes gens commencèrent la distribution. Il y avait des mètres et des mètres de tissu pour couvertures : du bleu, du noir, du vert et du jaune. On mesurait les couvertures avec l'aide d'un jeune homme qui étendait les bras autant qu'il pouvait. La longueur du bout des doigts d'une main à l'autre, doublée, faisait une couverture de bonne dimension. Chaque homme avait droit à une.

Pendant que l'on distribuait ces couvertures, un Indien nommé « Peint son Oreille en Blanc » voulait échanger une couverture noire contre une bleue. Il essayait de faire cet échange lui-même lorsqu'il fut surpris par un des « policiers » nommé Grand Ours, qui se dirigea vers lui et le jeta par terre d'un coup de massue. Il resta sur place quelques minutes, étourdi, mais quand il revint à lui, il retourna tout droit à son logis, sans attendre de rien recevoir. Ce fut là sa punition pour avoir désobéi aux ordres.

Puis on appela les hommes pour aller au bureau de l'agent. Là, chacun reçut un morceau de papier qui lui donnait droit à un chariot. Mais ceux-ci étaient quelque part en aval de la rivière Missouri et les Indiens devaient aller les y chercher. Mon père reçut un de ces bons. Aussi, un de mes oncles et moi nous partîmes pour chercher le chariot. En route, nous rencontrâmes plusieurs de nos parents, tous en quête de la même chose. Quelques-uns emmenaient leur famille entière. Ils allaient tous à cheval jusqu'au lieu désigné, ne se rendant pas compte du travail qu'ils auraient pour ramener chez eux ces chariots.

C'était un voyage de cinquante milles, aussi nous fîmes deux camps avant d'atteindre le but. Le Gouvernement avait expédié ces véhicules par bateaux à vapeur à un endroit appelé « Black Pole ». Chacun avait une garniture de harnais. Black Pole était le point le plus rapproché de l'Agence. Les gens de Nuage Rouge vinrent d'une distance double de nous, mais ils étaient heureux de la parcourir pour recevoir ces chariots.

Quand les Indiens atteignirent Black Pole, ils campèrent tous en cercle. Les chariots étaient démontés mais les différentes parties étaient attachées ensemble. Les harnais étaient tous dans des sacs en natte de jonc. Des Blancs remontaient ces chariots. Quand il y en avait un de prêt ils criaient : « Ce chariot est pour un tel » (appelant le nom de quelqu'un). Alors la personne désignée venait avec ses parents et ses amis pour recevoir le nouveau véhicule. Le Blanc lui donnait une boîte de graisse à essieu et deux paires de harnais. Alors un des Indiens saisissait le timon du chariot, et les autres poussaient.

Après que chaque homme eut amené son chariot au camp, il essayait d'y atteler ses petits poneys avec ces grands et gros colliers qui pendaient très bas sur leurs épaules. Le Gouvernement savait que nous n'avions pas de chevaux de trait à cette époque, cependant il envoyait ces énormes harnachements escomptant que les Indiens les emploieraient pour leurs petits poneys indigènes. C'était là encore un des stupides gaspillages d'argent du Gouvernement. On pouvait couper les autres parties du harnachement, mais, naturellement pas les colliers et beaucoup d'Indiens mettaient une couverture autour du cou de leurs poneys pour maintenir le collier en place.

J'étais très anxieux d'entendre appeler le nom de mon père, car je convoitais un de ces magnifiques chariots de couleur. Leur caisse était toute peinte en vert et les roues en rouge. C'était des chariots Studebaker et ils étaient très beaux et solidement construits.

Finalement un des Blancs cria : « Ce chariot est pour Ours Debout ». Mon oncle et moi nous avançâmes et, le tirant hors du chemin, nous en graissâmes les essieux. Nous fîmes ce que nous disaient les Blancs et cela ne paraissait pas difficile à mon oncle. Mais quand je regarde en arrière et que je me rappelle l'aspect de nos petits poneys avec ces grands colliers, je suis obligé de sourire.

Rappelez-vous que c'était la première fois que les Indiens eussent jamais essayé de se servir d'un chariot et que leurs petits poneys eussent été harnachés. Les pauvres animaux paraissaient sidérés par ce traitement bizarre et la plupart des Indiens étaient embarrassés pour savoir comment ils allaient ramener ces chariots chez eux. Les poneys tiraient de toute leur énergie mais celui qui avait oublier de graisser les essieux ne pouvait pas comprendre ce qui se passait. Alors le Blanc arrivait et expliquait à quelques-uns qu'il fallait graisser les chariots avant d'essayer de les emmener chez eux. Les Indiens étaient pleins de bonne volonté pour écouter les conseils, aussi l'un d'eux s'y mit de toute son énergie, ne sachant par où commencer. Finalement, il graissa la caisse tout entière et puis se mit à graisser les rayons des roues. Quand mon oncle et moi, nous vîmes cela, nous courûmes vers lui et nous nous moquâmes de lui. Il prit cela du bon côté et fit apporter par sa femme des chiffons pour nettoyer le chariot.

Alors quelqu'un lui expliqua le graissage des essieux. Le Blanc enleva l'écrou qui maintenait les roues en place et montra à l'Indien comment il fallait soulever le chariot et tirer un peu la roue juste assez pour découvrir l'essieu. Il pensait alors avoir très bien compris, aussi empoignant la roue il lui donna une secousse telle que, sortant tout à coup de l'essieu, elle le renversa par terre et le chariot chavira jusqu'à ce qu'une extrémité tombât sur le sol. Cet Indien se fit certainement une terrible idée des façons des civilisés.

Finalement l'homme eut ses quatre essieux graissés et alors il chargea ses rations et harnacha ses deux paires de poneys. Mais il ne comprenait pas comment on pouvait mettre une rêne croisée entre le poney de tête de gauche et le poney de derrière de droite. Il les attela sur une seule ligne. Alors il monta sur son chariot, aussi fier qu'un roi, mais quand il fit partir ses poneys ils se divisèrent au centre et les poneys de tête se retournèrent vers lui pour le regarder.

Nous vînmes tous l'aider à se remettre en route. Les poneys firent de leur mieux pour tirer, mais ils étaient trop petits pour ébranler un chariot chargé de deux mille cinq cents livres. Ils étaient habitués à porter des charges sur leur dos mais quant à traîner un chariot derrière eux, c'était une autre affaire, qu'ils ne pouvaient pas comprendre. Cependant l'homme partit enfin de Black Pole et avançait à peu près convenablement quand il arriva à une colline d'où partait une côte fort raide. Là, les poneys prirent peur, l'Indien aussi. Finalement il descendit, détela ses bêtes et se mit en devoir de rentrer chez lui sur le dos de l'une d'elles, conduisant les autres à la main. Cet Indien avait tiré le maximum de son chariot et il l'abandonnait là au bord de la route. Toutes ses rations étaient dedans, mais il était complètement dégoûté. Il avait assez de la civilisation pour un jour.

Cet homme ne revint jamais chercher son chariot. Quelqu'un d'autre le prit, mais le propriétaire ne s'en inquiétait pas. L'agent ne lui en toucha jamais un mot. Je crois qu'il pensait que c'était là un sujet de conversation scabreux et il gardait le silence.

Quelque temps après mon père reçut un nouveau chariot, ce qui nous en fit deux. Puis il pensa qu'il allait emmener un chargement de peaux en aval sur le Missouri et se procurer un nouveau stock de marchandises pour le magasin. Il me dit de conduire un attelage et prit l'autre. Les deux chariots étaient chargés de peaux séchées. C'étaient des peaux de buffalos tachetés (ou vaches). Comme c'était un lourd chargement, nous campâmes à environ onze milles à l'est de l'Agence, au bord du cours d'eau connu sous le nom de la rivière de l'Antilope. A cette époque, personne ne vivait dans cette partie du pays, qui était très sauvage. Nous poursuivions notre voyage, essayant d'atteindre le Keya Paha ou rivière Butte de la Tortue qui traversait la plaine en droite ligne. A peu de distance de nous s'élevait une petite colline. Soudain, au sommet, apparurent quatre cowboys à l'air farouche. Ils étaient à environ un demi-mille et suivaient la même route que nous.

Quand père les vit, il arrêta son équipage et vint à l'arrière du chariot. Voyant cela, j'arrêtai aussi le mien. Quand père reparut, je vis qu'il avait son fusil. Il le chargea rapidement pour être prêt en cas de danger. Puis, il me dit : « Fils, ces hommes ne me disent rien qui vaille. S'ils tirent sur nous je vais être obligé de me battre. Si j'en tue deux, restez avec moi, mais si vous voyez que je suis touché le premier, alors, détachez ce cheval noir, sautez dessus et fuyez aussi vite que vous pouvez. Si ces hommes étaient Indiens, il serait fort bien que vous m'aidiez à combattre, mais je ne veux pas que vous soyez tué par un Blanc. Je vais me diriger tout droit devant moi, suivez-moi de près. Quand je m'arrêterai, alors, ouvrez l'œil. Rappelez-vous que si je suis blessé, vous retournez à la maison ».

Alors père remonta sur son chariot, portant son fusil sur son bras. Les chevaux trottaient maintenant et je le suivais de près. Quand ces hommes furent à environ un quart de mille de nous, ils mirent leurs chevaux dans une autre direction.

Je pense qu'ils avaient vu que mon père était prêt à les recevoir et peut-être crurent-ils que j'étais un autre homme armé d'un fusil. Ainsi, ils allèrent leur chemin sans nous molester. S'ils avaient su que je n'étais qu'un petit garçon, il y aurait peut-être eu un autre dénouement à cette histoire, ou peut-être n'aurait-elle jamais été écrite !

Après cette petite alerte, nous parcourûmes six milles environ avant de camper ; mais père se méfiait de ces hommes. Après avoir mangé notre souper, ayant attelé, nous sortîmes de la route et allâmes à environ un mille et demi de là pour passer la nuit.

Je m'endormis tout de suite, comme n'importe quel jouvenceau bien portant, mais je ne pense pas que mon père dormît du tout cette nuit-là. Toutes les fois que je me réveillais, il était là, assis avec son fusil chargé. Je fus bien content lorsque je vis venir le jour et que nous fîmes cuire notre déjeuner. Alors, nous attelâmes et revînmes sur la route. Là, père descendit et examina le sol pour voir s'il y avait des traces de cowboys, indiquant qu'ils nous suivaient, mais il n'y en avait pas. Il me dit d'être sur le qui-vive tout le temps de ce voyage et c'était très passionnant, car il semblait que nous étions réellement sur le sentier de la guerre.

Nous arrivâmes sains et saufs au Missouri et là, nous rencontrâmes des Indiens qui s'apprêtaient justement à partir. Père leur raconta notre rencontre avec les cowboys à l'aspect farouche et quelle bande peu engageante ils formaient, semblant méditer un mauvais coup. Ce récit sembla beaucoup les troubler et, après s'être consultés un moment entre eux, ils demandèrent à mon père s'ils pouvaient nous attendre et nous accompagner au retour.

Il dit « oui » et, pour dire la vérité, je me sentis plus en sûreté d'avoir ces jeunes gens avec nous.

Quand nous arrivâmes au logis, nous apprîmes que pendant notre absence de mauvais Blancs étaient venus au camp et avaient volé de nombreux poneys à des Indiens. Ils dirent à père vers quelle époque cela était arrivé et il en conclut que les hommes que nous avions vus étaient en route pour une expédition de vol de poneys et avaient pris leurs animaux. C'était à peu près environ le temps qu'il leur aurait fallu pour atteindre notre camp, de l'endroit où nous les avions rencontrés sur la route, entre la rivière Antilope et la rivière Butte de la Tortue.

Je me suis souvent demandé ce qu'ils auraient pu nous voler s'ils avaient su que mon père était seul.

CHAPITRE XI

UN TRIANGLE INDIEN

De bonne heure, au printemps de l'année 1878, les différents clans des Sioux étaient venus camper autour de l'Agence ; quelques-uns tout près, afin d'être les premiers à toucher les rations. Comme ils étaient là à attendre, ils eurent l'idée d'organiser une grande danse. Chacun s'en alla donc chez soi revêtir son plus beau costume. Lorsqu'ils furent tous revenus, quelqu'un suggéra que ce serait une bonne idée de danser devant un des magasins de l'Agence. Cela attirait toujours une foule de curieux : les marchands s'approcheraient et feraient aux danseurs des cadeaux tels que des couleurs, de l'indienne et des boîtes de biscuits.

Cette proposition fut fort bien accueillie par les Indiens qui, faisant le tour des divers magasins, recueillirent tout ce qu'ils purent. A la fin, un des anciens de la tribu annonça qu'une partie de balle, à laquelle tout le monde pourrait prendre part, allait avoir lieu. Les « Fainéants » devaient jouer contre le clan de « Tonnerre Blanc ». On appelait « Fainéants » un groupe d'Indiens de Queue Tachetée qui rôdaient aux alentours de l'Agence. Nous les appelions « Wa Klure » ou « Fainéants » car c'était là tout ce qu'ils faisaient.

Le jour qui suivit il y avait grande foule à l'Agence. Nous traversâmes la rivière auprès de laquelle se trouvait l'église épiscopale. Il n'y avait pas alors de maisons à cet endroit. Nous commençâmes à jouer vers midi et la partie dura jusqu'à deux heures environ. J'étais dans le camp de Tonnerre Blanc. A la fin, me sentant fatigué, je partis.

Je songeai alors à rendre visite à ma mère. Pour atteindre son logis. il me fallait suivre un sentier qui contournait la rivière. En route je m'aperçus que quelqu'un me suivait.

Je me retournai et vis une femme qui marchait très vite. Je me mis à courir un peu en avant puis je ralentis car je ne savais pas si elle voulait me rattraper ou me dépasser. Juste au moment où j'arrivais à un coude du sentier, un homme surgit de derrière un buisson, un fusil dans les mains, l'arme pointée vers moi. Je m'arrêtai net. L'homme avait l'œil plutôt mauvais et j'étais incertain de ce qu'il voulait faire. Il avait autour de la tête un morceau d'étoffe blanche et portait en outre une couverture grise. Sa cartouchière était autour de ses épaules au lieu de ses reins. Je crus qu'il allait tirer sur moi, mais son fusil était dirigé à côté de moi. Je compris alors qu'il en voulait à la femme qui venait derrière et non à moi-même.

Dès que celle-ci l'eut aperçu, elle fit demi-tour et se mit à courir aussi vite qu'elle pouvait. L'homme se mit à sa poursuite et, au moment où il me dépassa, lui envoya un coup de fusil, mais la manqua. Je ne pus pas voir où la balle avait frappé, mais l'homme se mit à recharger son fusil tout en courant. La femme appelait maintenant au secours de toutes ses forces et plusieurs hommes qui jouaient à la balle accoururent vers elle.

L'homme au fusil la rattrapa et j'eus alors la terrible impression qu'il allait l'abattre d'un coup de feu. Au lieu de cela, il la saisit seulement par le bras. A cet instant, les autres hommes arrivaient et les séparèrent. Ils lui prirent son fusil et le déchargèrent en l'air.

Je me remis alors à courir vers l'endroit où habitait ma mère et je lui racontai ce que j'avais vu, mais je ne savais le nom ni de l'homme ni de la femme. Je restai avec elle jusqu'après la tombée de la nuit. Le soir, le clan de Tonnerre Blanc tint conseil et la femme y était présente. Nous, les garçons, restâmes à l'entrée pour écouter ce que les chefs allaient dire.

Il se trouvait que la femme était l'épouse de l'homme qui avait tiré sur elle, et qu'elle s'était enfuie de chez lui et ne voulait pas revenir. Tonnerre Blanc parla le premier. Il dit : « Nous devons rendre cette femme à son mari ». Ours Agile parla ensuite, car il était chef du clan de ma mère.

D'autres encore prirent la parole. Quelqu'un dit : « Je donnerai un poney pour qu'elle revienne ».

Quand la femme eut entendu la décision des chefs, elle se mit à pleurer. Elle ne voulait pas retourner auprès de son mari, quoique ce fût l'ordre des chefs. Pendant cette audience, on ne posa pas de questions et on ne montra aucun parti pris. La femme était simplement partie de chez son mari, et les chefs décidèrent qu'elle devait retourner près de lui car c'était un brave homme.

Le jour suivant je vis les clans de Tonnerre Blanc et d'Ours Agile amener cette femme à l'Agence. Ils avaient avec eux des poneys et d'autres choses encore. Ils demandèrent à l'agent d'envoyer chercher le mari : celui-ci devait recevoir des mains de l'agent les poneys et les autres objets amenés par les Indiens. S'il acceptait les présents, cela voulait dire qu'il devait pardonner à sa femme, la reprendre et être bon pour elle. Il prit les présents et s'en alla avec elle.

Cet après-midi là, je songeais à rendre visite à quelques-uns de mes parents qui habitaient sur les bords de la petite rivière Blanche, à six milles environ de l'Agence. Je décidai d'y aller à pied, car il faisait une journée magnifique, les oiseaux chantaient et j'avais la ferme intention de bien profiter de ma petite promenade.

Bientôt j'aperçus quelqu'un cheminant devant moi. C'étaient deux poneys de charge et quelques autres animaux conduits par un jeune homme, avec une femme à cheval, et conduisant par la bride une autre bête attelée à un travois. A cet endroit il y avait un petit sentier qui franchissait une colline. Je résolus de le prendre de façon à ne pas effrayer les poneys en passant auprès d'eux en courant. Juste au moment où j'atteignais le sommet je découvris, couché par terre, le même homme qui m'avait mis en joue avec un fusil le jour précédent ! Sa femme retournait chez elle avec un jeune homme, ami de son mari. Celui-ci me lança un regard aussi mauvais que celui de la veille et je m'enfuis en une course éperdue. Je ne sais s'il me reconnut, mais moi je me le rappelais bien.

L'homme qui avait été abandonné par sa femme s'appelait Cheval d'Homme Blanc du clan de Nuage Rouge, et celui qui lui avait pris sa femme Mr. Onze ; il appartenait au clan de Tonnerre Blanc et d'Ours Agile, de l'Agence de Queue Tachetée.

Mr. Onze était venu du clan d'Ours Agile pour habiter avec Cheval d'Homme Blanc qui était un de ses parents éloignés. Il y demeura quelque temps, chargé du soin des poneys. La femme de Cheval d'Homme Blanc s'éprit de lui et ils s'enfuirent ensemble à l'Agence de Rosebud.

C'est alors que les chefs l'obligèrent à revenir vers son mari. Elle reconnut la folie de ses actes, rentra au logis et ils se réconcilièrent. Tout cela arriva alors que j'avais dix ans et ils vivent encore ensemble sur les bords de la rivière de Genou Blessé à l'Agence de Pine Ridge.

Vous voyez que nous n'étions pas infaillibles en ce temps-là. Les Indiens avaient leurs petites « affaires à trois », mais elles étaient beaucoup mieux réglées qu'avec les méthodes des Blancs. Les chefs faisaient toujours donner des présents par celui qui était coupable à l'autre, et celui-ci devait pardonner et oublier. S'ils n'en étaient pas capables, alors ils ne devaient pas reprendre la vie commune. Les journaux ne publiaient aucune chronique scandaleuse sur aucun des partis. C'était à eux de faire ce qu'ils pensaient être le mieux, et ils vivaient heureux, qu'ils soient ensemble ou séparés.

CHAPITRE XII

LA DANSE DU SOLEIL

Ce fut vers le milieu de l'été 1879 que j'assistai à la dernière Grande Danse du Soleil des Sioux. Elle avait lieu chez les Brûlés, environ à six milles au sud-ouest de l'Agence de Rosebud, sur l'emplacement actuel de la réserve appartenant au clan du vieux chef Deux Coups. Comme je suis parti pour l'école indienne de Carlisle, à l'automne 1879, je ne puis affirmer que ce fut ou non la dernière danse.

Depuis, j'en ai lu de nombreuses descriptions et je suis allé dans différentes tribus, qui prétendaient pratiquer la vraie danse, mais il y a une grande différence entre la leur et la Danse du Soleil des Sioux.

Son origine remonte à bien des années avant que Christophe Colomb n'abordât sur ces côtes. Nous savions alors qu'au-dessus de nous tous existait un Dieu. Nous l'appelions « Wakan Tanka » ou « Grand Esprit » ou encore « Grand-Père ». Vous l'appelez « Père ». Je vous parle de cela pour que vous sachiez que cette danse faisait partie de notre croyance religieuse. Pour suivre la tradition et remplir son devoir religieux, l'homme rouge devait célébrer cette danse chaque été. C'était une danse de sacrifice.

Pendant l'hiver, lorsqu'un membre de la tribu tombait malade, il pouvait y avoir un de ses frères ou de ses cousins assez courageux pour aller dire à l'homme-médecine : « Je veux sacrifier mon corps au Wakan Tanka ou Grand Esprit pour mon frère qui est malade. » Si le bison commençait à se faire rare, quelqu'un pouvait offrir de se sacrifier pour que la tribu ait à manger.

Alors l'homme-médecine partait dans la montagne, seul avec ce brave et annonçait au Grand Esprit qu'il était prêt au sacrifice : quand les parents de ce jeune homme apprenaient qu'il allait accomplir les rites de la Danse du Soleil, quelques-uns de ses frères ou de ses cousins offraient de faire sacrifice de leurs corps avec lui en son honneur. De même si un jeune brave appartenant à un autre clan voulait danser la Danse du Soleil, quelques-uns de ses amis ou de ses parents pouvaient offrir de danser avec lui. Quelquefois, il y avait jusqu'à trente ou quarante braves pour prendre part à la danse.

Dès que les femmes apprenaient qu'il allait y avoir une Danse du Soleil dans leur clan, elles commençaient à confectionner tous les objets nécessaires à cette cérémonie. Elles ornaient de magnifiques broderies faites de piquants de porc-épic les sifflets en os d'aigle que les hommes portaient à leur bouche pendant la danse, ainsi que les splendides coiffures des danseurs. Celles-ci étaient faites avec les mêmes broderies. Les danseurs portaient, suspendue autour de la taille, une sorte de robe faite d'un morceau de peau de daim et décorée avec des piquants de porc-épic. Tout était bientôt prêt pour la danse.

Quand les chefs savaient qu'elle allait avoir lieu, ils convoquaient un conseil et choisissaient un endroit qu'ils jugeaient particulièrement propice à la danse.

Ils envoyaient alors prévenir les autres clans pour qu'eux aussi se préparent.

Le clan qui devait jouer le rôle principal se rendait à l'endroit choisi et les autres arrivaient l'un après l'autre, les garçons et les guerriers montés sur leurs poneys. Ils restaient tous groupés jusqu'à ce qu'ils soient tout près du camp sur lequel ils s'élançaient en mimant une charge comme si c'eût été un camp ennemi.

Après cette attaque, ils se rendaient tous sur la colline la plus proche. Quatre hommes étaient alors choisis pour conduire la parade dans laquelle les guerriers allaient avoir l'occasion de montrer leurs superbes poneys de guerre et leurs magnifiques costumes. Puis ils allaient tous en procession dans le village. Quand cette parade était près de finir, le reste du clan faisait son entrée et les femmes étaient bientôt très affairées à dresser les tentes. Quand les différents clans étaient tous arrivés, on dressait quelques tipis réservés aux danseurs. Ces abris n'étaient pas réunis en un seul endroit, mais souvent très dispersés. J'ai vu un de ces camps avoir un mille un quart de diamètre. Il y avait de quatre à six de ces tipis pour les danseurs. Tout le monde avait le droit d'y entrer et on y trouvait toujours largement de quoi manger.

Le premier jour tout le monde se rassemblait au centre du camp et on choisissait quelques éclaireurs pour aller chercher l'arbre-coton dont on allait faire un mât pour la danse. Une fois désignés, ces éclaireurs se retiraient dans leurs tipis pour revêtir leurs plus beaux costumes, après quoi, montés sur leurs poneys de guerre, ils entraient dans le cercle des tentes. Leurs parents distribuaient des poneys et d'autres beaux présents en reconnaissance de ce que leurs enfants avaient été choisis comme éclaireurs. Ils avaient avec eux un ou deux anciens pour leur servir de guides. On allumait alors un grand feu au centre du cercle et les éclaireurs en faisaient trois fois le tour à cheval ; la quatrième fois ils partaient, menant leurs bêtes à toute allure. Et tous ceux qui dans le camp étaient à cheval allaient aussi vite qu'ils pouvaient pour les encercler pendant cette chevauchée.

Les éclaireurs restaient absents une demi-heure environ. Au retour ils réapparaissaient au sommet de la colline et s'y arrêtaient. Les autres hommes du camp remontant alors à cheval allaient à leur rencontre. Puis, faisant volte-face, repartaient vers le milieu du cercle où ils attendaient le retour des éclaireurs.

Un des anciens racontait alors qu'ils avaient trouvé un mât et l'avaient jugé convenable pour la danse. Là-dessus tout le monde se préparait pour se rendre à l'endroit où on l'avait découvert.

Les différentes loges de la tribu se rassemblaient près de cet endroit. On y trouvait les loges du Cheval Blanc, du Taureau, du Renard et des Cheveux Courts. Comme chaque tribu avait ses rites particuliers, chacune choisissait parmi ses gens quelques hommes pour aller abattre l'arbre à coups de hache. Ils ne le frappaient pas vraiment, mais se contentaient de le toucher et ceux qui l'avaient touché donnaient des poneys ou d'autres présents. Ils restaient là longtemps, car il y avait beaucoup à manger tant qu'ils étaient dans le bois. Lorsque l'on savait qu'un homme possédait beaucoup de chevaux, on choisissait un de ses enfants pour aller frapper l'arbre, alors cet homme faisait don d'un poney.

Quand tous les rites étaient accomplis, on abattait l'arbre. Il fallait vingt hommes environ pour le porter. Ils le soutenaient à l'aide de longs bâtons tenus par deux hommes chacun. Tout le monde se chargeait de quelque chose. Les uns des branches fourchues, les autres des rameaux de l'arbre, etc. Personne ne s'affairait inutilement à donner des ordres, chacun faisait sa part de travail en l'honneur de cette danse religieuse.

Les vingt hommes ayant soulevé le mât, s'acheminaient lentement vers le camp. Le reste de la tribu suivait en procession par derrière. Trois fois on s'arrêtait et chaque fois un homme-médecine se mettait à hurler à la façon des loups. Au quatrième arrêt, les hommes et tous les garçons lançaient leurs poneys aussi vite qu'ils pouvaient galoper, luttant à qui serait le premier à atteindre le centre du camp. Là se trouvait un mannequin fait avec des branches d'arbres que chacun s'efforçait d'être le premier à frapper. Il y avait toujours beaucoup de poussière lorsque ces hommes et ces garçons galopaient à l'attaque de cet homme de bois. Quelquefois deux poneys se heurtaient en galopant et il arrivait alors que quelqu'un fût blessé.

Les hommes qui portaient le mât arrivaient enfin et pendant que quelques-uns d'entre eux commençaient à creuser le trou dans lequel on allait le planter, les loges accomplissaient de nouveaux rites. D'autres se mettaient à dresser une enceinte de poteaux fourchus : celle-ci devait nous servir de salle.

Quand le trou était prêt, tous les hommes appartenant aux différentes loges se rassemblaient pour aider à dresser le mât, celui-ci mesurait de soixante à soixante-dix pieds de haut. On y attachait à mi-hauteur deux cordes en peau crue tressées auxquelles les braves allaient être suspendus. D'autres cordes servaient à hisser le mât en place. Ces cordes de halage étaient nouées de façon à être enlevées facilement lorsque le mât était dressé. Nous n'avions ni échelles ni hommes munis de crampons pour y grimper et pour détacher les cordes lorsque le mât était debout.

Quand tout était prêt, quelques hommes prenaient des perches fourchues, d'autres tiraient sur les cordes, d'autres encore saisissaient le mât lui-même. Il fallait à peu près quarante hommes pour mener à bien cette besogne. Ils devaient soulever le mât et le faire retomber dans le trou en un seul temps et non en deux fois. Les uns poussaient, les autres tiraient pendant que les hommes armés de bâtons fourchus levaient. Quand le mât retombait dans le trou, tout le monde poussait des acclamations.

Une grande superstition s'attachait à ce mât. S'il tombait avant d'être placé dans le trou, nous croyions que tous nos vœux et nos espoirs seraient frustrés. Il viendrait de grands vents et de terribles orages, notre abri ou salle de conseil serait emporté par le vent et il n'y aurait pas de Danse du Soleil. En plus de cela, nous avions la conviction que la tribu entière éprouverait toute une série d'infortunes.

En conséquence, lorsque l'on dressait le mât, chacun de nous employait toute son énergie pour éviter tout accident ou toute fausse manœuvre. On nous habituait à croire que si tous les esprits travaillaient à l'unisson, cela aidait beaucoup. C'étaient nos parents qui nous enseignaient cela et nous les croyions fermement.

Comme je l'ai déjà dit, le mât était toujours un arbre-coton. Aucune autre essence ne convenait. Ce n'était pas toujours un arbre droit, mais il avait toujours une branche qui se détachait du tronc à une hauteur de trente ou quarante pieds. Cette branche, on la coupait environ à quatre pieds du tronc et au sommet on laissait quelques rameaux avec leurs feuilles.

On faisait un paquet des branches de l'arbre que l'on

enveloppait d'écorces et que l'on attachait ensemble. On plaçait ce fagot sur la branche que l'on avait coupée à quatre pieds du tronc. Lorsqu'il était en place et vu de loin, cela ressemblait un peu à une énorme croix.

De cette pièce transversale pendait quelque chose qui ressemblait à un bison et à un homme. Ces effigies étaient découpées dans de la peau non tannée et attachées avec une corde en peau crue. Elles pendaient à environ dix pieds au-dessous du fagot ou pièce transversale. Toutes deux étaient peintes en noir avec une peinture faite d'arbre-coton brûlé mélangé à de la graisse de buffalo.

Quelquefois il y avait aussi un petit paquet de bâtons peints de différentes couleurs, à l'extrémité desquels pendait un petit sac de peau de daim rempli de tabac. Tout cela était suspendu à la pièce transversale. Sous le mât, attachés à de petits bâtons, il y avait de petits sacs de tabac offerts en prière à l'Esprit.

Environ à dix pieds à l'ouest de cette croix, sur un lit de branches de sauge, on plaçait un crâne de bison. Ce crâne avait encore ses cornes et faisait face au levant. Derrière lui, à une distance d'environ deux pieds, il y avait, fichés en terre, deux bâtons fourchus avec un autre bâton en travers. Contre eux reposait le calumet de paix, le tuyau pointé vers le levant.

L'image de bison suspendue à la croix représentait en réalité une prière adressée au « Wakan Tanka » ou « Grand Esprit » pour lui demander plus de « pte » ou « viande de buffalo ». L'image de l'homme signifiait qu'à la guerre nous devions remporter la victoire sur nos ennemis.

Quand le grand mât principal était complètement installé, les hommes portaient leurs efforts au montage de la salle de danse, ou abri, comme on devrait réellement l'appeler. Tous les poteaux fourchus étaient placés sur deux circonférences éloignées l'une de l'autre de quinze pieds avec une ouverture ménagée vers l'est. On disposait de longs bâtons d'un poteau à l'autre sur le cercle intérieur de même que sur le cercle extérieur. Nous ne nous servions pas de clous à cette époque-là, et tout ce qui devait être fixé était lié avec de la peau ou attaché avec de l'écorce. Pour cela, nous enlevions de l'écorce aux saules et nous nous en servions pour lier les poteaux ensemble. Puis on apportait les perches les plus longues des tipis et on les posait transversalement d'un cercle à l'autre. Le mur extérieur était fait de branches entrelacées et au-dessus on étendait les plus grandes couvertures des tipis, ce qui faisait un bel abri. Cet abri avait environ cent cinquante pieds de diamètre et quinze pieds de hauteur. On considérait comme un grand honneur de voir sa couverture de tipi choisie pour cet usage.

Lorsque l'abri était terminé, si une personne désirait donner un morceau de peau de daim ou quelque étoffe rouge ou bleue en offrande au « Grand Esprit », elle prenait un long bâton sur lequel elle mettait un morceau de bois en croix pour y suspendre son offrande. Ces pennons étaient accrochés tout autour de la salle de danse. Cela lui donnait tout à fait l'aspect d'une grande salle de réunion électorale. On y disposait pour les danseurs quelques lits faits de branchages de sauge. Quelquefois une grande danse précédait la Danse du Soleil. On l'appelait « Owanka Ona Sto Wacipi » ou « l'Aplanissement du Plancher ». En fait, c'était une sorte « de réchauffage de la maison » et cela était réservé aux braves et aux jeunes gens. Chacun d'eux portait une arme et était revêtu de son plus beau costume. La foule s'amassait, venant des différents clans du village, et les gens se mettant en rang, comme des soldats, à mesure qu'ils arrivaient. Quelquefois, il y avait quinze personnes de front.

Alors un vieux chef s'avançait avec une perche à laquelle était attachée une mèche de scalp. Il se mettait à danser devant les autres en leur faisant face. Quand il dansait en reculant, les autres dansaient en avançant et vice versa. Quand le vieux chef les conduisait vers le mât en dansant, ceux qui portaient un fusil tiraient sur le buffalo ou sur l'image de l'homme suspendue au mât.

Pendant cette danse, différents hommes-médecine restaient dans les tipis avec les jeunes gens qui devaient danser la Danse du Soleil. De chaque tipi il en sortait six, huit et quelquefois dix appartenant au même clan. Ils avaient un conducteur portant la pipe de la paix ; les autres le suivaient un par un, vêtus de robes en peau de buffalo, dont le poil était à l'extérieur. Ils ressemblaient tout à fait à un troupeau de bisons venant boire à la rivière.

Lorsque ces candidats à la Danse du Soleil venant de leurs tipis arrivaient à l'abri, ils n'entraient pas tout de suite, mais en faisaient trois fois le tour. A la quatrième, ils entraient et occupaient leurs places. Alors l'homme-médecine s'avançait et prenait avec lui quatre ou huit danseurs. Quatre d'entre eux devaient être peints de la même couleur. Ils mettaient de magnifiques coiffures richement ornées de piquants de porc-épic. Leurs poignets étaient entourés de branches de sauge et les sifflets en os d'aigle qu'ils portaient étaient décorés de la même façon.

C'était une cérémonie très impressionnante. Ces hommes allaient danser trois ou quatre jours sans manger ni boire. Certains de leurs parents pleuraient, d'autres chantaient leurs louanges pour les encourager.

Les chanteurs occupaient maintenant leurs places. Ils ne se servaient pas de tom-tom, mais, assis autour d'une grande peau de buffalo étendue à plat sur le sol, ils se servaient de gros bâtons pour frapper sur la peau séchée.

Les braves commençaient à danser dès le lever du soleil. Ils lui faisaient face, les deux mains levées au-dessus de leur tête, leurs sifflets en os d'aigle à la bouche, ils sifflaient chaque fois que les chanteurs frappaient la peau avec leurs bâtons. Pendant tout le jour ils gardaient la même position, faisant face au soleil jusqu'à ce qu'il se couche.

Pour cette danse, les Sioux se servaient de la fleur de tournesol qu'ils portaient sur un morceau de peau de daim tressée, pendue autour du cou, la fleur reposant sur leur poitrine. A cette époque, je ne connaissais pas la signification du tournesol, mais maintenant je sais que c'est la seule fleur qui suive le soleil lorsqu'il parcourt son orbite, en lui faisant toujours face.

La danse se continuait jusqu'à ce qu'un des participants

s'évanouisse, alors on l'étendait sur un des lits de branches de sauge. Le second jour de la danse, un jeune homme qui l'avait commencée entrait dans l'abri. D'abord il faisait le tour de la salle pour que tout le monde puisse le voir. Puis il se dirigeait droit vers le mât. Il se livrait comme victime vivante. Alors deux hommes-médecine le prenaient et le déposaient au pied du mât. Puis un vieillard, armé d'un couteau très pointu s'avançait, saisissait la peau de la poitrine du jeune homme en la tirant à lui et la perçait de part en part avec son couteau. Enfin, il introduisait une cheville de bois (faite en bois de prunier), dans la fente et y attachait une forte lanière de buckskin (1).

Deux cordes de rawhide pendaient au mât. On soulevait le patient et on attachait la lanière de buckskin aux cordes de rawhide. De cette façon le danseur était suspendu par la poitrine, mais la corde était assez longue pour qu'il reposât sur le sol. Quoique le sang coulât de l'incision faite par le couteau, le patient souriait; cependant tout le monde savait qu'il devait souffrir atrocement.

A ce moment, les amis ou les parents du jeune brave chantaient et le louaient pour son courage. Ils donnaient alors des poneys et faisaient d'autres cadeaux. Les chanteurs commençaient leurs chants et le jeune brave se mettait à danser. Les autres danseurs étaient derrière lui, quatre de front et accompagnaient sa danse. Ils ne bougeaient pas de place en dansant, mais le patient tirait en même temps sur la corde en essayant d'arracher la cheville fixée à sa poitrine.

S'il n'y réussissait pas, malgré tous ses efforts, il arrivait quelquefois que ses parents ou ses amis, ne pouvant supporter de le voir souffrir plus longtemps, faisaient présent d'un poney à quelqu'un pour l'aider à se libérer, en arrachant la cheville. Cette personne, se plaçant derrière le danseur, le saisissait par la taille, en même temps que celui-ci se jetait en arrière, tous deux tirant de toutes leurs

(1) *Buckskin* : peau de daim ; par extension les peaux souples, préparées à la façon indienne, tannées avec de la cervelle, quelquefois fumées.

forces. Si, malgré cela, on ne parvenait à pas le libérer, un vieil homme lui coupait la peau avec un couteau aiguisé et le danseur tombait au pied du mât. On le relevait alors et on le portait sur un lit de sauge. Il arrivait quelquefois qu'un homme doué d'une très forte constitution, après s'être arraché la peau, se levait de son lit et se remettait à danser. J'ai souvent vu de ces braves qui, leur propre sang séchant sur leur corps, continuaient cependant à danser.

Ce candidat à la bravoure jeûnait trois ou quatre jours au lieu des quarante jours de jeûne du Sauveur, ne prenant aucune nourriture ni aucune boisson pendant tout ce temps. Le patient avait le corps percé sous la croix. J'ai tout appris de cette religion d'une façon naturelle, mais après avoir appris à lire les livres des Blancs, j'ai comparé votre religion à la mienne ; seulement, parmi les Indiens, la foi est plus forte.

Pendant cette danse, beaucoup de choses que nous faisions ressemblaient à ce que j'ai lu sur le Christ. Nous avions une victime vivante et celle-ci jeûnait trois ou quatre jours au lieu de quarante. Cette cérémonie religieuse n'avait pas toujours lieu au même endroit. Nous ne commercialisions pas notre croyance. Nos hommes-médecine ne recevaient pas de salaire. L'enfer nous était inconnu. Nous avions confiance les uns dans les autres et notre parole était aussi bonne qu'aujourd'hui l'or des Blancs. Nous étions donc de vrais chrétiens.

Lorsque la danse avait pris fin, chacun s'en allait où il lui plaisait. Nous étions alors un pays libre, mais, plus tard, lorsque nous revenions dans cet endroit où se dressait encore le mât avec la pièce en croix, nous nous y arrêtions longtemps dans une attitude recueillie, parce que c'était pour nous un lieu sacré.

Mais les choses ont bien changé, même parmi les Blancs. Ils démolissent leurs églises et permettent qu'on bâtisse des salles de spectacle à leur place. Quels peuvent bien être vos sentiments de respect, quand vous pensez que la Maison de Dieu dans laquelle vous l'adoriez sert de lieu d'amusement ?

Comme je l'ai dit bien des fois dans mon récit, j'ai toujours désiré faire preuve de courage, mais je ne pense pas que j'eusse jamais été capable d'aller jusqu'au bout d'une de ces Danses du Soleil.

CHAPITRE XIII

VERS L'EST

Nous avions passé l'été à toutes sortes de jeux, et c'était alors l'automne de l'année 1879. Mon père avait son magasin bien garni et nous faisions de bonnes affaires. Nous approchions de la deuxième quinzaine de septembre et les journées étaient belles mais fraîches. Juste ce qui convient pour jouer avec ardeur sans pour cela avoir trop chaud.

Un petit garçon appelé Waniyetula, ou Hiver, et moi, nous jouions entre le magasin de mon père et l'Agence. C'était un de mes cousins éloignés, mais nous nous appelions toujours « frère ». L'Agence était environ à un quart de mille de notre tipi.

Soudain nous voyons un grand nombre de gens réunis autour d'une des constructions de l'Agence et notre curiosité est aussitôt éveillée. Je dis : « Allons voir ce qu'ils regardent. » Alors nous courons aussi vite que nous pouvons. En atteignant la construction, nous regardons à l'intérieur par une des fenêtres et nous voyons que la pièce est pleine de gens. Parmi eux se trouvent plusieurs Blancs et nous remarquons une femme blanche.

Nous voyant risquer un œil par la fenêtre, ces gens nous font signe d'entrer. Mais nous hésitons. Alors ils montrent des bâtons de sucre candi. Sur ce, nous nous enfuyons à quelque distance, puis, là, nous nous arrêtons pour discuter de cette étrange façon de procéder, nous demandant s'il vaut mieux retourner pour voir ce que les Blancs veulent vraiment. Ils nous ont offert du sucre candi et c'est là une grosse tentation. Aussi, nous retournons jeter un nouveau coup d'œil par la fenêtre. Cette fois l'interprète vient à la porte et, à force de persuasion, nous fait entrer à l'intérieur. C'était un sang mêlé du nom de Charles

Tackett. Nous l'appelions Ikuhansuka ou Long Menton. Nous entrons très lentement, pas à pas, nous demandant tout le temps ce que tout cela signifie.

Nous vîmes alors deux jeunes Indiens habillés de vêtements de Blancs. Ils avaient reçu de l'instruction en quelque école. Tous deux étaient des Santee Sioux de la Rivière aux Eaux Boueuses ou Missouri. Avec leurs nouveaux vêtements, ils avaient l'air de Blancs.

Alors l'interprète nous dit que si nous voulions nous en aller vers l'Est, avec ces Blancs et apprendre leurs manières, nous pourrions tous être habillés comme ces garçons indiens. Il nous dit qu'un Blanc, dont le nom était capitaine R. H. Pratt, lui avait demandé de nous dire ces choses.

Cependant toutes ces « paroles mielleuses » de l'interprète ne faisaient pas beaucoup d'impression sur moi. Nous avions déjà bien souvent entendu ce même langage, surtout quand ces interprètes étaient payés par le Gouvernement pour parler.

Mon esprit se livrait à d'autres réflexions. Je pensais à mon père et me souvenais combien de fois il m'avait dit : « Fils, sois brave. Meurs sur le champ de bataille, loin de chez nous, s'il le faut. Mieux vaut mourir jeune que devenir vieux et malade pour mourir ensuite. » Quand je pensai à mon père, qui avait fumé le calumet de paix et ne combattait plus, il me parut que si j'acceptais cette occasion d'aller vers l'Est, cela prouverait que j'étais brave.

A cette époque, nous n'avions pas grande confiance dans les Blancs. Mais la pensée de m'en aller avec ceux qui pour nous étaient des ennemis, dans un endroit dont nous ne savions rien me convenait parfaitement. Aussi je déclarai : « Oui, j'irai. » Alors ils me dirent que je devais d'abord amener mon père à l'Agence, parce qu'ils voulaient discuter cette question avec lui.

Dans l'agitation de la conversation avec ces Blancs, nous avions oublié totalement le sucre candi promis, aussi n'en eûmes pas du tout. Je courus à la maison et, quand j'entrai, toute ma famille était en train de manger. Mon père était assis entre ses deux femmes, et ses cinq enfants se trouvaient là. Je m'assis donc avec eux et je commençai à parler à mon père des Blancs de l'Agence. Les enfants écoutaient ce que je disais. Il y avait là mes deux sœurs : Zintkaziwin et Wanbli Koyakewin, mes deux frères : Wopotapi et Nape Sni, ma petite sœur : Tawahukezanunpawin. Pendant que je parlais je mangeais peu. J'étais trop pressé de retourner à l'Agence.

Après le repas, mon père et moi nous nous rendîmes à l'endroit où étaient les Blancs. Ceux-ci furent très aimables avec lui et lui serrèrent la main. Alors ils lui parlèrent par l'intermédiaire de l'interprète, du voyage proposé vers l'Est. Père écouta tout ce qu'ils avaient à dire et alors, se tournant vers moi, il demanda :

« Veux-tu y aller, fils ?

— Oui », répondis-je.

Je ne me souviens pas si je fus le premier garçon qui signa, mais ils inscrivirent mon nom dans un grand livre. A cette époque je fus enrôlé sous le nom de Ota Kte ou « Beaucoup Tué », fils d'« Ours Debout ». Après que mon nom eut été inscrit dans le livre, tous les Blancs me serrèrent la main et dirent quelque chose dans leur langage, que je ne compris pas.

Alors, mon père et moi nous en allâmes ensemble pour retourner à la maison. Il ne prononça pas un mot pendant tout le trajet. Peut-être était-il triste. Peut-être pensait-il que si je m'en allais avec ces Blancs, il ne me reverrait jamais ou que j'oublierais les miens, ou bien encore, qu'ayant reçu de l'instruction, je les trahirais. Mais s'il éprouvait l'une de ces craintes, il n'en montrait aucun signe.

Le jour suivant mon père invita tous nos voisins à venir chez lui. Il descendit toutes les marchandises des étagères de son magasin et les porta dehors. Puis il amena environ sept poneys. Quand tout le monde fut réuni, il distribua tout cela parce que j'allais vers l'Est. Je partais avec les Blancs et je pouvais ne jamais revenir, aussi sacrifiait-il toutes ses possessions terrestres. Quelques-uns des autres chefs donnèrent aussi de nombreuses choses.

Le jour suivant l'agent dit aux Indiens qu'il avait quelques attelages du Gouvernement de prêts pour emmener tous les enfants qui allaient partir. Mon père dit qu'il préférait m'accompagner lui-même aussi loin qu'il pouvait. Puis ma sœur Zintkaziwin se proposa pour aller avec moi. En le faisant, elle désirait me faire honneur.

Mon père avait un chariot léger suspendu. On le chargea d'un petit tipi, de literie, des ustensiles de cuisine et de tout ce qui pourrait être nécessaire pendant le voyage. Nous devions aller en voiture jusqu'à l'endroit où un bateau à vapeur devait nous transporter pendant une partie du chemin. Quand nous fûmes prêts à partir, je jetai un regard vers l'endroit où pâturaient mes poneys. Comme ils étaient heureux ! et je les quittais, peut-être pour ne jamais revenir ! Mon cœur allait vers ces braves petites bêtes pendant que j'étais là à les regarder.

Alors je demandai à mon père si je pouvais monter un des poneys de selle pour aller de l'Agence de Rosebud, à Black Pole, distant de cinquante milles de l'endroit où nous devions embarquer sur le bateau à vapeur. Il m'en donna la permission ; pourtant je savais qu'à la fin du voyage mon poney et moi devions nous séparer pour de très longs jours de solitude.

A mi-route de Black Pole, nous campâmes pour la nuit. En cet endroit, nous rencontrâmes de nombreux Indiens, garçons et filles, qui allaient aussi vers l'Est avec les Blancs. Quelques-uns étaient dans des chariots du Gouvernement, d'autres montaient leurs poneys comme moi. Beaucoup conduisaient leur propre véhicule.

De bonne heure, le lendemain matin, nous étions de nouveau sur la route, ma sœur dans le chariot avec sa mère et son père. Nous en étions maintenant à la dernière étape de notre voyage, de la réserve au bateau, et mon poney et moi n'avions plus que peu de temps à rester ensemble. Nous ne savions pas où nous allions, nous savions seulement que c'était « quelque part » vers l'Est.

Enfin, nous atteignîmes Black Pole. Nos tipis purent de nouveau être montés, car nous devions attendre l'arrivée du bateau. Cependant, personne d'entre nous n'était pressé Nous passions ici de si bons moments. Nous courions, criant et jouant, essayant de prendre le plus d'amusement possible avant d'être séparés de nos familles. Nous attendîmes trois jours, puis on nous dit que le bateau allait arriver.

Mais à ce moment ma sœur changea soudain d'idée. Elle déclara qu'elle ne voulait pas de l'éducation des Blancs. Cela me convenait parfaitement, car je me représentais quelle source d'ennuis de toutes sortes elle aurait été pour moi. Je savais que je pourrais fort bien m'en tirer pour moi tout seul, mais, si elle venait, et s'il lui arrivait quelque chose, je devrais naturellement m'occuper d'elle, car elle était plus jeune que moi — et de plus c'était une fille !

Finalement, le bateau arriva. Une petite passerelle fut jetée vers le rivage. C'était vers l'heure du coucher du soleil. Alors, les Indiens, garçons et filles, qui s'en allaient se mirent en rang et, à mesure que leurs noms étaient appelés, ils montaient à bord.

A ce moment-là quelques enfants refusèrent d'y aller et personne ne pouvait les y forcer. Ainsi ma sœur ne fut pas la seule à avoir les « pieds nickelés » — comme disent les Blancs.

Quand on appela mon nom je me dirigeai vers le bateau sans aucune hésitation. Pendant le temps que dura l'embarquement de tous les enfants la nuit tomba tout à fait. Enfin, on retira la passerelle pendant que les parents des enfants s'étaient rangés sur la rive et commençaient à pleurer. Alors tous les enfants sur le bateau en firent autant. C'était un spectacle lamentable. Je ne vis pas mon père ni ma belle-mère pleurer, aussi je ne versai pas de larmes, je me tins seulement dans un coin de la pièce où nous étions et je regardai tous les autres pleurer comme si leur cœur se brisait. Remarquez que quelques-uns d'entre eux étaient tout à fait des jeunes gens et des jeunes filles.

Enfin, l'heure du coucher arriva, mais je ne voyais pas de bons lits pour y dormir cette nuit-là. Nous étions tous dispersés dans cette grande chambre : les garçons d'un côté, les filles de l'autre. Nous nous roulâmes dans nos couvertures en essayant de dormir ; mais monter à bord d'un bateau à vapeur, avec dans le dos une roue à aube qui faisait beaucoup de bruit, était une expérience à laquelle nous n'étions pas accoutumés, et cela nous tint éveillés.

En pleine nuit, tandis que nous aurions tous dû être endormis, j'entendis quelques-uns des grands garçons parler tout bas. Ils se préparaient à sauter du bateau. Quand je saisis le sens de leur conversation, je me levai et vis trois grands garçons descendre l'escalier. Le bateau ne paraissait pas marcher, aussi je les suivis à l'étage inférieur. Là, je vis de nombreux hommes qui chargeaient du bois de corde sur le bateau. Les trois garçons se tenaient sur le bord, attendant le moment propice pour sauter à terre et filer dans les bois.

Je restai en arrière au pied de l'escalier à les surveiller. Alors le plus grand des garçons dit aux autres : « N'essayons pas cette fois-ci. Je crois qu'ils vont nous descendre du bateau demain, de toutes façons et si c'est cela, nous aurons alors une bonne chance. Aussi ils retournèrent à leurs couvertures sur le plancher et je réintégrai la mienne. Mais je ne pouvais pas m'endormir, car je me demandais où nous allions et ce que l'on allait faire de nous à notre arrivée.

Il ne me venait pas à l'esprit à ce moment que je m'en allais pour apprendre les manières des Blancs. Mon idée était que je quittais la réserve et que j'allais rester absent assez longtemps pour accomplir un acte de bravoure, et puis que je reviendrais chez moi vivant. Si je pouvais faire cela, je savais qu'alors mon père serait fier de moi.

Vers midi, le jour suivant, l'interprète vint nous dire qu'il fallait nous préparer à quitter le bateau. Finalement celui-ci s'arrêta près de la rive ; on sortit le petit pont et nous descendîmes tous. Nous parcourûmes une assez grande distance avant d'arriver près d'une longue file de petites maisons montées sur de longues pièces de fer qui s'étendaient à perte de vue. Ces petites maisons étaient toutes en ligne et l'interprète nous dit d'y entrer. Aussi, grimpant un petit escalier qui conduisait dans une des maisons, nous nous trouvâmes dans une magnifique pièce longue et étroite, dans laquelle il y avait beaucoup de sièges rembourrés.

Je pris un de ces sièges mais bientôt j'en changeai. Je crois avoir ainsi changé de place quatre ou cinq fois avant de me calmer. Nous admirions beaucoup la magnifique pièce et la douceur des sièges. Pendant que nous discutions la situation, la maison tout entière se mit soudain en mouvement.

Les garçons étaient dans une maison, les filles dans une autre. J'étais heureux que ma sœur ne fût pas là. Nous nous attendions à chaque moment à ce que la maison se renversât et que quelque chose de terrible arrivât. Nous tenions nos couvertures entre nos dents parce que nos mains étaient toutes deux occupées à se cramponner aux sièges, tellement nous étions effrayés.

Nous étions pour la première fois dans un wagon de chemin de fer, mais nous ne le savions pas. Nous pensions que c'était une maison. J'étais assis près de la fenêtre et je remarquai les poteaux plantés le long de la voie ferrée. Il me semblait qu'ils venaient presque frapper la fenêtre, aussi je changeai de place pour aller de l'autre côté.

Nous voyageâmes de cette façon pendant un certain temps. Finalement l'interprète entra dans la pièce et nous dit de nous préparer à la quitter, car nous allions avoir à manger. On dit à ceux qui portaient des paquets de les laisser sur leur siège. Quelques-uns des garçons plus âgés commencèrent à mettre des plumes dans leurs cheveux et à ajouter de la peinture à leur visage.

Quand le train s'arrêta à la station, il y avait là une grande foule de Blancs. Il y avait trois ans seulement que Custer avait été tué par les Sioux, aussi les Blancs étaient-ils curieux de voir des Indiens de cette tribu. Je suppose que beaucoup de ces gens s'attendaient à nous voir arriver avec des couteaux à scalper entre les dents, un arc et des flèches dans une main, un tomahawk dans l'autre, et à entendre un grand cri de guerre quand nous sortirions du Cheval de Fer. Le nom sioux pour chemin de fer était « Maza Canku » ou « route de fer ». Le terme cheval de fer est simplement le nom donné par les Blancs à un film cinématographique.

L'endroit où nous nous arrêtâmes s'appelait Sioux-City. Les Blancs hurlaient après nous et faisaient grand bruit. Quand le train s'arrêta, nous levâmes les fenêtres pour regarder dehors. Bientôt ils commencèrent à nous jeter de l'argent ; nous, les petits, commencions à le ramasser, mais les plus grands garçons nous dirent de ne pas le prendre mais de le leur relancer. Ils nous dirent que si nous prenions l'argent, les Blancs mettraient notre nom dans un grand livre. Nous n'avions pas assez de sens alors pour comprendre que ces Blancs n'avaient pas la possibilité de savoir quels étaient nos noms. Malgré cela nous leur relançâmes toutes les pièces. Là-dessus les Blancs se mirent à rire et nous en lancèrent de plus belle. Alors les grands garçons nous dirent de fermer les fenêtres. Cela arrêta la distribution d'argent.

Puis l'interprète entra et nous dit que nous devions descendre là. Comme nous quittions la petite maison, nous vîmes qu'il y avait un grand nombre de ce que nous prenions pour des soldats alignés des deux côtés de la rue. Je pense que c'étaient des policemen, mais comme ils avaient des uniformes, nous les appelions « soldats ». Ils se mirent en ligne et nous marchâmes entre eux jusqu'à l'endroit où on mangeait.

Beaucoup des petits Indiens, filles et garçons, avaient peur des Blancs. En vérité, je ne les en blâmais pas, car les Blancs agissaient vraiment sans aucune retenue en nous voyant. Ils essayaient de pousser le cri de guerre et de mimer les Indiens et, par d'autres simagrées, nous rendaient fort agités et surexcités et nous n'aimions pas être traités de la sorte.

Quand nous entrâmes dans le restaurant, il y avait deux longues tables couvertes de nappes blanches, beaucoup de belle argenterie et toutes sortes de bons plats.

Nous nous assîmes tous autour de la table mais sans essayer de manger. Nous nous servîmes seulement de toutes les denrées, les ramassant d'un revers de main dans nos couvertures et sans surtout oublier le sucre en morceaux. Les Blancs étaient tous rassemblés dehors, en foule, aux fenêtres, nous regardant et riant de toutes leurs forces devant notre façon d'agir. Ils attendaient pour voir comment nous mangions, mais nous déçûmes leur attente, car nous emportâmes tout à la route de fer et, nous asseyant en paix dans les petites maisons, nous fîmes honneur à notre repas.

Alors le train repartit et nous voyageâmes toute la nuit. Le jour suivant nous arrivâmes à Sotoju Otun Wake qui, en Sioux, désigne « la ville enfumée » ou votre grande cité de Chicago. Là, nous vîmes tant de gens et des maisons si imposantes que nous commençâmes à ouvrir les yeux tout grands d'étonnement. Les grands garçons disaient : « Les Blancs sont comme des fourmis. Ils se répandent et s'introduisent partout. » Nous, les Indiens, nous n'appelons pas la race caucasienne: les Blancs mais « Was Wasicune » ou « Mila Hanska » ce qui veut dire les Longs Couteaux.

A Chicago, nous attendîmes longtemps. Assez rapidement on nous apporta toutes sortes de nourriture. On n'essaya plus de nous servir à table. Après le repas, l'interprète nous dit que nous allions avoir une petite danse pour nous amuser. Nous n'avions pas de tom-tom, aussi ils nous apportèrent une grosse caisse. Nous étions dans une grande salle — peut-être la salle d'attente de la station, mais il n'y avait pas de sièges. Là, les grands garçons eurent du bon temps et nous, les petits, regardions par les fenêtres passer les wagons. Quelques Blancs furent admis à rester et à assister à la danse, pendant qu'il y avait une grande foule dehors.

Le soir nous fûmes tous embarqués sur une autre route de fer, nous voyageâmes toute la nuit, le jour suivant, et alors une autre nuit arriva. A ce moment nous commencions tous à nous sentir très agités. Nous étions restés assis pendant tout le voyage, depuis le Dakota, sur ces sièges droits et nous commencions à être très fatigués. Les grands garçons nous dirent à nous, les petits, que les Blancs nous menaient à l'endroit où le soleil se lève et qu'ils allaient nous jeter par-dessus le bord de la terre, car on nous avait enseigné que la terre était plate avec quatre coins et que, lorsque nous arriverions au bout, nous tomberions par-dessus le bord.

Maintenant la pleine lune se levait et nous voyagions vers elle. Les grands garçons chantaient des chants de braves, s'attendant à être tués d'un moment à l'autre. Nous regardions tous la lune ; elle était devant nous, mais nous sentîmes que nous en approchions trop près pour notre sécurité. Nous étions très fatigués et les petits s'endormirent. Tout à coup les grands garçons éveillèrent tout le monde. Ils dirent qu'ils avaient fait une découverte. On nous dit de regarder par la fenêtre et de voir ce qui était arrivé pendant que nous dormions. C'est ce que nous fîmes et la lune était maintenant derrière nous ! Apparemment, nous avions dépassé l'endroit où la lune se lève !

C'était un vrai mystère. Les grands garçons recommençaient à chanter des chants de braves. Moi, j'étais bien éveillé, sur le qui-vive, attendant pour voir ce qui allait arriver. Mais il n'arriva rien.

Nous apprîmes après qu'à Harrisbury, Pensylvanie, le train avait tourné à l'ouest en direction de Carlisle, ce qui mit la lune derrière nous. Et dire que nous avions pensé mourir parce que nous avions dépassé la lune !

CHAPITRE XIV

PREMIERS JOURS A CARLISLE

Enfin le convoi arriva à un embranchement où l'on nous annonça que nous étions au terme de notre voyage. Nous quittâmes alors le train et nous fîmes à pied les deux milles environ qui nous séparaient de la caserne de Carlisle. Bientôt nous arrivâmes à une grande porte percée dans un grand mur. Elle était fermée mais, après une assez longue attente, elle s'ouvrit et nous entrâmes.

Je fus le premier des garçons à passer le seuil. A ce moment, je n'attachai pas d'importance à ce fait, mais maintenant je me rends compte que je fus le premier garçon indien qui mit le pied à l'intérieur de l'école indienne de Carlisle.

Alors Louise McCoz, interprète des filles, les appela et les fit ranger toutes du même côté. Elle les emmena dans un des grands bâtiments qui étaient très brillamment éclairés et qui, de l'extérieur, nous apparurent avoir fort bon aspect.

Quand notre interprète nous dit de nous rendre dans un bâtiment qu'il nous désigna, nous courûmes très vite, espérant y trouver de bons petits lits pareils à ceux des Blancs. Nous étions si fatigués et si épuisés par ce long voyage que nous aspirions à un sommeil réparateur. De Springfield, Dakota jusqu'à Carlisle, Pensylvanie, voyager tout le temps dans des wagons sans couchettes, sans avoir aucune chance de dormir est épuisant pour une bande de petits Indiens.

Mais la première pièce dans laquelle nous entrâmes était vide. Un fourneau de fonte en occupait le centre, dessus était placée une lampe à huile de houille. Il n'y avait pas de feu dans le fourneau. Nous courûmes à travers toutes les pièces, mais elles étaient toutes semblables : pas de feu, pas de lits. C'était un immeuble à deux étages, mais nous étions tous parqués dans deux chambres de l'étage supérieur.

Eh bien ! il nous fallait faire contre fortune bon cœur, aussi, ôtant nos jambières, nous les roulâmes pour en faire un oreiller. Tout ce que nous avions pour nous couvrir c'était la couverture que chacun de nous avait apportée. Nous nous endormîmes sur le dur plancher et il faisait bien froid ! Nous avions l'habitude de dormir sur la terre, mais le plancher était beaucoup plus froid.

Le lendemain matin on nous fit descendre pour le déjeuner. Tout ce que l'on nous donna fut du pain et de l'eau. Comme nous fûmes déçus ! A midi, nous eûmes de la viande, du pain et du café, aussi nous trouvions-nous un peu mieux. Mais comme ils se sentaient abandonnés, garçons et filles, loin de leurs maisons du Dakota, où ils avaient largement à manger ! Les grands semblaient en souffrir plus que les petits. Je pense que nous, les petits, nous n'en savions pas assez. Les grands garçons chantaient des chants de braves, ce qui faisait pleurer les filles. Ils continuèrent pendant plusieurs nuits. Le quartier des filles était à environ cent cinquante mètres du nôtre, aussi pouvions-nous les entendre pleurer. Au bout d'un certain temps la nourriture commença à s'améliorer, mais c'était loin d'être ce que nous étions habitués à avoir à la maison.

Ici, je dois vous dire ce que fut, à l'origine, l'école indienne de Carlisle. Quelques années auparavant il y avait eu des troubles dans les cinq tribus de l'Oklahoma. C'étaient des Cheyennes, des Arapahoes, des Comanches et des Wichitas. Il y avait encore avec eux une tribu dont j'ai oublié le nom. Le Gouvernement fit arrêter quelques braves de ces différentes tribus et les emmena prisonniers en Virginie. Le capitaine Pratt en avait la charge. Il conçut alors l'idée de placer ces Indiens dans une école pour voir s'ils pouvaient, de cette façon, apprendre quelque chose. Aussi, on les mit à l'école de Hampton où on envoyait les nègres. C'étaient des jeunes gens de bonne taille, ayant déjà foulé le sentier de la guerre, mais, malgré leur âge, ils faisaient de remarquables progrès dans leurs études.

Cela donna une autre idée au capitaine Pratt. Il pensa que, s'il pouvait avoir quelques jeunes enfants indiens et les instruire, cela pourrait aider leur peuple. Il s'adressa aux autorités gouvernementales et leur fit cette proposition en leur demandant de l'expérimenter. On lui dit de commencer et de voir ce qu'il pouvait obtenir en admettant qu'il puisse trouver des Indiens à éduquer. Le capitaine Pratt n'en était pas sûr du tout.

Rien n'était préparé pour ouvrir une telle école, mais la Gouvernement lui accorda l'usage des bâtiments vides à Carlisle, en Pensylvanie. Il emmena avec lui quelques-uns des Indiens prisonniers de Virginie, qui restèrent dans les casernes de Carlisle jusqu'à ce qu'il pût aller au Dakota et revenir avec son premier contingent d'écoliers. L'école de Carlisle, à une certaine époque, avait été habitée par les soldats, aussi n'était-elle pas d'abord construite pour l'éducation des Indiens.

J'étais venu à cette école uniquement pour montrer à mes semblables que j'étais assez courageux pour quitter la Réserve et aller vers l'Est, ne sachant pas ce que cela signifiait et m'en souciant fort peu.

Quand nous arrivâmes à Carlisle, nous n'avions d'abord rien à faire. Il n'y avait pas de règlement scolaire, aucune ordonnance de discipline ni rien de pareil. Nous courions seulement tout autour des terrains de l'école, faisant tout ce qui nous plaisait.

Bientôt quelques Blancs vinrent des villes voisines pour nous voir. Alors nous montions tous au second étage et nous tenant contre les grillages, nous les regardions de là-haut. Un de nos camarades s'appelait Colline Isolée. Il surveillait les gens attentivement et, quand il voyait un nègre dans la foule, il rentrait vite et mettait sa veste de guerre. Puis, ressortant, il donnait la chasse au nègre à travers toute l'école jusqu'à ce que celui-ci se soit enfui. Vous pensez si les gens riaient !

Pendant quelque temps nous continuâmes à dormir sur

le dur plancher, ce qui était loin d'être aussi confortable que les lits bons et doux dans les tipis, là-bas, chez nous. Un soir, l'interprète nous rassembla tous et nous donna à chacun un grand sac. Il nous dit que ces sacs allaient être nos paillasses, mais qu'il fallait que nous les remplissions nous-mêmes avec de la paille. Il ajouta : « Dehors, derrière les écuries, il y a une grande meule. Allez y remplir vos sacs. »

Alors nous y courûmes aussi vite que nous pouvions et remplîmes nos sacs aussi rapidement que possible, nous poussant et luttant à celui qui aurait fini le premier. Quand les sacs furent tous pleins, nous les portâmes dans une des grandes pièces du second étage. Là, ils furent tous disposés sur un rang. Nous les petits garçons, nous avions certainement l'air drôle à traîner ces grands sacs à travers la cour et en montant les escaliers.

Cette nuit fut la première nuit de bon sommeil que nous ayons eue depuis longtemps. Ces sacs étaient cousus tout autour et au milieu il y avait une fente par laquelle on les remplissait de paille, mais il n'y avait personne pour coudre la fente après qu'ils eussent été remplis. Nous n'avons jusqu'alors ni draps ni couvertures supplémentaires, rien que les couvertures que nous avions apportées avec nous de la Réserve.

Le jour suivant nous jouâmes sur ces sacs et la paille commença à sortir par les fentes. Bientôt elle fut semée partout sur le plancher et comme nous n'avions pas de balais pour la balayer, vous pouvez imaginer l'aspect de la pièce aux premiers jours de notre école !

Quoique nous portions encore nos vêtements indiens, l'interprète vint nous dire qu'il fallait aller en classe. On nous conduisit dans une salle de cours où l'on nous donna un crayon et une ardoise. Nous étions assis chacun à un pupitre. Nous découvrîmes bientôt que les crayons faisaient des marques sur les ardoises. Alors nous cachâmes nos têtes sous nos couvertures, tenant l'ardoise dessous afin que notre voisin ne sache pas ce que nous faisions. Tantôt nous dessinions un homme sur un poney galopant après un bison, tantôt un jeune garçon tirant sur des oiseaux dans un arbre ou bien un de nos jeux Indiens ou tout ce que notre imagination pouvait nous suggérer d'essayer de dessiner.

Quand nous avions tous fini, nous laissions tomber nos couvertures sur le siège et nous allions vers notre professeur avec nos ardoises lui montrer ce que nous avions dessiné. Ce professeur était une femme. Elle inclinait la tête pour examiner les ardoises et souriait pour montrer que nous travaillions assez bien — tout au moins, c'est ainsi que nous l'interprétions.

Un jour, en entrant en classe, nous vîmes qu'il y avait beaucoup de choses écrites sur le tableau noir. Nous ne savions pas ce que cela signifiait, mais notre interprète vint dans la salle nous dire : « Vous voyez toutes ces marques sur le tableau noir ? Eh bien, chaque mot est un nom de Blanc. On va en donner un à chacun de vous et vous serez dorénavant désignés par ce nom. » On ne nous lut et on ne nous expliqua aucun de ces noms, aussi ne connaissions-nous ni le son ni la signification d'aucun d'eux.

La maîtresse avait à la main une longue baguette pointue et l'interprète dit au garçon assis sur le premier banc d'avancer. La maîtresse lui donna le bâton et l'interprète lui dit de choisir le nom qu'il voulait. Le garçon était allé recouvert de sa couverture. Quand on lui eut donné la baguette, il se tourna vers nous comme pour dire : « Puis-je, ou voulez-vous m'aider à choisir un de ces noms ? Ai-je le droit de prendre un nom de Blanc ? » Pendant un instant il ne savait que faire, ne prononçant pas une seule parole, mais il s'agitait beaucoup et se livrait à bon nombre de réflexions.

Finalement, il montra un des noms écrits sur le tableau. Alors la maîtresse prit un morceau de galon blanc et y inscrivit le nom. Puis elle en coupa une certaine longueur et la cousit au dos de la chemise du garçon. Alors on effaça ce nom sur le tableau. Il n'y avait pas deux noms semblables dans la première classe de l'école de Carlisle.

Alors le garçon suivant prit la baguette et choisit un nom. Il fut étiqueté de la même façon que le numéro un. Quand vint mon tour, je pris la baguette et j'agis comme si j'allais frapper un ennemi. Bientôt nous eûmes tous des noms de Blancs cousus dans le dos. Quand nous arrivâmes à l'école, nous en savions assez pour retrouver nos places dans la classe, mais c'était tout. Quand la maîtresse faisait l'appel, personne ne répondait à son nom. Alors elle faisait le tour de la classe et regardait au dos des chemises des garçons. Quand elle avait trouvé le nom, elle faisait lever le garçon pour répondre « présent ». Elle fit ainsi, environ pendant une semaine avant que nous sachions ce qu'était le son de nos noms.

Je fus un des « brillants élèves » qui surent leur nom rapidement. Comme j'étais fier de répondre quand la maîtresse faisait l'appel ! Je posais ma couverture et me levais à demi sur mon siège tout prêt à répondre à mon nouveau nom. J'avais pris le nom de « Luther » — pas Luthérien comme beaucoup de gens m'appellent. Luthérien est le nom d'une secte religieuse et non celui d'une personne.

Ensuite il nous fallut apprendre à écrire nos noms. Notre bonne maîtresse usait de beaucoup de patience avec nous. Elle habite actuellement Los Angeles (Californie) et j'aime encore aller lui poser n'importe quelle question qui peut me venir à l'esprit. Elle écrivit d'abord mon nom sur l'ardoise et, par signes, m'indiqua que je devais l'écrire de la même manière. Elle tenait le crayon dans sa main de cette façon, puis faisait d'abord un trait, puis un autre, et me donnait à entendre que je devais faire exactement de la même façon.

Les premières fois que j'écrivis mon nouveau nom il était marqué si profondément dans l'ardoise que je ne pus jamais l'effacer. Je copiai mon nom des deux côtés de l'ardoise jusqu'à ce qu'il n'y eût plus de place pour écrire. Puis je portai mon ardoise pour la faire voir à la maîtresse et elle montra, par l'expression de son visage, que c'était très bien.

J'appris bientôt à l'écrire très correctement, alors ayant pris un morceau de craie j'écrivis « Luther » sur tous les objets où je pouvais le reproduire.

Ensuite la maîtresse écrivit l'alphabet sur mon ardoise et me montra que je devais l'emporter dans ma chambre pour l'étudier. J'étais content de le faire parce que j'espérais bien m'amuser. Je montai au second étage, à l'extrémité du bâtiment où je pensais que personne ne viendrait me déranger. Je m'assis là et commençai à regarder ces caractères étranges, essayant fort de me figurer ce qu'ils signifiaient. Je n'avais personne pour me dire que la première lettre était « A », la suivante « B » et ainsi de suite. C'était la première fois de ma vie que je me sentais réellement découragé. C'était quelque chose que je ne pouvais pas déchiffrer, et toutes ces histoires d'étude n'étaient pas ce que j'étais venu chercher dans l'Est — c'est du moins ce que je pensais.

Comme je me sentais loin de mon père et de ma mère ! Je restais là-haut tout seul, pensant aux bons moments que j'aurais pu passer, si seulement j'étais de retour à la maison où je pouvais monter mes poneys, aller où bon me semblait, faire ce qui me plaisait et, quand venait la nuit, je pouvais me coucher et dormir en paix. C'est bien là et à ce moment que j'appris que, si humble que soit notre logis, c'est cependant le foyer.

Ainsi cela ne me fit aucun bien d'emporter mon ardoise avec moi ce jour-là. Cela me fit seulement sentir ma solitude. La fois suivante, lorsque la maîtresse me fit comprendre par signes d'emporter mon ardoise dans ma chambre, je secouai la tête pour dire non. Elle vint à moi et me parla en anglais, mais naturellement je ne comprenais pas ce qu'elle disait.

Quelques jours après elle écrivit l'alphabet sur le tableau noir puis fit venir l'interprète dans la classe. Par son entremise elle nous demanda de répéter chaque lettre après elle. Elle appela « A » et nous répétâmes tous « A », puis « B » et ainsi de suite. Ce furent là nos vrais débuts. Le premier jour nous apprîmes les trois premières lettres de l'alphabet, leur prononciation et leur lecture, tout ensemble.

Je n'avais pas encore décidé d'apprendre quelque chose. Tout ce à quoi je pouvais penser, c'était ma vie de liberté chez moi. Combien de temps ces gens allaient-ils nous garder ici ? Quand allions-nous rentrer chez nous ? A la maison nous pouvions manger toutes les fois que nous voulions, mais ici il nous fallait surveiller tout le temps le soleil. Les jours nuageux, les attentes entre les repas semblaient terriblement longues.

On se mit bientôt à organiser un vieux bâtiment pour en faire notre réfectoire. On y plaça de longues tables mais sans y mettre de nappes. Les repas étaient servis dans chaque assiette avant notre entrée. J'appris très vite à être là quand sonnait la cloche et à entrer le premier. Puis je courais le long de la table jusqu'à ce que j'arrive à une assiette que je pensais contenir le plus de viande, alors je m'asseyais et je commençais à manger sans attendre personne.

Bientôt nous nous montrâmes très habiles quand il s'agissait de chercher des yeux la plus grosse portion de viande. Quand nous savions d'après le soleil qu'il était à peu près l'heure du dîner nous nous mettions à jouer près du réfectoire jusqu'à ce que la femme qui en était chargée sorte, une grosse cloche à la main, pour annoncer que le repas était servi. On n'avait jamais à nous appeler deux fois ! Nous étions là quand venait l'heure du repas !

Au bout d'un certain temps, on accrocha une grosse cloche dans un noyer près des bureaux. On devait la sonner pour les heures de classe et les repas. Un des jeunes Indiens, appelé Edgar « Feu de Tonnerre », avait l'habitude de se faufiler derrière le bâtiment et de sonner la cloche avant l'heure du repas. Naturellement nous nous élancions tous vers le réfectoire pour trouver les portes fermées. Personne ne semblait s'opposer à de telles facéties de la part de ce garçon, mais cela ne nous plaisait pas.

Nous portions encore nos vêtements indiens. Un des prisonniers indiens fut chargé de nous apprendre à marcher au pas pour aller au réfectoire et en classe. Quelques-uns d'entre nous avaient des grelots sur leurs jambières, ce qui nous aidait à garder la cadence quand nous partions au pas.

Un jour il nous arriva une étrange aventure. Nous fûmes tous rassemblés par l'interprète et il nous dit qu'on allait nous couper les cheveux. Nous écoutâmes ce qu'il avait à nous dire sans répondre. C'était une chose qui demandait quelque réflexion ; aussi le soir même, les grands garçons tinrent un conseil et je me rappelle très distinctement que Nakpa Kesela ou Robert « Cheval Américain », fit un sérieux discours. Il dit : « Si je dois apprendre les coutumes des Blancs, je puis tout aussi bien le faire avec mes cheveux sur les épaules ! » A ceci nous nous exclamâmes tous « Hau ! » — voulant dire que nous étions d'accord avec lui.

Malgré cette réunion, quelques jours plus tard, nous vîmes des Blancs entrer dans la cour de l'école avec des fauteuils. L'interprète nous dit que c'était des hommes chargés de nous couper les cheveux. Nous ne restâmes pas à regarder où on transportait les sièges car c'était l'heure de la classe et nous allâmes à la salle d'études. Un des grands, appelé Ya-Slo, ou « Siffleur » manquait. Peu de temps après il entra avec les cheveux coupés. Puis on fit sortir un autre garçon, et quand il rentra, lui aussi portait les cheveux courts. On nous fit sortir ainsi un à un.

Quand je vis la plupart d'entre eux les cheveux courts, je commençais à avoir grande envie d'être « à la mode » et je voulu aussi qu'on me les coupât. Enfin on m'appela hors de la salle de classe et quand j'entrai dans la pièce voisine, le coiffeur m'y attendait. Il me fit signe de m'asseoir puis il se mit au travail. Mais quand mes cheveux furent coupés, cela blessa à tel point mes sentiments que les larmes me vinrent aux yeux. Je ne me souviens pas si le coiffeur remarqua mon agitation et cela m'était indifférent. Tout ce à quoi je pensais, c'était aux cheveux qu'il m'avait enlevés.

Dès maintenant je dois dire jusqu'à quel point cette

affaire de cheveux coupés m'affectait et, cela pour diverses raisons. J'ai déjà dit que je voulais toujours, et de toutes façons, faire plaisir à mon père. Tous les principes qu'il m'avait inculqués gravitaient autour de cette pensée : « Fils, sois brave et accepte la mort » ! Cette expression était tellement bien ancrée dans ma cervelle que je ne savais rien d'autre.

Mais mon père avait fait une erreur. Il aurait dû me dire à mon départ de la maison d'aller apprendre tout ce que je pouvais des coutumes des Blancs et de leur ressembler. Cela m'aurait donné une autre conception, vue sous un différent angle. Mais mon père ne me donna pas d'avis en ce sens. J'étais parti de la maison avec l'intention de ne jamais revenir vivant, à moins d'avoir fait quelque chose de très brave.

Maintenant qu'on m'avait coupé les cheveux, une nouvelle pensée me vint à l'esprit. Je sentais que je n'étais plus Indien, mais que j'allais être une imitation de Blanc. D'ailleurs, nous sommes encore des imitations de Blancs, et les Blancs, des imitations d'Américains.

Nous avions tous vraiment un drôle d'aspect avec nos cheveux courts. Ils avaient été passés à la tondeuse et coupés très ras. Nous avions encore nos vêtements indiens, mais nous avions tous l'air « chauves ». Personne d'entre nous ne dormit bien cette nuit-là ; nous nous sentions si drôles ! J'avais tout le temps envie de me tâter la tête. Bientôt, j'eus le plus grand désir d'apprendre tout ce que je pouvais.

Ensuite on nous annonça que nous aurions des vêtements de Blancs. Nous fûmes tous très surexcités et anxieux quand on nous le dit. Un jour des chariots arrivèrent chargés de grosses caisses qui furent déposées devant les bureaux. Naturellement nous étions tous pleins de curiosité et nous nous rassemblâmes autour pour surveiller ce qui se passait et voir tout ce que nous pouvions.

Alors on prit nos mesures l'un après l'autre et on nous remit à chacun un costume complet. Les vêtements étaient faits d'une espèce de grosse étoffe gris foncé et se composaient d'une veste, d'une paire de pantalons et d'un gilet. On nous donna aussi une chemise foncée en laine, une casquette, une paire de jarretelles, des chaussettes et des gros souliers de paysans.

Jusqu'alors nous avions tous porté nos chemises légères, nos jambières et une couverture. Maintenant nous étions en possession de nouveaux costumes de Blancs, et pour nous c'était une grande quantité de vêtements à porter à la fois, et pourtant nous n'avions pas encore reçu de sous-vêtements.

Aussitôt que nous eûmes reçu nos vêtements, nous courûmes dans nos chambres pour nous habiller. Les prisonniers indiens étaient fort occupés à nous aider à les mettre. Quoique ceux-ci fussent trop grands pour beaucoup d'entre nous, nous ne nous apercevions pas de la différence. Je me souviens que mes souliers étaient beaucoup trop larges, mais du moment qu'ils étaient « criants » ou grinçants, je ne me tracassais pas de la pointure ! J'aimais le bruit qu'ils faisaient quand je marchais et les autres garçons étaient aussi contents.

Comme nous étions fiers avec des vêtements qui avaient des poches et des souliers qui craquaient ! Nous marchâmes sur le plancher presque toute la nuit. Et même beaucoup de garçons allèrent au lit tout habillés. Mais le matin, ceux qui avaient enlevé leurs pantalons eurent bien du mal. Ils ne savaient pas s'il fallait les boutonner devant ou derrière. Quelques-uns disaient que la partie ouverte allait devant, d'autres disaient : « Non, elle se met derrière. » C'est alors que ceux qui avaient gardé leurs costumes devinrent utiles à examiner. Ils montrèrent aux autres que les pantalons se boutonnaient devant et non derrière. Ainsi nous apprîmes quelque chose de nouveau.

Un autre garçon et moi nous reçûmes de l'argent de chez nous. Son nom était Wanyetula ou Hiver et il était mon cousin. Nous décidâmes que nous pourrions nous habiller comme des Blancs, aussi nous apportâmes tout notre argent à l'interprète en lui demandant de nous acheter de beaux habits. Il nous promit de le faire.

Nous ne savions pas la somme que nous lui avions remise, mais nous lui donnâmes tout ce que nous avions, car nous ne connaissions pas la monnaie. Il prit l'argent et alla en ville. Quand il revint, il nous rapporta à chacun un gros paquet. Nous en emparant, nous allâmes dans une chambre vide pour nous habiller, car nous ne voulions pas que les autres garçons nous voient avant d'avoir mis les vêtements.

Quand nous ouvrîmes les ballots, nous fûmes surpris de voir le nombre de choses que nous avions reçues pour notre argent. Chaque paquet contenait un costume noir, une paire de chaussures et des chaussettes, une chemise à devant empesé, deux cols de papier, une cravate, une paire de manchettes, un chapeau melon, des boutons de manchettes et d'autres en verre de couleur pour nos plastrons de chemise.

Nous étions très contents de nos acquisitions, que nous examinâmes avec une grande curiosité et une grande impatience. Comme c'était près de l'heure du dîner, nous rattachâmes les ballots et les portâmes dans une des pièces où se tenait un des prisonniers indiens, lui demandant de nous les garder jusqu'au jour suivant. Nous dûmes lui parler en langage par signes, car il appartenait à une tribu différente. Le langage par signes, soit dit en passant, fut inventé par les Indiens. Les Blancs ne l'employèrent jamais correctement.

Nous nous sentîmes très fiers de nos nouveaux achats et nous passâmes la plus grande partie de la soirée à nous isoler pour en parler. Nous découvrîmes plus tard que nos magnifiques habits coûtaient tout ensemble environ onze dollars. L'interprète avait acheté les choses le meilleur marché qu'il avait pu trouver dans la ville de Carlisle.

Nous passâmes ensemble toute la journée du lendemain. Nous gardions les yeux sur notre moniteur, Mr. Campbell, parce que nous voulions voir comment il mettait son col. A l'étude, nous n'étions pas très loin de lui et nous le regardions constamment, essayant d'imaginer comment il avait mis ce col sur sa chemise.

Quand enfin le soir arriva, nous emportâmes nos paquets

au second étage où nous pouvions être seuls. Là, nous commençâmes par tout déballer et nous nous habillâmes. Pendant que nous étions ainsi occupés, le prisonnier auquel nous avions laissé les paquets, le soir précédent, entra. Nous en étions heureux, dans un sens, parce qu'il en savait plus que nous sur la façon dont on devait porter les vêtements, et il nous aida à nous habiller.

Juste au moment où nous avions fini, la cloche sonna pour le souper. Les autres garçons étaient déjà en rang. Quand nous descendîmes l'escalier extérieur, ils nous aperçurent, alors quel cri de guerre s'éleva ! Les garçons faisaient toutes sortes de remarques sur nos costumes et nous appelaient « Hommes blancs ». Mais nos maîtres et les autres Blancs étaient très contents de notre nouvel aspect. Nous avions seulement deux cols en papier chacun et, quand ils furent sales, il nous fallut nous en passer. Nous essayions de faire de notre mieux pour porter les cravates sans les cols, mais je crois bien que nous avions l'air drôle.

L'hiver était venu avec le froid, et on nous donna des sous-vêtements en flanelle rouge. Ils nous paraissaient bien jolis, mais nous n'aimions ni la chaleur ni la démangeaison dont ils étaient cause. Bientôt je reçus un peu plus d'argent de mon père, il en fut de même pour un garçon appelé Knaska ou Grenouille et nous nous achetâmes du linge de dessous blanc. C'était très bien, mais nous n'osions pas le savoir à qui que ce fût, parce que la règle était que nous devions porter de la flanelle rouge. Aussi tous les dimanches matins nous la remettions, car ce jour-là on passait l'inspection. Le capitaine Pratt et les autres nous examinaient alors avec beaucoup de soin, mais aussitôt l'inspection terminée nous enfilions nos sous-vêtements blancs et nous nous apprêtions pour aller en ville à l'office du dimanche.

Garçons et filles étaient autorisés à choisir la secte religieuse qui leur convenait le mieux. Aussi étaient-ils libres d'aller où ils voulaient pour l'office du dimanche. La plupart d'entre nous choisirent l'église épiscopale. C'est là que fus baptisé sous le nom de Luther.

Dans notre chambre habitait un garçon appelé Kaici Ynyanké ou « Se précipite sur ». Quoique ce ne fût pas exactement un mauvais garnement, il était toujours prêt à faire quelque tour. Le nom de son père était Ours Noir, aussi, quand il fut baptisé, il prit ce nom et comme prénom celui de Paul.

Il habite encore à l'Agence de Pine Ridge, Dakota sud. Plus d'une fois le capitaine Pratt dut le calmer, car il jouait jusqu'à la dernière minute et puis essayait de nettoyer ses chaussures et de se peigner comme s'il avait pu tout faire à la fois. Ce dimanche-là, Paul entra en coup de vent. Il s'était tellement hâté qu'il n'était qu'à moitié prêt. Il s'était peigné, mais avait mis trop d'eau sur ses cheveux et celle-ci lui coulait sur la figure pendant qu'une de ses chaussures était nettoyée et l'autre sale.

On nous avait appris à nous tenir au garde à vous, comme des soldats, quand le capitaine Pratt, le Dr. Givens ou d'autres personnages entraient dans la salle pour l'inspection. Le capitaine Pratt nous examinait d'abord de la tête aux pieds pour voir si nous étions bien peignés, si nos habits étaient soigneusement brossés et si nous avions nettoyé nos souliers. Puis il examinait la chambrée, regardait si nos lits étaient bien faits, et souvent soulevait les paillasses pour voir si tout était propre en dessous. On examinait les caisses dans lesquelles nous rangions nos vêtements pour s'assurer que tout était propre et net.

Paul « Ours Noir » n'avait pas pu — comme d'habitude — finir de s'apprêter pour l'inspection et, quand le capitaine Pratt regarda ses pieds, Paul essaya de cacher la chaussure qui n'était pas cirée en la mettant derrière l'autre. Le capitaine Pratt remarqua aussi l'eau qui coulait sur sa figure. Nous nous attendions tous à ce que Paul reçoive une semonce, mais le capitaine Pratt se contenta de rire et de lui dire de mieux faire à l'avenir.

A Carlisle, il nous était interdit de fumer, mais Paul le faisait chaque fois qu'il le pouvait. Une fois, il s'était mis à fumer longuement et se tenait près d'une des grandes cheminées, soufflant sans répit de grosses bouffées de fumée. Tout d'un coup, il eut mal au cœur et s'évanouit. Nous dûmes le traîner loin de la cheminée et l'asperger d'eau.

Un jour notre maîtresse apporta en classe des assiettes en bois. Elle nous dit que c'était pour les peindre. Elle m'en donna environ une demi-douzaine. Nous reçûmes chacun une petite boîte d'aquarelle. Sur toutes mes assiettes je peignis des dessins indiens. Sur quelques-unes d'entre elles je dessinai un homme à la poursuite d'un bison et lui tirant des flèches avec son arc. D'autres représentaient un petit garçon tirant sur des oiseaux dans les arbres. Quand je les eus toutes peintes, je les rendis à la maîtresse. Elle parut très contente de mon travail et les expédia toutes je ne sais où. Peut-être quelques personnes ont encore ces assiettes de bois qui furent peintes par la première classe des Indiens, garçons et filles, à Carlisle.

Vers cette époque il y eut de nombreuses rentrées à l'école; les nouveaux élèves venaient de tribus différentes, d'autres Etats et d'autres Réserves. Il ne nous était pas permis de converser en langue indienne et nous savions si peu d'anglais que nous avions du mal à nous entendre. A l'arrivée de ces autres tribus, nous faisions tous nos efforts pour parler anglais autant que nous le pouvions.

Une nuit de décembre, on nous fit aller jusqu'à la chapelle. Quand les portes s'ouvrirent, quelle ne fut pas notre surprise ! Tout était décoré de verdure. Nous nous assîmes tous, mais nous ne pouvions pas tenir en place. Il y avait dans la pièce un grand arbre paré et décoré du haut en bas.

Nous tendions le cou pour voir tout. Alors un pasteur se leva devant nous et prit la parole. Je ne me souciais pas de ce qu'il disait, en fait, je ne pouvais pas du tout le comprendre.

C'était la première fois que nous célébrions Noël, et nous étions tous très heureux. Je vis que les autres garçons recevaient des cadeaux pris sur cet arbre et j'étais impatient d'avoir moi-même quelque chose. Finalement, on appela mon nom et on me remit plusieurs objets qui avaient été placés sur l'arbre pour moi par les gens pour qui j'avais peint des assiettes. Les autres venaient de ma propre maîtresse, Miss M. Burgess et quelques-uns de ma maîtresse du service du dimanche, Miss Eggee. J'étais ravi de tout ce que j'avais reçu.

Je commençais maintenant à comprendre qu'il me fallait apprendre les coutumes des Blancs. En même temps que cette idée, me vint à l'esprit la pensée que je devais plaire à mon père. Aussi mon petit cerveau commença à travailler ferme. Je songeai qu'un jour je pourrais être capable de servir d'interprète à mon père puisqu'il ne savait pas parler anglais. Ou encore que je pourrais tenir ses livres, s'il ouvrait un nouveau magasin. Aussi je travaillai avec ardeur.

Un jour quelques garçons furent désignés pour aller faire l'apprentissage de métiers. J'allais être ferblantier. Cela ne me plaisait pas, mais j'essayai d'apprendre de mon mieux ce métier. Mr. Walker était notre instructeur. Je faisais de grands progrès. Je fabriquais des centaines de tasses, de cafetières et de seaux en fer-blanc. On les expédiait et on les distribuait aux Indiens des différentes réserves.

Après mon départ de l'école et mon retour à la maison, ce métier ne me fut d'aucune utilité, car les Indiens avaient beaucoup d'ustensiles de fer-blanc que j'avais faits à l'école.

Le matin, j'allais à l'atelier de ferblanterie et l'après-midi en classe. J'essayai plusieurs fois d'abandonner ce métier et d'aller en classe toute la journée, mais le capitaine Pratt me dit : « Non, il faut que vous alliez à l'atelier de ferblanterie, il n'y a pas à tergiverser. » Aussi il me fallut y aller. La journée partagée entre l'école et le travail manuel ne laissait pas beaucoup d'heures pour l'étude. J'imagine que je passai seulement un an et demi environ à l'école, car le reste du temps était gâché, l'école n'étant pas organisée convenablement au début. Peut-être vous demandez-vous pourquoi je n'y restai pas plus longtemps ; mais le gouvernement avait passé un accord avec nos parents pour le temps pendant lequel nous devions être absents.

Peu de temps après, quelques garçons, moi-même parmi le nombre, furent appelés dans l'une des classes. Là, il y avait une femme blanche de petite taille. Devant elle se trouvait une longue table chargée de nombreux paquets enveloppés dans du papier. Elle en ouvrit un qui contenait un beau cor brillant. D'autres paquets révélèrent d'autres cors, mais ils paraissaient de dimensions différentes.

La dame en prit un et jeta un coup d'œil sur nous tous. Finalement elle le donna à l'un de nous qu'elle croyait capable de s'en servir. Puis elle prit un cor plus court et me le donna. J'appris plus tard que c'était un cornet en *si bémol*. Quand elle eut fini, tous les élèves avaient dans les mains un cornet. On allait nous apprendre à en jouer pour former une fanfare.

Cette petite femme avait avec elle une boîte noire. Elle l'ouvrit. Celle-ci contenait un superbe cornet et, quand elle souffla dedans, il en sortit un son magnifique. Puis elle nous fit signe d'en faire autant dans les nôtres. Quelques-uns des garçons essayèrent par la grande ouverture. Nous avions beau faire de notre mieux, nous ne pouvions pas en tirer un son. Elle essaya alors de nous parler, mais nous ne la comprenions pas. Alors elle nous montra comment humecter l'embouchure. Nous pensions qu'elle voulait que nous crachions dans les cors et c'est ce que nous fîmes. Finalement elle fut si découragée qu'elle se mit à pleurer.

Nous, nous restâmes simplement là et nous attendîmes qu'elle eût fini. Alors nous fîmes tous un nouvel essai. Enfin quelques-uns des garçons réussirent à faire sortir un son de leurs cornets. Mais si vous aviez entendu ! C'était terrible ! Pourtant nous étions persuadés que nous jouions merveilleusement.

Ainsi j'avais donc quelque chose de nouveau pour occuper mon attention. Le matin j'avais une heure pour répéter ma musique. Puis il me fallait courir à ma chambre, changer de vêtements et aller travailler à l'atelier. De là je devais retourner à ma chambre pour m'abiller de nouveau et pour le dîner. Après cela, j'avais un petit m'apprêter moment pour étudier mes leçons.

Puis la cloche de l'école sonnait et c'était l'heure des classes. Ensuite nous jouions ou bien nous étudiions notre musique. Puis nous allions nous coucher. Toutes les lumières devaient être éteintes à neuf heures. Le premier morceau de musique que notre fanfare fut capable de jouer fut l'alphabet de A à Z. Ce fut pour nous un grand jour que celui où nous fûmes capables d'exécuter ce simple exercice en public. Mais heureusement, on ne nous demanda pas de jouer encore, car c'était tout ce que nous savions !

Quand j'eus un peu appris à jouer, je fus choisi pour sonner tous les appels de clairon. Je devais être debout le matin avant les autres et faire lever tout le monde en sonnant le réveil. Le soir, à neuf heures moins dix, je sonnais encore et tous les garçons de courir à leurs chambres. A neuf heures sonnait le second appel. Alors toutes les lumières étaient éteintes et nous devions être au lit. Plus tard j'appris l'appel à la soupe et, s'il le fallait, j'étais capable de sonner tous les appels de l'armée régulière.

Je remplis ces fonctions pendant tout le temps que je passai à l'école de Carlisle, ainsi pendant la première partie de 1880, quoique je ne fusse qu'un jeune garçon de douze ans, j'étais occupé à apprendre tout ce que me proposaient mes instructeurs.

Un dimanche, nous étions tous en train de nous apprêter pour aller en ville à l'école dominicale. Soudain il y eut une grande agitation parmi quelques-uns des garçons de l'étage du dessous. L'un d'eux monta en criant : « Le père de Luther, Ours Debout, est là ! » Tout le monde descendit en courant pour voir mon père. Il y avait alors plusieurs tribus à l'école, beaucoup d'entre elles avaient entendu parler de lui, et tous étaient impatients de le voir.

Quand j'arrivai en bas, mon père était au centre d'une foule de garçons, qui tous lui serraient la main.

Il me fallut lutter pour me frayer un chemin jusqu'à lui. Il était bien heureux de me voir, et moi enchanté de le retrouver. Mais notre règlement portait que, sous aucun prétexte, nous ne devions employer la langue indienne. Mon père était là et ne pouvait pas parler anglais !

Mon premier geste fut d'écrire un mot au capitaine Pratt, lui demandant s'il me permettait de parler à mon père en langue sioux. Je disais : « Mon père est ici. S'il vous plaît, permettez-moi de lui parler indien. » Le capitaine Pratt répondit : « Oui, mon garçon, amenez votre père chez moi ! »

Ce fut encore un jour de bonheur pour moi. J'emmenai mon père voir le capitaine Pratt, qui fut très heureux de faire sa connaissance et plein de respect pour lui. Mon père était fort bien habillé. Il portait un costume gris, de beaux souliers et un chapeau melon. Mais il avait encore les cheveux longs. Il avait très belle allure en habits de Blanc. Il portait même une montre et une chaîne en or. Le capitaine Pratt donna à mon père une chambre qu'il partagea avec Robert « Cheval Américain », dans le quartier des garçons. Il permit aux élèves de lui parler indien, ce qui leur fit grand plaisir. Et père demeura un certain temps parmi nous.

CHAPITRE XV

LA VIE A L'ÉCOLE. — LA FIN DES GRANDS CHEFS

Quand mon père arriva à l'école de Carlisle, il m'apportait deux cadeaux : quelques dollars d'argent, une montre et une chaîne d'or. Il y avait au milieu de la chaîne une petite barre pour la fixer à la boutonnière de mon veston. Comme j'étais fier de recevoir cette montre ! Lorsqu'un des garçons ou une des filles me regardait, je sortais toujours la montre pour y jeter les yeux, faisant semblant de savoir lire l'heure ! Pourtant, à cette époque, j'en étais encore incapable, que ce soit sur une montre ou sur une horloge. Et ces dollars d'argent, comme ils tintaient dans ma poche !

Puis mon père voulut que je descendisse à la ville avec lui, aussi le capitaine Pratt m'en donna la permission. Quand nous fûmes en ville, mon père me demanda si j'avais besoin de quelque chose et, en ce cas, de le dire simplement. Mais je pensais qu'il avait déjà assez fait pour moi, et je lui répondis que je ne désirais rien. Cependant, il acheta des fruits et du sucre candi que nous rapportâmes à l'école.

Le capitaine Pratt fut très aimable avec mon père pendant son séjour et l'emmena à Boston, New-York, Baltimore, Philadelphie et Washington. Je n'y allai pas, mais un sang mêlé, appelé Stephen Moran, les accompagna comme interprète. Mon père était très content qu'on lui procurât l'occasion de visiter ces grandes villes.

Après être revenu de voyage, il me parla ainsi : « Mon fils, maintenant que j'ai vu toutes ces villes et ce que fait le peuple des Longs Couteaux, je commence à comprendre que c'en est fait de nos terres et de notre gibier. Il n'y a que des Longs Couteaux ou « Blancs » partout où je suis allé et il ne cesse d'en venir ainsi que des mouches. Aussi il va falloir que nous apprenions leurs coutumes, de façon à pouvoir vivre avec eux. Il faut que tu apprennes tout ce que tu pourras et je vais faire en sorte que tes frères et tes sœurs suivent la route que tu leur traces. »

C'était la première fois que mon père me parlait d'acquérir une éducation de Blanc. Il continua :

« Un jour je veux t'entendre employer le langage de ces Longs Couteaux et te voir travailler comme eux. »

Ces paroles furent prononcées par mon père en langue Dakota et prenaient pour moi une grande signification. Il était si sérieux dans sa conversation sur ce sujet que je me sentis tout à fait « gonflé à bloc ». Je voulais lui plaire en toutes choses — même en ce qui concernait la mort sur le champ de bataille. Même cela, j'étais prêt à le souffrir.

Maintenant qu'il avait vu un si grand nombre de Blancs qui tous travaillaient, il savait que les jours de la vieille vie indienne étaient passés. Mon père était un homme très doué, quoique dans toute son existence il n'eut pas un seul jour l'éducation que je reçus ; mais n'importe où il se trouvait, il essayait d'apprendre tout ce qu'il pouvait.

Peu de temps avant de retourner vers l'Ouest il fut invité à entendre le service dans notre chapelle. Il me demanda ce que c'était et je lui dis que c'était là que l'on discutait la religion des Blancs. Il entra et s'assit avec nous. Pendant le prêche, il demeura plein de respect et écouta très attentivement tout ce qui fut dit, quoiqu'il ne pût en comprendre un seul mot. L'attention avec laquelle il suivit tout le service plut énormément au capitaine Pratt.

Quand mon père fut sur le point de partir, on lui offrit un beau buggey couvert et une paire de harnais qui, tous, avaient été fabriqués à l'école. J'étais ravi de voir mon père si bien traité et estimé. D'autres chefs nous avaient rendu visite, mais il fut le premier Indien qui reçut un accueil si courtois et de si agréables cadeaux.

Sans aucun doute on désirait le convaincre que l'on était heureux de m'avoir comme élève à l'école. Tous, nous étions contents de son séjour parmi nous, tant il était soigné et propre et se conduisait avec des manières de gentleman, quoiqu'il fût un Indien tout frais venu de sa réserve. C'est là que j'appris qu'il servait à quelque chose de faire tout ce qu'on exigeait de moi et de le faire sans grogner. Et aussi que cela rapportait d'obéir à ses parents en toutes choses.

Il y avait à l'école un garçon que le capitaine Pratt voulait renvoyer à la Réserve, aussi demanda-t-il à mon père s'il voulait bien l'emmener avec lui. Par l'intermédiaire de l'interprète, on dit à mon père qu'aucun des maîtres de l'école n'avait pu rien faire de ce garçon, il n'essayait pas d'apprendre quoi que ce fût et ne semblait pas enclin à vouloir le faire. Mais père dit : « Non, vous l'avez amené ici pour faire son instruction. Pourquoi ne pas continuer ? — C'est vrai, répondit le capitaine Pratt, mais nous ne pouvons rien en tirer. Si vous voulez bien l'emmener, nous vous dédommagerons de votre peine. »

Finalement, père accepta. Le capitaine Pratt donna la permission à quelques-uns d'entre nous d'accompagner père et ce garçon jusqu'à la gare de Carlisle. Quand ils furent partis, je revins à l'école, plus déterminé que jamais à apprendre toutes les manières des Blancs, quelque difficile qu'en soit l'étude.

Vers l'été 1881 nous faisions de sérieux progrès à l'école. Quelques garçons apprenaient le métier de tailleur et ils commencèrent à faire des uniformes pour les élèves. Les costumes étaient en drap bleu avec deux lisérés rouges le long de la couture du pantalon. Comme nous étions fiers quand, nos uniformes achevés, nous les endossâmes ! Vers cette même époque notre fanfare pouvait jouer quelques morceaux ; nous allâmes au pas jusqu'au kiosque de musique avec nos nouveaux uniformes et nous donnâmes une belle audition.

A la fermeture de l'école et pour les grandes vacances, on plaça chez des fermiers, pour les travaux d'été, quelques-uns des garçons et des filles. Ils étaient dispersés dans deux comtés de l'Etat : le comté de Bucks et celui de Columbia. Deux de nos maîtres en venaient et connaissaient les gens qui avaient pris nos camarades, garçons et filles. Ceux qui restaient encore à l'école furent envoyés dans les montagnes en camp de vacances. J'étais de ce nombre.

Quand nous atteignîmes notre lieu de campement, nous plantâmes nos tentes en rang comme des soldats. Le capitaine Pratt avait apporté une quantité de plumes et du fil de tendon pour faire des arcs et des flèches. De nombreux Blancs vinrent visiter le camp indien et, nous voyant tirer avec nos arcs et nos flèches, ils mettaient des pièces de nickel et des dîmes d'argent dans des rainures de bois et les plaçaient pour que nous tirions dessus. Si nous faisions tomber une pièce d'argent du bâtonnet, elle était pour nous. Nous nous amusions beaucoup à ce jeu, car il nous ramenait un vrai frisson de chez nous.

On nous donna des chapeaux de paille pareils à ceux que portaient les fermiers de la région. Quelquefois, le matin, nous allions cueillir des fruits sauvages : fraises, cerises et prunes. Lorsque nous avions rempli notre estomac, nous remplissions nos chapeaux et nous rapportions des fruits au camp. Il nous fallait toujours rentrer pour les repas. Cela était ancré dans notre esprit. Je ne me souviens pas qu'aucun garçon ait jamais été puni pour être arrivé en retard aux repas !

Nous avions chacun une tasse et une assiette en fer-blanc, un couteau, une fourchette et une cuiller dont chacun de nous devait avoir soin et qu'il devait laver lui-même. Quand la cloche sonnait pour les repas nous nous mettions en rang rapidement, chacun avec sa tasse et son assiette. Le cuisinier servait alors à chacun de nous sa part et ce devait être tout ce que nous pouvions espérer recevoir. Cependant, cela ne convenait pas tout à fait à quelques garçons — dont j'étais — qui ne semblaient jamais rassasiés. Aussi, nous nous réunîmes pour tirer des plans.

Robert Cheval Américain, Julien Siffleur, Clarence Trois Etoiles et moi, nous nous mettons en rang un matin avec les autres. Après avoir reçu nos portions du cuisinier, nous courons à nos tentes. Là, deux d'entre nous vident leurs assiettes dans celles des autres. Nous les essuyons, puis nous courons nous remettre en rang. Ayant reçu une seconde portion sans être découverts, nous courons de nouveau vers la tente où nous partageons les six portions entre nous quatre. De cette façon nous avions beaucoup à manger. Pendant toutes les vacances nous eûmes du bon temps. Beaucoup de gens venaient visiter notre camp sur l'invitation du capitaine Pratt pour voir comment nous nous comportions. Ils étaient tout à fait surpris de voir la façon dont nous apprenions les manières des Blancs.

Après le voyage de vacances et lorsque nous fûmes de retour à l'Ecole, nous commençâmes à étudier sérieusement. Quand nous abordâmes l'étude de la géographie, ce fut pour nous tous un sujet de grand étonnement. On nous avait habitués à croire que la terre était plate, avec quatre coins. Notre maîtresse nous disait cependant qu'elle était ronde et qu'elle ne restait pas immobile, mais qu'elle était tout le temps en mouvement, ce qui expliquait la succession du jour et de la nuit, de même que les quatre saisons. Elle apporta en classe une boule peinte de diverses couleurs et à l'aide de laquelle elle nous expliqua comment la terre tournait.

Après cette leçon, nous, les garçons, nous nous rassemblâmes pour discuter. Nous ne pouvions absolument pas croire cette histoire de la terre tournant autour d'un axe avec des antipodes.

Comment pouvions-nous rester sur le sol comme des mouches si nous nous tenions la tête en bas ?

Un jour un astronome vint à l'école et nous donna une leçon. Il expliqua qu'il y aurait une éclipse de lune le mercredi suivant, à minuit. Nous en fîmes gorges chaudes, n'en croyant pas un mot. Quand vint le jour annoncé, nous étions pleins d'une extraordinaire curiosité, nous demandant si ce qu'il disait était vrai. Nous fûmes autorisés à rester levés pour voir l'éclipse. Voilà-t-il pas qu'elle arriva ! La lune fut éclipsée et, par la suite, nous étions prêts à croire tout ce que nous disait notre maîtresse sur la géographie ou l'astronomie.

Quand nous eûmes vraiment pris la décision de venir à bout du langage des Blancs, quelques-uns d'entre nous s'imaginaient qu'un beau matin nous allions nous réveiller en découvrant que nous pouvions parler anglais aussi facilement que notre propre langue. Quant à moi, je pensais que si on me permettait seulement de coucher sous le toit d'un Blanc, je me réveillerais un beau matin avec la connaissance pleine et entière de l'anglais. Nous ne nous rendions pas compte qu'il nous fallait l'apprendre mot par mot.

Nous couchions dans de grands dortoirs. Chaque garçon avait un lit émaillé noir, une chaise, une boîte de bois, cette dernière servant de malle. Les garçons tenaient les pièces en parfait état de propreté. Les lits étaient maintenus par deux crochets fixés aux pieds, qui s'emboîtaient dans les côtés. Quand on détachait ces crochets, le lit ne s'effondrait que si quelqu'un s'asseyait dessus.

Paul Ours Noir découvrit cet agencement des lits. Un soir que tous les garçons étaient en bas, il se faufila dans le dortoir et détacha quelques crochets. Quand ceux qui occupaient ces lits y grimpèrent, ce fut un fracas magnifique. Paul pensa que c'était vraiment un bon tour, mais nous apprîmes bientôt à examiner nos lits avant d'y entrer. Cependant ce garçon était tellement rempli de malice qu'il attendait que nous soyons endormis pour faire un tour et détacher les crochets, et aussitôt que l'occupant se retournait dans son lit, celui-ci tombait encore.

Un jour, on nous dit que nous allions avoir des chemises de nuit pour dormir. Nous nous demandions pourquoi vraiment on nous donnait tant de vêtements. A notre arrivée, nous n'avions que ceux qui étaient sur notre dos : jambières, mocassins, chemise légère et couverture. Maintenant nous avions des complets, des sous-vêtements en flanelle rouge, des souliers, des chapeaux et voilà que nous allions avoir des chemises de nuit pour dormir !

Nous étions curieux de voir leur aspect. Quand on nous les apporta, nous découvrîmes qu'elles étaient longues, tout comme un vêtement de femme ! On nous avait déjà dit que nous ne devions pas aller dans l'herbe après la chute de la rosée, sinon que nous pourrions attraper froid et mourir. Mais le jour où nous reçûmes ces chemises de nuit, nous nous sentions des anges. Aussi la plupart des garçons se sauvèrent-ils du dortoir après l'appel du « couvre-feu ».

Ils coururent dans l'herbe jusqu'au moment où l'un d'eux entendit la porte du bureau s'ouvrir. Alors chacun se douta que c'était le capitaine Pratt qui arrivait et il s'ensuivit une ruée magnifique vers le dortoir, sans même s'arrêter pour s'essuyer les pieds. Nous nous attendions à être grondés le lendemain matin, mais l'incident ne fut jamais mentionné.

Quelque temps après, le chef Queue Tachetée vint visiter l'école. Il avait là trois fils, une fille et une petite-fille. Quand il arriva il ne reçut pas un aussi bel accueil que mon père. On lui fit visiter l'école tout entière, mais elle ne lui plut pas et il dit au capitaine Pratt qu'il allait en retirer tous ses enfants pour les emmener avec lui à la Réserve.

Queue Tachetée était accompagné d'un interprète de la Réserve et le capitaine dit au chef qu'il pouvait reprendre ses propres enfants mais qu'il devait laisser sa petite-fille. Aussi Queue Tachetée réunit ses enfants y compris sa petite-fille et partit à la station, arrivant juste au moment où le train entrait en gare. Quand il repartit, le chef fit monter sa petite-fille dans le wagon avec lui et l'agent fut obligé de la prendre.

Au début de 1881, alors que nous étions encore à l'école, la nouvelle de l'assassinat de Queue Tachetée nous parvint. Naturellement nous nous imaginions qu'il avait été tué par les Blancs et nous commençâmes à penser à nouveau à la guerre. Les grands garçons nous dirent : « Si les Indiens entrent maintenant sur le sentier de la guerre, nous allons être tous tués dans cette école. » Malgré tout, cela me convenait, parce que j'étais tout prêt à mourir ici, ainsi que je l'avais promis lors de mon départ.

Mais on nous annonça bientôt que Queue Tachetée avait été tué par un Indien appelé Corbeau Chien. Voici quels étaient les faits :

Vous vous en souvenez peut-être, j'ai rapporté au chapitre dix que Queue Tachetée avait reçu un bel attelage de chevaux et un buggy couvert pour lui et sa famille. Le Gouvernement lui avait donné un autre attelage pour emmener chez lui les cadeaux qu'il avait reçus. On lui avait donné aussi une belle maison démontable à deux étages et on lui avait ouvert un crédit dans tous les magasins de l'Agence. A cette époque, tout le monde se demanda pourquoi il recevait de telles faveurs alors que personns d'autre n'y avait droit. Mais on apprit bientôt qu'il avait vendu une bande de terrain située au nord du Nebraska, sans la connaissance ni le consentement des autres chefs. La terre ne lui appartenait pas, mais c'était le territoire de chasse de tous les Sioux.

Quand on découvrit cette trahison, quelques chefs voulurent tuer Queue Tachetée sur-le-champ, mais mon père intercéda pour lui. Une nuit, l'un d'eux était tout prêt à le tuer, mais quand mon père l'eut sermonné et le lui eut déconseillé, il se calma. Voyant que personne ne s'attaquait à lui, Queue Tachetée commença à s'imaginer sans aucun doute que la tribu des Sioux tout entière n'osait agir contre lui et il devint trop sûr de lui. Il obtint que l'agent l'accompagnât à l'école de Carlisle, puis il emmena tous ses enfants chez lui. Après cela, il demanda à la femme d'un Indien infirme de venir habiter avec lui. C'était aller un peu loin, aussi les chefs tinrent-ils conseil. Ils savaient tous que cet infirme avait besoin de sa femme, aussi un homme fut choisi pour aller vers Queue Tachetée lui dire de ramener cette femme à la loge de l'infirme.

Mais Queue Tachetée répondit seulement : « Je ne rendrai pas cette femme et vous pouvez dire aux autres chefs que je ferai ce qui me plaît. Le Gouvernement est avec moi et est mon ami. »

Le messager revint et répéta aux chefs les propos de Queue Tachetée. Ceux-ci décidèrent qu'il n'avait pas le droit de faire ce qui lui plaisait, même s'il le croyait. Peu de temps après, on convoqua un conseil pour envoyer des délégués à Washington et on comptait sur la présence de Queue

Tachetée. Plusieurs hommes attendaient l'occasion de le tuer.

Mais Corbeau Chien fut trop rapide pour les autres. Il s'embusqua et attendit Queue Tachetée sur la route qui conduisait à la salle du Conseil. Quand le chef arriva dans sa voiture avec une de ses vieilles femmes, Corbeau Chien se dressa, jeta sa couverture et l'abattit d'un coup de feu sur le siège même de sa voiture, le tuant sur le coup.

L'infirme recouvra son épouse. Une justice rapide avait surpris l'homme qui avait vendu les terres de son peuple sans avoir son consentement ou sans qu'il en eût connaissance; un homme qui voulait garder l'amitié des Blancs pour lui seul, tout en tenant son peuple dans l'ignorance de sa duplicité. Queue Tachetée jouait un mauvais jeu. La malhonnêteté n'avait encore jamais réussi à personne.

Un jour un des écoliers appelé Wica-Karpa ou « Il l'a frappé et fait tomber », dit qu'il était souffrant et qu'il ne voulait pas aller en classe. C'était le fils de Tonnerre Blanc. Il ne se plaignait pas mais demandait de rester à la chambre et faire du dessin. On le lui permit. Le jour suivant, il dit qu'il se sentait malade et on lui permit encore de ne pas aller en classe. Le lendemain il mourait.

Naturellement son père — le chef Tonnerre Blanc — était outré qu'on ne lui eût même pas fait savoir que son fils était malade et il s'arrêta à l'école, lors de son voyage à Washington, où il allait dans l'espoir d'être nommé chef principal à l'Agence Rosebud. Il dit qu'il voulait que l'on transportât chez lui le corps de son fils, mais que si les autorités de l'école ne voulaient pas, on pouvait au moins mettre une pierre funéraire sur sa tombe. On ne fit jamais droit à aucune de ses demandes.

C'était là un des côtés pénibles de notre éducation ; il nous fallait nous habituer à tant de choses que nous n'avions jamais connues auparavant, que cela agissait sur notre système nerveux à un tel point que notre santé en pâtissait. Quand ce garçon tomba malade, personne n'en sut rien. Il avait seulement dit qu'il ne se sentait pas assez bien pour aller en classe ce jour-là. Personne ne se doutait qu'il allait mourir en quarante-huit heures. Son père ne pouvait pas croire cela possible, car chez lui le garçon avait toujours été très fort et bien portant.

Quand Tonnerre Blanc retourna au Dakota, après son voyage à Washington, il dit aux Sioux qu'il avait été choisi par le Grand Père pour être le chef principal de l'Agence de Rosebud. Quand le fils de Queue Tachetée entendit cela, il fut tout à fait furieux, car il avait espéré remplacer son père. Accompagné de deux de ses amis, Faucon Tonnerre et Longue Citrouille, il se rendit au tipi de Tonnerre Blanc pendant son absence et enleva sa femme. Quand Tonnerre Blanc découvrit cela, il prépara sa revanche.

Il alla chez Queue Tachetée, enleva sa femme et en même temps s'appropria quelques-uns de ses meilleurs chevaux. Il emmena les bêtes chez lui et les attacha devant son tipi, suivant la coutume indienne. C'était là défier le fils de Queue Tachetée d'avoir assez de courage pour venir reprendre les chevaux.

De bonne heure, le matin suivant, le fils de Queue Tachetée et ses deux amis allèrent au camp de Tonnerre Blanc. Se cachant dans les buissons près de là, ils attendirent jusqu'à ce que celui-ci sortît de son tipi avec sa couverture encore enroulée autour de lui, le tuèrent et s'enfuirent.

Le plus jeune frère de Tonnerre Blanc, qui était dans la loge, entendant la fusillade, sortit en courant avec son fusil. Il leur donna la chasse et blessa Longue Citrouille à la jambe. Les deux autres s'échappèrent. Longue Citrouille vit encore, mais il boite.

Telle fut la fin de nos « grands chefs » et nous n'en avons pas eu d'autres depuis.

Nous apprîmes toutes ces nouvelles pendant que nous étions à l'école, bien qu'elles aient mis du temps à nous parvenir. Quelquefois nous avions l'impression d'être dans un lieu très dangereux, à des milles de distance de nos foyers et parmi les Blancs où nous sentions qu'à la moindre velléité de révolte nous serions tous tués : mais nous étions toujours prêts.

CHAPITRE XVI

RECRUTEMENT POUR CARLISLE : VOYAGE A WASHINGTON

Vers cette époque le capitaine Pratt pensa que ce serait une bonne idée de renvoyer à la Réserve quelques-uns des élèves les plus avancés parmi les jeunes Indiens, garçons et filles, pour prouver à ses habitants que nous acquérions vraiment les manières des Blancs. En agissant ainsi, il espérait décider d'autres enfants à venir à l'école.

Il me demanda si je voulais y aller. Je lui dis « oui », ne sachant pas que d'autres enfants venaient avec moi.

Mais quand arriva le jour du départ, il y avait Maggie Qui Regarde, Robert Cheval Américain et moi. Miss Burgess, notre maîtresse, nous accompagnait et nous devions lui servir d'interprètes. Bien que sachant peu d'anglais, nous étions prêts à faire n'importe quoi pour elle.

C'était en 1882. Nous traversâmes l'Agence de Yankton ou Greenwood comme on l'appelle aujourd'hui et, de là, nous nous rendîmes au fort Randall. Nous y trouvâmes le vieux chef Taureau Assis et ceux qui l'avaient suivi. Leurs tipis étaient disposés en cercle, comme un vrai camp, et des soldats, le fusil sur l'épaule, montaient constamment la garde autour du campement. Nous ne parlâmes pas beaucoup avec le vieux chef, mais Miss Burgess, à l'aide d'un interprète, eut un entretien avec lui. Nous autres enfants ne nous rendions même pas compte que c'étaient des gens de notre peuple, retenus prisonniers par ces soldats blancs, uniquement pour avoir essayé de se défendre eux et leurs familles.

Notre maîtresse loua un attelage et un conducteur pour nous mener à travers la campagne jusqu'à la station du chemin de fer où nous devions prendre le train pour Thatcher, Nebraska. Il était très tard quand le train arriva et nous formions un groupe vraiment fatigué quand nous montâmes dedans. Nous étions dans un wagon à fauteuils et ces fauteuils étaient occupés par des cowboys, tous profondément endormis. L'un d'eux avait bu copieusement et commença à injurier notre maîtresse. D'abord il me demanda une allumette. Voyant qu'il était ivre, je ne lui répondis pas. Sur quoi il commença à être grossier et ma maîtresse, prévoyant des incidents, lui dit que je ne comprenais pas l'anglais. Il essaya alors d'engager la conversation avec elle. Sur ce, Robert Cheval Américain commença à donner des signes d'impatience, comme s'il allait se disputer avec le cowboy, et la seule chose qui l'en empêcha fut que nous étions arrivés à la station où descendait celui-ci, ce qui l'obligea à quitter le train.

En arrivant à Thatcher, nous allâmes en chariot à la Réserve de Rosebud. Naturellement nos parents étaient tous ravis de nous voir. On me mit bientôt au travail dans l'atelier du forgeron pour faire des tuyaux de poêle et des coudes, comme démonstration de l'éducation que j'avais acquise à l'école. Tous les Indiens entrèrent pour me voir et ils furent très fiers de ce que je faisais.

Robert Cheval Américain et Maggie Qui Regarde furent emmenés à l'Agence de Pine Ridge où habitaient leurs parents.

Robert était forgeron de son métier et Maggie faisait une très bonne ménagère. Nous étions tous très sincères dans notre désir de montrer ce que nous avions appris, afin de tenter d'autres enfants pour qu'ils aillent à l'école de Carlisle.

Mais un si grand nombre y étaient morts que les parents des garçons et filles indiens ne voulaient pas les laisser partir. Il était donc très difficile de recruter des élèves. Comme beaucoup de parents n'avaient pas été prévenus quand leurs enfants étaient tombés malades et n'en avaient rien su jusqu'à ce qu'ils fussent morts et enterrés, il est aisé de comprendre leur hésitation et leur peu d'empressement à laisser leurs enfants partir de la Réserve. Ils n'avaient été traités ni loyalement, ni justement en cette occurrence.

Cela n'était dû à aucune négligence de la part du capitaine Pratt, mais à celle de l'agent indien de la Réserve, ou à sa paresse. Quand il recevait l'avis que l'un des enfants indiens était malade à Carlisle, au lieu d'essayer de le faire savoir aux parents, il mettait la lettre de côté sur son bureau, attendant que les parents de l'enfant malade viennent à l'Agence pour quelque raison. Alors, s'il lui arrivait d'y penser, il leur donnait la lettre. Cela lui coûtait moins de travail mais était la cause de beaucoup d'ennuis pour l'Ecole.

Nous trois qui avions été envoyés chez nous savions tout cela, car nos parents en avaient parlé avec nous. Pourtant nous travaillions ferme pour montrer que nous étions en parfaite santé et pour créer une bonne impressions sur les autres Indiens, qui paraissaient visiblement satisfaits de notre travail et partaient en s'entretenant des progrès de mon physique et du métier que j'apprenais. Quoiqu'ils fussent fiers de moi, ils avaient cependant peur d'envoyer leurs enfants, craignant de ne jamais les revoir.

Pour régler cette question, on décida de réunir un grand conseil, j'y fus délégué pour prendre la parole. Je me sentais plein d'importance, car beaucoup de grands chefs devaient être présents. Naturellement, il fallait que je leur parle en langue sioux. Je leur dis tout ce que je savais de l'éducation que nous recevions dans l'Est ; comment on nous apprenait à lire, à écrire, à épeler, à compter, à tenir nos chambres propres et bien rangées ; comment on nous traitait à Noël et les cadeaux que nous recevions.

Quand j'eus fini, mon père se leva et parla de sa visite à Carlisle, insistant particulièrement sur l'affabilité que lui avait montrée le capitaine Pratt et sur les progrès qu'avaient faits les enfants pour apprendre et acquérir les manières des Blancs. Il raconta ses voyages dans les diverses grandes villes et quel peuple nombreux formaient les Blancs. Il dit alors : « Vous voyez tous mon fils et comme il a bonne apparence. La plupart d'entre vous avez vu son travail et vous savez comme il le fait bien.

J'estime que cette étude des coutumes des Blancs est nécessaire à mes enfants ; aussi j'envoie ses deux frères et une de ses sœurs avec lui de façon qu'ils puissent aussi apprendre. Quand il sera prêt à partir, ma fille Zintkaziwin et mes deux fils Totola et Wopotapi l'accompagneront. »

Alors plusieurs Indiens se levèrent et dirent que leurs enfants pouvaient partir aussi. Ce fut un jour de gloire pour moi d'avoir été capable d'influencer les Indiens de cette façon. Quand nous fûmes tous prêts à repartir pour Carlisle, notre groupe se composait de cinquante-deux garçons et filles. Lorsque nous fûmes en wagon nous prévînmes les enfants de ne rien craindre de ce qu'ils verraient ou entendraient. En conséquence, ils ne furent pas aussi effrayés que nous, lors de notre premier voyage vers l'Est. C'était une vraie tâche pour notre maîtresse de partir avec tant de garçons et de filles dont aucun, sauf moi-même et les deux qui étaient venus de l'école, ne pouvait parler un mot d'anglais. Mais nous servions d'interprètes et nous fîmes de notre mieux sans avoir aucun ennui.

Le capitaine Pratt fut fier et heureux en nous voyant arriver accompagnés de tant d'élèves. Les enfants se mirent tout de suite à étudier et firent bientôt des progrès.

Puis, un jour, le capitaine m'appela de nouveau à son bureau. Il me dit qu'il voulait avoir encore plus d'élèves dans son école et me demanda si je voulais retourner seul à la Réserve pour en recruter.

Je répliquai : « Oui, je serai content de le faire ».

Peu de temps après cette entrevue, on me dit de m'apprêter à repartir pour le Dakota. On avait télégraphié à l'avance que quelqu'un venait de l'Est pour chercher d'autres enfants pour l'école de Carlisle et, naturellement les Indiens s'attendaient à voir un homme ou une femme. J'ignorais tout du télégramme qui avait été envoyé. Ce qui dans mon esprit prenait le plus d'importance était d'être désigné pour décider d'autres enfants à venir acquérir les manières des Blancs, mais la responsabilité de les ramener à l'école ne me tracassait pas du tout.

Quand j'arrivai à la Réserve, mon père fut très heureux

de me revoir. L'agent envoya un message afin que tous les gens se rassemblassent à l'Agence car il devait y avoir un Conseil pour déterminer le nombre d'enfants qui entreraient à l'école.

Le soir où se tint le conseil, mon père et moi, nous allâmes ensemble. Tous les Indiens commencèrent à se rassembler et bientôt la salle du Conseil fut pleine. Alors je me levai pour leur parler.

A ce moment un homme appelé « S'Asseoir Autour » s'avança. Il laissa tomber sa couverture et je vis qu'il avait un fusil et ne portait qu'une culotte de cotonnade. Il avait le corps tout entier peint de points blancs et les cheveux coupés courts, ce qui indiquait qu'il était en deuil. Sa fille unique était morte à notre école et elle avait succombé si soudainement que cet homme ne pouvait croire que cela fût vrai.

La colère brillait dans ses yeux pendant qu'il avançait vers moi. Son poing était serré et il me frappa la poitrine en s'écriant : « Mon neveu, si un autre était venu de cette école pour chercher des enfants — quelqu'un d'autre que vous — je l'aurais tué sur-le-champ. » Je pouvais voir, à la flamme qui brillait dans ses yeux, qu'il aurait fait ce qu'il disait. Quand il eut fini de parler, il ramena sa couverture autour de lui et quitta la salle du Conseil.

Alors Cheval Alezan, un de nos vieux braves, se leva et s'adressa au Conseil : « Vous êtes des femmes qui avez peur des soldats ; n'envoyez plus aucun de vos enfants mourir à l'école. Si les soldats viennent et essaient de vous y forcer, je les combattrai seul puisque nous n'êtes que des femmes tremblant devant eux ».

Une telle remarque faite par un homme ayant l'influence de Cheval Alezan tomba comme une douche froide sur l'assemblée. Elle ferma la bouche aux autres et le Conseil était virtuellement clos à partir de ce moment, avant que l'agent ou moi eussions eu l'occasion d'expliquer les faits. Je me sentis très humilié, mais mon rôle était de recruter un plus grand nombre d'élèves pour l'école et je décidai de ne pas me décourager trop vite.

Aussi, le matin du jour suivant, j'allai au camp des Indiens tout seul. Il était situé à environ six milles de l'Agence, sur la petite rivière Blanche. Là, je les réunis tous de nouveau ; le vieux Cheval Alezan était présent et tint le même discours. Mais alors j'étais prêt et décidé à avoir mon mot pour expliquer les choses.

Je me levai et dis qu'en effet beaucoup d'enfants étaient morts à l'école, mais que maintenant tout y était mieux organisé. Nous avions un bon homme-médecine qui savait prendre soin de nous. Il s'occupait de notre santé et nous instruisait sur les différentes sortes de nourriture des Blancs — ce qu'il fallait manger et ce qu'il fallait laisser de côté. Il nous habillait selon le climat et prenait soin de notre bien-être en général, de sorte que nous étions maintenant beaucoup mieux préparés pour veiller de toutes façons sur les enfants.

Quand j'eus expliqué tout cela d'une façon très sincère, les Indiens commencèrent à se radoucir à mon égard. Finalement quelques-uns s'avancèrent et me dirent d'inscrire le nom de leurs enfants et je fus retenu un long moment pour les enrôler. Quand j'eus fini, j'avais plus de cinquante noms. Aussi étais-je très fier quand vint le moment pour moi de repartir pour Carlisle avec ces garçons et ces filles. Nous arrivâmes à l'école en temps voulu et sans aucun incident marqué pendant le voyage. Le capitaine Pratt était très content que mes efforts eussent porté de tels fruits.

Ainsi progressaient les choses. Le capitaine Pratt était toujours très fier de nous faire admirer et de montrer aux Blancs les progrès que nous faisions. Quelquefois, on nous exerçait pendant des jours avant de partir pour une invitation à dîner, afin que notre maintien fût correct et approprié.

Je me souviens, en particulier, d'une soirée où nous fûmes invités à une représentation dans une grande salle. Le capitaine Pratt et quelques-uns de nos maîtres devaient y prendre part, pendant que plusieurs des élèves devaient réciter et d'autres chanter. Pendant la séance quelqu'un dans l'auditoire demanda au capitaine Pratt de faire chanter à un des jeunes Indiens une chanson en langue indigène. Plusieurs des garçons plus âgés furent ainsi priés de chanter une chanson, mais ils se sentaient trop intimidés. Alors, il se tourna vers moi en disant : « Luther, voulez-vous nous chanter un chant indien ? » Je me mis à chanter un chant de danse d'amour. Cela plut énormément à l'auditoire. Finalement un vieil homme qui me parut semblable au Père Noël se leva et demanda à entendre quelques enfants parler en langue sioux.

Eh bien ! à l'école nous n'avions pas la permission de parler en langue indienne et voilà un vieux monsieur qui formulait une requête cérémonieuse que le capitaine Pratt n'avait nulle envie de décliner. Aussi, demanda-t-il à plusieurs garçons de dire quelques phrases en langue sioux, mais tous refusèrent. Puis il se tourna de nouveau vers moi en me priant de dire quelque chose dans ma langue maternelle. Je n'avais jamais peur de parler, aussi je me levai et dis : « Lakota iya woci ci yakapi queyasi oyaka rnirapi Kte sni tka le ha han pelo », ce qui signifie : « Si je parle sioux, vous ne me comprendrez pas de toutes façons ».

Mais je ne savais pas à cette époque comment traduire cela d'une façon convenable, aussi je fus très content lorsqu'on applaudit et que je pus me rasseoir. Juste à ce moment le vieux monsieur se leva de nouveau et pendant que je tremblais de tous mes membres de peur de ce qu'il allait encore me demander, il dit : « Ce garçon peut-il traduire en anglais ce qu'il a dit ? » Je savais qu'il me fallait répondre quelque chose. Aussi je répliquai que cela signifiait : « Nous sommes heureux de vous voir tous ici ce soir ». Cela sembla satisfaire l'auditoire et le capitaine parut content aussi, mais je savais que j'avais dit un mensonge et que cela ne cadrait pas tout à fait avec ce que j'avais dit. Cependant, en cette occurrence, je calmai ma conscience pour le bien de notre école et je n'insistai pas.

Peu de temps après, mon père vint de nouveau visiter l'école, mais alors je ne reçus pas autant de cadeaux que la dernière fois. Ma sœur aînée et deux de mes frères étaient maintenant à l'école et père devait nous partager les cadeaux. Il ne resta pas longtemps car il allait à Washington pour affaires. Le capitaine Pratt vint me dire que j'allais l'accompagner comme interprète.

J'étais vraiment très content de l'occasion que j'allais avoir de visiter Washington, mais j'envisageais sans beaucoup de plaisir l'idée de servir d'interprète. A cette époque, je ne me sentais pas assez qualifié pour cela car je ne savais pas grand'chose. Cependant le capitaine Pratt, après ce que j'avais dit dans la salle de spectacle, était persuadé que je pouvais remplir ce rôle. Il annonça qu'il allait nous accompagner et qu'il emploierait un langage que les gens comprendraient dans le cas où je resterais « coi ». J'étais heureux qu'il aille parler aux personnalités de Washington pour mon père et bientôt nous partîmes.

Quand nous atteignîmes la ville, mon père n'essaya pas de voir le Grand Père (ou Président). Il alla directement voir le Commissaire des Affaires Indiennes.

« Vous voulez que nous apprenions les manières des Blancs et que nous soyons fermiers, n'est-ce pas ? » demanda-t-il.

Et le commissaire de répondre : « Oui, c'est pour cela que nous essayons d'instruire vos enfants.

« Alors, dit mon père, je suis ici pour vous demander une faveur. Les poneys avec lesquels nous essayons de faire nos travaux de culture sont trop petits pour cela, et je désire vous demander de mettre un ou deux gros étalons dans chaque agence afin que nous puissions élever quelques chevaux de trait. Il nous faut de plus gros chevaux si on veut que nous fassions le travail des champs. »

Le commissaire répondit : « Voilà des paroles très sages, Ours Debout. Vos gens auront ce que vous demandez. »

Toute cette conversation fut faite par mon père en langage sioux. Puis je la répétai au capitaine Pratt en mauvais anglais, aussi bien que je le pouvais et il la traduisait au commissaire.

Mon père était très fier de penser qu'il pouvait s'en remettre à moi pour travailler au bien de la tribu entière.

Je dois dire que les étalons furent envoyés aux diverses agences comme c'était promis et même, aujourd'hui, il existe dans chaque agence des reproducteurs fournis par le gouvernement des Etats-Unis.

Toutes les fois que mon père allait à Washington, il ne formulait pas de plaintes, mais expliquait en quelques mots ce qui était nécessaire au bien de la nation sioux ou des Indiens en général. Il fut toujours très bien traité, car les autorités savaient que tout ce qu'il demandait était juste et sage. Ceci avait lieu il y a quarante ans, mais aujourd'hui encore les Sioux recueillent le bénéfice des efforts de mon père. D'autres chefs y allèrent aussi ; mais ils parlaient beaucoup pour ne rien dire, puis revenaient chez eux et ne recevaient rien.

A l'occasion de ce séjour à Washington et après avoir terminé toutes les affaires pour lesquelles mon père était venu, le capitaine Pratt dit qu'il allait me faire visiter l'Institut Smithsonien. Mon père l'avait déjà vu à son premier voyage à Washington. L'homme qui nous guidait pendant notre visite parlait beaucoup avec le capitaine Pratt et, pendant un certain temps, je ne pus comprendre tout ce qu'ils disaient. Pourtant, à la fin, la capitaine Pratt me pria de dire à mon père que cet homme désirait faire mon buste. Car j'étais le premier enfant indien entré à l'école de Carlisle. Il dit qu'on le reproduirait en marbre, comme beaucoup de ceux que nous avions vus dans l'édifice.

J'expliquai tout cela à mon père. Il était fort intrigué et il me dit de demander à cet homme comment on le ferait. Celui-ci expliqua que d'abord on me graisserait tout le visage. Puis, on me mettrait des tubes dans les narines pour que je puisse respirer, après quoi on recouvrirait ma figure et ma tête de plâtre à modeler et qu'on le laisserait sécher un moment. Puis, on l'enlèverait en le cassant avec beaucoup de soin de façon à ne pas abîmer le moulage de ma tête. Mon père fut tout à fait choqué à l'idée que ma tête serait recouverte de plâtre, qu'on y laisserait durcir, et il ne pouvait supporter l'idée que je fusse obligé de respirer par ces tubes pendant toute l'opération. Aussi il déclara : « Non, ce n'est pas possible ». Le capitaine Pratt fut désappointé par ce refus car, pensait-il, ce serait une bonne chose pour l'école que mon buste fût à l'institut Smithsonien, mais nous ne nous rendions pas compte alors que peut-être cela ne plairait pas à tout le monde.

Nos affaires à Washington étant terminées, le capitaine Pratt et moi nous repartîmes pour Carlisle, tandis que mon père rentrait directement au Dakota sud. Il avait demandé ce qu'il voulait et on le lui avait promis. Maintenant il avait hâte de rentrer chez lui pour voir si la promesse allait être remplie.

CHAPITRE XVII

L'ORCHESTRE DE CARLISLE A NEW-YORK

A l'école, nous commencions maintenant à étudier la musique tous les jours. On nous avait dit que nous devions aller à New-York pour jouer devant des milliers de personnes et qu'il nous fallait avoir des vêtements propres et bien soignés, de façon à faire bonne impression. Notre chef de musique était très strict et nous faisait nous exercer quotidiennement.

Bientôt le jour vint où nous devions partir pour New-York. Les jeunes garçons qui faisaient partie de l'orchestre étaient vêtus de leurs meilleurs costumes; plusieurs jeunes filles devaient nous accompagner. Nous étions tous prêts à partir, mais, à la dernière minute, notre chef de musique ne vint pas. Nous descendîmes à la station, pensant qu'il nous y rejoindrait peut-être, mais il ne parut pas.

Nous montâmes en wagon pour aller à Philadelphie, et de là, par bateau, à New-York. Arrivés à cette ville, on nous fit mettre en rang dans un parc. Je crois que c'était le parc de City Hall. Comme notre chef de musique ne se montrait toujours pas, le capitaine Pratt vint à moi et me demanda si je croyais pouvoir conduire l'orchestre. Nous apprîmes alors que nous allions jouer pour l'inauguration du pont de Brooklyn et le traverser en cortège. Je lui dis que j'essaierais. Le pauvre capitaine Pratt était très inquiet, car il tenait à ce que l'école tînt sa place dans le défilé.

On nous ordonna de jouer pendant toute la traversée du pont. Quand la parade commença, je donnai le signal ; nous attaquâmes les premières mesures sans cesser de jouer pendant toute la traversée de la grande construction en fer. Ainsi les cuivres indiens de Carlisle furent la première « fanfare de vrais Américains » qui traversa le pont de Brooklyn, et je suis fier de pouvoir dire que c'était moi qui la conduisais. Cela se passait le 24 mai 1883.

Après cela, je jouai dans diverses grandes églises, principalement à la chapelle des Baptistes de la 5e Avenue. Je conduisais avec mon cornet à piston dans l'hymne « Old hundred ». Puis le capitaine Pratt m'emmena dans plusieurs autres grandes églises de Philadelphie. C'est là que je fis ma première communion, un matin de Pâques, dans l'église épiscopale, et j'étais le premier jeune Indien qui reçût un tel honneur.

Mes trois années d'école tiraient à leur fin et je commençai à me rendre compte bien nettement de la valeur qu'allait avoir pour moi l'éducation des Blancs. Le temps avait fui avec une grande rapidité. Dans la plupart de mes voyages de vacances, j'avais été reçu dans de très agréables foyers. Je passai ainsi quelque temps dans la famille du sénateur James de Brooklyn.

Cet homme éminent se montra fort bon pour moi. Il avait une femme remarquable et deux filles charmantes et toutes firent leur possible pour être bonnes avec moi, mais je ne pouvais pas comprendre tout ce dont on parlait et à cause de cela je me sentais dépaysé. Ces jeunes filles furent photographiées avec moi, mais les épreuves que j'emportai chez moi ont été détruites dans un incendie. Si jamais le sénateur James, ou quelqu'un de sa famille, apprend ce petit incident, je pense qu'il m'écrira — à condition qu'il se rappelle le jeune Indien qui fut leur hôte à Brooklyn.

Le capitaine Pratt était un homme très travailleur et était toujours occupé. Cependant, un jour, il lui prit envie d'aller à la pêche. Tout un petit groupe d'entre nous quitta l'école. Quand nous arrivâmes à la rivière, on nous dit d'aller nous amuser pendant que le capitaine Pratt pêchait. Tous les garçons se mirent à courir aux alentours et à jouer, mais moi je restai près du capitaine. C'était un homme très habile et je voulais apprendre de lui tout ce que je pouvais avant la fin de mon stage à l'école. Il parlait toujours de sujets intéressants et tout cela m'aidait pour mon anglais.

Le capitaine Pratt avait interdit de fumer à tous les jeunes Indiens. Il disait que c'était « très mauvais » pour nous. Il nous expliqua comment cela « faisait mal aux poumons et à l'estomac » et que l'usage du tabac était dangereux pour la santé.

Mais, tout à coup, alors que je flânais près de là, je vis le capitaine Pratt tirer un cigare de sa poche, et, bientôt, montait vers le ciel un nuage de fumée pareil à celui d'une machine à vapeur. Il nous avait défendu de fumer car disait-il, c'était une très mauvaise habitude, et je sentais que je ne voulais pas que quelqu'un le vît faire quelque chose de mal, aussi je restai à l'écart jusqu'à ce qu'il eût fini son cigare.

Quand venait le samedi et que nous étions tous assemblés à la chapelle, c'était la coutume de faire sortir du rang tous ceux, garçons ou filles, qui avaient fait quelque chose de mal pendant la semaine. A cette occasion, il y avait quelques petits coupables et, généralement, il était question d'écoliers surpris à fumer. Alors le capitaine Pratt faisait monter les coupables sur l'estrade et leur parlait des dangers du tabac. Et l'homme qui savait si bien les dangers de l'herbe à Nicot fumait lui-même !

Quelques garçons auraient pensé : « Eh bien ! si mon maître fume, moi aussi je peux fumer. » Mais, pour moi, l'idée même du tabac m'était très désagréable, car cela semblait une habitude dont on ne se défaisait pas aisément, une fois acquise. Je me demandais ce qui, dans cette habitude, semblait tenir le fumeur prisonnier de son étreinte. Je ne pouvais rien y voir de bon et je croyais mon maître quand il disait que c'était très nuisible. Ainsi, dès lors, je décidai de ne jamais toucher au tabac, car c'était mauvais pour ma constitution. Et je n'ai jamais fumé, quoique j'aie maintenant cinquante-huit ans.

Je considérais que je possédais un des secrets du capitaine Pratt, mais comme il avait été assez bon pour ne pas parler de notre « séance en chemise de nuit » (nous étions tous sûrs qu'il l'avait vue), je ne lui dis jamais que je l'avais vu fumer, jusqu'à ce que nous fussions tous deux beaucoup plus âgés. Mais cela ce fut bien plus tard.

Quelque temps après cet incident, le secrétaire de l'Intérieur, accompagné du Commissaire des Affaires Indiennes et d'une assez nombreuse escorte, vint visiter l'école. Comme cela commençait à être un spectacle habituel, nous ne fîmes guère attention à eux. Mais, peu de temps après leur arrivée, on convoqua tous les écoliers sioux à la chapelle. Je dois dire qu'à cette époque trente-cinq à quarante tribus différentes d'Indiens étaient représentées à l'école.

Quand tout le monde fut assis, le secrétaire de l'Intérieur, l'honorable Henry M. Teller, se leva pour parler et dit : « Jeunes gens et jeunes filles, quand nous vous avons pris à vos foyers nous avons promis à vos parents de vous renvoyer au bout de trois ans. Les trois années sont écoulées. Combien d'entre vous veulent rentrer maintenant chez eux ? Levez la main. »

Naturellement tous levèrent la main, ils étaient si heureux de rentrer. Mais je ne levai pas la mienne. J'aurais aimé le faire, mais les paroles de mon père semblaient monter vers moi : « Fils, apprends tout ce que tu peux des coutumes de ces « Longs Couteaux » (les Blancs), car ils sont très nombreux dans notre pays. » Aussi je voulais être courageux et rester pour plaire à mon père.

Mr. Teller remarqua que je n'avais pas levé la main, aussi il dit : « Je vois qu'un des garçons n'a pas levé la main. Levez-vous, mon ami. »

Je me levai.

Alors il me dit : « Est-ce que vous ne voudriez pas rentrer chez vous, voir vos parents et revenir ici ensuite ? »

— Mais je suis allé à la maison deux fois depuis que je suis ici », répondis-je.

C'était là une réponse assez inattendue, aussi se tourna-t-il vers le capitaine Pratt pour en avoir une explication possible. Alors celui-ci dit à Mr. Teller comment j'avais été deux fois dans ma tribu pour le compte de l'école, et que j'avais ramené vers l'Est de nouveaux élèves.

Mr. Teller se tourna de nouveau vers moi.

« Alors, vous voulez rester ici, n'est-ce pas ? »

— « Oui, monsieur », répliquai-je.

Sur ce, Robert Cheval Américain dit qu'il voulait rester aussi. Cela rendit aux autres leur sang-froid. Maggie qui Regarde, Frank Corde, Clarence Trois Etoiles et un autre garçon dont je ne me rappelle pas le nom. Cela faisait cinq jeunes Sioux qui désiraient rester dans l'Est. Là-dessus Mr. Teller conclut :

« Parfait, dans quelques jours tous les Sioux s'apprêteront à partir chez eux, excepté ces quatre garçons et cette jeune fille qui pourront rester à l'école.

Quand le jour du départ arriva, comme ces jeunes gens paraissaient heureux à la pensée de rentrer chez eux ! Naturellement je désirais beaucoup partir moi-même, mais mon père comptait sur moi pour apprendre tout ce que je pouvais des coutumes des Blancs et j'étais décidé à être courageux et à ne pas « caler ». Le capitaine Pratt nous donna la permission d'accompagner le groupe jusqu'à Harrisburg, qui est à environ dix-huit milles de l'école. Je refusai d'aller avec les autres, car, à la pensée de rester seul dans l'Est, je me sentais au cœur une peine qui me causait un malaise.

Quand tous les autres furent partis, je restai là, le seul Sioux parmi un millier d'écoliers de trente à quarante tribus différentes, venant de tous les coins des Etats-Unis ! Il me semblait que tout le monde me regardait et, à midi, quand j'entrai dans le réfectoire, j'eus l'impression d'avoir tous les yeux fixés sur moi.

Quand chacun fut assis le capitaine Pratt me demanda de me lever. Il me complimenta alors sur le courage dont j'avais fait preuve en restant pour apprendre de nouvelles choses. Je n'étais qu'un petit garçon de quatorze ans à cette époque et ses paroles, en plus de l'impression d'avoir les yeux de chacun fixés sur moi me faisaient un peu trembler sur mes jambes. Cependant plus tard, dans la journée, quand les autres membres de ma tribu furent revenus de Harrisburg, je me sentis mieux.

Maintenant il y avait quelque chose que je désirais particulièrement c'était de passer tout mon temps en classe au lieu de travailler comme ferblantier pendant la moitié de la journée. Je ne comprenais pas quel bénéfice je pouvais tirer de ce métier, car le gouvernement donnait déjà aux Indiens tous les objets en fer-blanc dont ils avaient besoin. Mais le capitaine Pratt dit qu'un métier était une bonne chose à apprendre pour un garçon. Alors je demandai à aller dans l'atelier des charpentiers pour apprendre ce métier de préférence à l'autre. Mais le capitaine Pratt ne fut pas d'accord avec moi. J'avais fait la grosse boule de fer-blanc qui surmontait le mât où flottait notre drapeau, et les gens de Washington avait vu les tasses pliantes et les autres objets que j'avais fabriqués et on considérait cela comme du bon travail. Cependant ce qui m'inquiétait était l'idée que je ne pourrais peut-être pas travailler à ce métier après être revenu à la maison. Mais le capitaine Pratt ne pouvait pas comprendre pourquoi je voulais changer et, ainsi, cette question fut laissée de côté.

CHAPITRE XVIII

AU TRAVAIL CHEZ WANAMAKER

Un peu plus tard dans l'année, on nous convoqua un samedi soir à la chapelle. Nous supposions que c'était simplement pour l'habituelle réunion de prière au cours de laquelle le capitaine Pratt et nos maîtres nous faisaient toujours de petites causeries ayant pur but notre amélioration. Ce soir-là, le capitaine Pratt nous parla en ces termes :

« Vous savez tous maintenant, jeunes gens et jeunes filles, que nous avons envoyé nombre d'entre vous passer les vacances dans des fermes. Vous avez tous très bien travaillé, mais j'ai maintenant une proposition d'un genre tout différent à vous faire. Il s'agit d'un travail que vous n'avez jamais essayé. Un homme qui possède un des plus grands magasins de ce pays m'a écrit pour me demander deux jeunes Indiens comme employés dans son magasin. Nous devons envoyer deux des meilleurs élèves de l'école. Je vais demander aux maîtres de m'aider à choisir ces deux jeunes garçons, qui représenteront l'Ecole dans l'immense magasin de John Wanamaker, à Philadelphie. Samedi prochain, vers la même heure, nous pourrons vous dire ceux qui auront été choisis. »

Naturellement nous étions tous très surexcités par cette annonce et chacun se demandait quels seraient les deux élus. Quels étaient les deux meilleurs garçons de l'Ecole de Carlisle ? Qui était assez capable pour travailler dans un aussi grand magasin que celui de John Wanamaker ?

Parmi les élèves on discutait sans fin cette question. Quelques-uns proposaient de parier sur ceux qui seraient les vainqueurs. J'avais environ quatorze cents dans ma poche, aussi je misai cette somme sur un métis, Indien

Creek, nommé Robert Stuart, jeune homme très instruit. En réalité c'était un des jeunes gens qui avaient été amenés du Sud, avant que les garçons et les jeunes filles Sioux ne viennent à l'école. Il remplissait le rôle de sergent-major et avait la charge des garçons ; aussi je pensai que c'était un « tuyau sûr » que de parier pour lui. Le samedi vint enfin et c'est en foule très surexcitée que nous allâmes vers la chapelle. J'étais sûr de gagner les quatorze cents, car je sentais que Robert Stuart était le plus apte à remplir l'emploi de commis dans un magasin.

Après la prière habituelle le capitaine Pratt se leva sur l'estrade.

« Jeunes gens et jeunes filles, dit-il, je sais que vous avez tous hâte de savoir quels sont les deux garçons qui vont aller travailler dans les magasins de Mr. Wanamaker. Je regrette de vous dire que nous n'en avons choisi qu'un seul. Naturellement je désire que vous le connaissiez, aussi vais-je lui demander de monter sur cette estrade pour que vous puissiez tous le voir.

Il se tut et se recueillit quelques instants. Finalement, il dit : « Luther Ours Debout, avancez, s'il vous plaît. »

J'étais assis assez loin au fond de la chapelle. Au moment où je me levai, tout le monde se retourna pour me regarder Il me semblait que je marchais sur de l'air. Mes pieds semblaient ne pas toucher le plancher !

Quand j'atteignis l'estrade et que je fis face à l'auditoire, tout le monde applaudit. Je me raidis et j'essayai de me redresser comme un soldat à la parade, ainsi qu'on nous l'avait appris. Le capitaine Pratt me posa la main sur l'épaule et continua :

« Mon ami, vous nous quittez pour aller travailler à la réputation de cette école, en fait, pour votre race entière. Allez et faites de votre mieux. La plupart des Blancs pensent que l'Indien est paresseux et bon à rien, incapable de travailler, d'apprendre quoi que ce soit et qu'il est très sale. Maintenant, vous allez prouver que le Peau-Rouge peut apprendre et travailler aussi bien que le Blanc. Si John Wanamaker vous donne à cirer ses chaussures, veillez à les faire briller. Alors, il vous confiera un meilleur emploi. Si on vous dit de nettoyer les bureaux, n'oubliez pas de balayer sous les chaises et dans tous les coins. Si vous faites bien cela, il vous confiera un travail plus sérieux.

Pendant tout ce temps, je me tenais immobile comme une statue, mais mon esprit travaillait très vite. Alors le capitaine Pratt continua :

« Maintenant, mon garçon, vous allez faire de votre mieux. Si vous ne réussissez pas, alors il ne nous restera plus qu'à fermer l'école. Vous allez être un exemple de ce qu'elle peut produire. Allez, mon enfant, et faites de votre mieux. Succombez à la tâche, s'il le faut, mais ne manquez pas à votre devoir. »

Si l'on m'avait demandé de faire un discours, il m'aurait été impossible de répondre. Il me semblait que j'allais éclater en sanglots. Vraiment je n'étais pas très courageux ce soir-là. Si je n'avais pas été en peine pour ma race, toutes ces fortes impressions n'auraient pas eu d'effet sur moi, mais la pensée de travailler pour elle me faisait venir les larmes aux yeux. Il faut vous rappeler que je n'étais qu'un petit garçon à cette époque-là.

Quand le capitaine Pratt eut fini, il demanda à toute l'école de faire une prière muette pour que je ne manque pas à l'honneur de mon peuple.

Pendant que nous sortions de la chapelle et que nous rentrions dans nos quartiers, tout le monde parlait de ma nomination. Quelques-uns étaient contents, pendant que les autres étaient très jaloux de ma bonne fortune. Il ne leur venait pas à l'esprit quel gros effort cela représentait pour moi de tenter de relever une race aux yeux de celle qui avait essayé de l'abaisser.

Les garçons qui avaient parié étaient maintenant occupés à régler leurs comptes. Quant à moi, la pensée de ma perte de quatorze cents ne me tracassait pas le moins du monde. Mon esprit était rempli des paroles que le capitaine Pratt m'avait adressées à la chapelle devant plus de mille élèves. Je montai à ma chambre et me mis au lit, mais le sommeil ne vint pas vite. Je priai pour être capable de remplir tous les espoirs de mon école et de ma race et pour plaire à mon père. Enfin, je m'endormis.

Pas une heure des jours suivants ne s'écoula sans que mon esprit ne fût occupé de ce travail que j'allais faire dans un grand magasin. Il me faudrait prouver à tous les peuples que les Indiens pouvaient apprendre et travailler aussi bien que les Blancs ; que l'école de Carlisle était l'endroit le meilleur pour un garçon indien. Chaque pensée qui me venait à l'esprit semblait fondre dans cette expression du capitaine Pratt : « Mourir là, s'il le fallait ».

Environ trois jours plus tard le capitaine Pratt me fit venir à son bureau : « Luther, dit-il, nous avons essayé de trouver un garçon susceptible de vous accompagner, mais nous sommes incapables de nous entendre sur un nom. Avez-vous ici un ami ou un parent que vous aimeriez avoir comme compagnon dans la ville ? Vous serez seul, là-bas, aussi est-il préférable d'envoyer avec vous un garçon qui vous soit sympathique. »

On me dit que je pouvais choisir un compagnon ; aussi, après avoir quitté le bureau, je commençai à chercher quel était celui que je préférais. Il y avait un garçon de Pine Ridge, appelé Clarence Trois Etoiles, qui avait éprouvé quelques difficultés à son arrivée à l'école, mais qui, maintenant, essayait de faire tout ce qu'il pouvait. C'était un de ceux qui étaient restés plus que leur temps en vue d'acquérir une éducation plus complète. Lui et moi étions parents éloignés. Mais il était de Pine Ridge et moi de Rosebud. Aussi je décidai de lui demander s'il voulait venir avec moi à Philadelphie.

J'allai le trouver en lui disant que le capitaine Pratt m'avait demandé de choisir un compagnon. « Pensez-vous que vous seriez content de venir avec moi ? lui demandai-je.

—Bien sûr ? Oui, j'irai avec vous, Luther, dit-il, tout de suite.

—Mais je ne veux pas une réponse immédiate, insistai-je. Je veux que vous réfléchissiez. J'attendrai jusqu'à ce soir pour avoir votre réponse. »

Le soir même nous nous rencontrâmes encore et je lui demandai s'il voulait toujours venir avec moi.

« Bien sûr que oui, j'irai », répliqua-t-il.

Aussi je déclarai au capitaine Pratt que je m'étais décidé pour Clarence Trois Etoiles.

Il était content que j'aie fait un choix. La nouvelle courut à travers l'école et on apprit vite que Clarence allait m'accompagner. Finalement, le jour vint où nous devions partir. J'ai souvent pensé depuis que le capitaine Pratt devait probablement s'imaginer que la seule chose que nous étions capables de faire convenablement était de cirer les chaussures et de balayer les parquets ; mais j'avais décidé que nous aurions quelque chose de mieux en réserve.

Ma maîtresse de l'école du dimanche, Mrs. Eggee et le médecin de l'école, le Dr. Givens, devaient nous accompagner. Les dernières instructions du capitaine Pratt furent : « Si le directeur vous demande ce que vous pouvez faire, dites-lui que vous voulez bien essayer n'importe quoi ». Puis nous nous serrâmes la main et nous nous séparâmes.

Ma maîtresse était assise à côté de moi dans le train, elle me parla pendant tout le voyage jusqu'à Philadelphie, m'encourageant tant qu'elle pouvait. Quand nous atteignîmes la ville, nous descendîmes du train et traversâmes l'hôtel de ville. A l'est de cet édifice s'élevait le grand magasin de John Wanamaker. Il nous paraissait énorme à cette époque.

Le Dr. Givens, Mrs. Eggee, Clarence Trois Etoiles et moi entrâmes dans le magasin en demandant le directeur. On nous conduisit à un bureau où le Dr. Givens nous présenta à Mr. William Wanamaker, frère de Mr. John Wanamaker.

Il nous serra la main. Puis, se tournant vers moi, il me demanda :

« Que puis-je pour vous, mon garçon ? »

Je lui dis que j'étais là pour travailler et que j'étais disposé à essayer n'importe quoi. Mr. Wanamaker frappa sur un timbre et un groom parut.

« Demandez à Mr. Walker de venir ici », dit-il.

Mr. Walker apparut rapidement et je lui fus présenté. Alors, s'adressant à lui, Mr. Wanamaker dit :

« Mr. Walker, emmenez Luther Ours Debout dans votre service et mettez-le au travail. »

Aussi, je dis adieu à mes bons amis et suivis Mr. Walker aux sous-sols.

Là, je fus confié à un Mr. Pier, qui était à la tête du service des factures. C'était là que j'allais faire mes débuts. Mr. Pier était un homme très bien et je pensais que ce serait un plaisir de travailler sous ses ordres.

Il m'expliqua que je devais pointer les marchandises lorsqu'il me les appelait. D'autres hommes ouvraient de grandes caisses de marchandises qu'ils passaient à Mr. Pier. Celui-ci en examinait le contenu et me montrait les factures requises, de sorte que chacune pût être contremarquée et les marchandises passées en compte. Il était indispensable d'être vif et précis pour ce travail. Toute la journée, de grandes caisses arrivaient à ce service et il fallait les ouvrir pour en vérifier le contenu. Toutes les marchandises qui arrivaient au magasin devaient passer d'abord par nos mains, le contenu étant étiqueté avec le prix coûtant et le prix de vente. J'aimai ce travail dès le début parce qu'il m'intéressait beaucoup.

J'étais si affairé que je ne pensai pas un instant à l'endroit où je devais passer la nuit. Mais, sans que je le sache, le Dr. Givens s'était dépêché pour me trouver une pension de famille, et, avant l'heure de fermeture, il revint me dire qu'il m'avait découvert un gîte. C'était une grande pension pour orphelins de soldats, dont la directrice était Mrs. Cox. C'était là que Clarence Trois Etoiles et moi devions prendre pension avec des garçons blancs. Un grand omnibus quittait la pension chaque matin, emmenant plusieurs enfants qui travaillaient dehors. Nous fûmes invités à monter avec eux.

Cependant, au bout de quelques matins, je préférai monter dans les tramways plutôt que d'entendre le langage grossier et cru qu'employaient ces garçons pendant le trajet vers leur travail. Et ils étaient soi-disant civilisés, ayant eu de bons maîtres et une bonne éducation. Ils employaient cependant le plus vil des langages et je ne voulais pas y prêter l'oreille.

J'aimais mon travail et je m'en tirais splendidement, mais le langage employé par quelques-uns des hommes du sous-sol et qu'il me fallait entendre n'était pas à mon goût. Si l'un d'eux se cognait le pouce avec un marteau, quels jurons !... Et, à cette époque, le langage grossier n'était pas aussi commun qu'aujourd'hui.

Finalement Clarence Trois Etoiles commença à se tourmenter. Aussi, un jour, je lui demandai ce qu'il avait. Il me dit alors qu'il n'aimait pas son travail. On l'avait mis au premier étage. Et il dit :

« Luther, ce travail ne me convient pas. Il faut que je passe dans tous les services pour réunir toutes les marchandises à envoyer. Je les porte au service des expéditions et, quand je passe derrière les comptoirs, les employés m'appellent tous « Indien » et je n'aime pas cela. Cela m'intimide.

— Eh bien ! répliquai-je, vous êtes Indien, n'est-ce pas ?

— Oui, dit-il, mais de toutes façons je n'aime pas ce travail et je vais écrire au capitaine Pratt de me reprendre à l'école.

— Ne faites pas cela ! m'écriai-je. Vous savez comment il nous a parlé et vous avez accepté de venir ici avec moi.

— Eh bien ! en tous cas, je n'aime pas ce travail, répondit Clarence. Si je peux travailler dans quelque autre service, il se peut que je reste et je vais écrire au capitaine Pratt. »

Il écrivit en effet à celui-ci, qui lui répondit qu'il ferait bien de rester où il était et de faire de son mieux, qu'il ne voulait pas le voir revenir à l'école.

Clarence me lut la lettre, puis il dit : « Eh bien ! puisque le capitaine Pratt ne veut pas de moi à l'école, je vais retourner à la Réserve. »

Je fis de mon mieux pour le persuader de rester, mais

tout à fait inutilement. Il était décidé à partir, sans aucun égard pour la réputation de l'école ou de la race à laquelle il appartenait. Aussi, un jour, Clarence fit ses paquets et partit chez lui, ne s'arrêtant même pas à Carlisle pour faire ses adieux. Et le capitaine Pratt ne sut pas qu'il avait quitté le magasin de Wanamaker avant qu'il soit arrivé à la Réserve, ce dont il fut avisé par lettre.

Clarence parti, j'étais d'autant plus déterminé à rester et à réussir. Je travaillais plus fort que jamais, rien que pour leur montrer que tous les Indiens n'étaient pas des lâcheurs. J'appris rapidement et je fis si bien que finalement Mr. Wanamaker me donna un meilleur emploi. Un jour, je fus appelé au premier étage où était bâtie une petite maison de verre. Mr. Walker m'y fit entrer. Là, je vis plusieurs grandes malles dans lesquelles il y avait une quantité considérable de bijoux de valeur. Mr. Walker m'apprit que mon nouveau travail consistait à mettre des étiquettes sur tous ces bijoux.

Ainsi, chaque jour, j'étais enfermé dans cette maison de verre pour ouvrir les malles, en sortir les bijoux et les étiqueter. Comme les Blancs se rassemblaient en foule pour me regarder ! Ils étaient fort surpris de découvrir que John Wanamaker pouvait confier de telles valeurs à un jeune Indien. A cette époque, les Blancs semblaient avoir l'idée que les Indiens voleraient toute chose sur laquelle ils pourraient mettre la main — et quelques personnes ont encore cette opinion ! Je remplis si bien ce travail que bientôt on me donna une meilleure occupation avec un salaire plus élevé.

Je fus placé dans le service de comptabilité comme commis de réception. Je n'aimais pas autant ce travail de bureau, car j'étais placé entre deux jeunes filles et je me sentais fort intimidé. Je m'imaginais tout le temps qu'elles parlaient de moi derrière mon dos. Je me demandais si elles pensaient que je portais un couteau à scalper et un tomahawk sur moi.

Vers cette époque, l'école de Carlisle tout entière fit une visite à Philadelphie. Une réunion fut tenue dans une grande salle et le capitaine Pratt parla du travail de l'école et des progrès que faisaient garçons et filles indiens. Puis John Wanamaker me fit monter sur la scène. Il dit à l'auditoire que je travaillais pour lui et que j'étais un élève de Carlisle. Il expliqua que j'avais été promu d'un service à un autre, obtenant un meilleur travail et un plus fort salaire chaque mois et que, bien qu'il eût mille employés dans son établissement, il n'avait jamais augmenté personne aussi rapidement que moi. Cela provoqua des applaudissements considérables et le capitaine Pratt était très fier de moi.

Un soir, en rentrant à la maison après le travail, j'achetai un journal et je lus que Taureau Assis, le Grand Homme-Médecine des Sioux, devait paraître dans un théâtre de Philadelphie. Le journal annonçait que c'était l'Indien qui avait tué le général Custer ! Le chef et ses gens avaient été faits prisonniers de guerre et maintenant les voilà qui allaient paraître dans un théâtre de Philadelphie. Aussi je décidai d'y aller, désirant entendre ce qu'il avait à dire et savoir ce qu'il venait réellement faire dans l'Est.

Il me fallut payer cinquante cents pour un billet. Le théâtre était décoré de beaucoup d'ornements indiens, tels qu'ils étaient employés par la tribu des Sioux, à laquelle j'appartenais.

Sur la scène étaient assis quatre guerriers indiens, l'un d'eux était Taureau Assis. Il y avait deux femmes et deux enfants avec eux. Un Blanc vint sur la scène et présenta Taureau Assis comme l'homme qui avait tué le général Custer (ce qui, bien entendu, était absolument faux). Taureau Assis se leva et s'adressa à l'auditoire en langue sioux, car il ne parlait ni ne comprenait l'anglais. Il dit : « Mes amis Blancs, nous, Indiens, sommes en route pour Washington pour aller voir le Grand Père ou Président des Etats-Unis. Je vois tant de Blancs et ce qu'ils font que cela me réjouit de savoir qu'un jour mes enfants recevront aussi leur éducation. Il est inutile de se battre plus longtemps. Les bisons sont tous disparus aussi bien que le reste du gibier. Maintenant, je vais serrer la main du Grand Père à Washington et je vais lui dire toutes ces choses ! »

Alors Taureau Assis s'assit. Il ne mentionna même pas le nom du général Custer.

Alors le Blanc qui avait présenté Taureau Assis se leva de nouveau et dit qu'il allait traduire ce que le chef avait dit. Il se mit alors à raconter à l'auditoire toute l'histoire de la bataille de Little Bighorn, connue généralement sous le nom de massacre de Custer. Il dit comment les Sioux étaient tout prêts pour la bataille et comment ils s'étaient rués sur Custer et avaient balayé tous ses soldats. Il dit tant de mensonges que je ne pus m'empêcher de sourire. Une des femmes qui étaient sur la scène, m'observant, dit quelque chose à sa voisine et toutes les deux se mirent à me regarder.

Puis le Blanc dit que tous ceux qui voulaient serrer la main de Taureau Assis étaient priés de se mettre en rang s'ils désiraient rencontrer l'homme qui avait tué Custer. Tout l'auditoire se mit en ligne croyant réellement ce que le Blanc leur racontait. En voyant cela je me demandai vraiment quelle sorte de gens c'étaient. Peut-être étaient-ils contents que Custer fût mort et étaient-ils réellement heureux de serrer la main de l'homme qui l'avait tué.

Je me mis en rang avec les autres et m'avançai vers la scène avec l'intention de ne pas prononcer une parole. Mais la femme qui la première m'avait vu sourire sur mon fauteuil me regarda de plus près comme je venais vers eux. Elle me saisit par la main ne sachant pas exactement quoi dire et si j'étais réellement un jeune Indien.

Finalement elle parla en sioux comme il suit : « Niye osni toba leci ! » ce qui voulait dire : « Combien de froids (hivers) avez-vous passés ici ? » Je répliquai en sioux : « En hiver il y a ici tant de jours froids que je ne sais vraiment pas combien de froids j'y ai passés. »

Cela brisa la glace en quelque sorte et elle se mit à rire et les autres Indiens en firent autant. Puis elle me demanda qui était mon père. Je répliquai : « Ours Debout de Rosebud est mon père. — Quoi ! s'exclama-t-elle alors vous êtes mon neveu ! » Là-dessus elle appela son frère qui était

Taureau Assis : « Regardez qui est ici ! » Il fut heureux de me revoir.

Naturellement cela causa une certaine agitation parmi la foule des Blancs. J'avais travaillé dans un magasin si longtemps que j'étais devenu plus pâle de teint. Tous les Indiens se groupèrent autour de moi oubliant de serrer la main aux Blancs qui ne pouvaient rien y comprendre. Le Blanc qui avait parlé sur la scène s'approcha pour voir ce qui se passait et pourquoi les Indiens avaient soudain cessé de serrer la main aux autres.

Taureau Assis lui fit signe de venir puis se tournant vers moi il dit : « Dites à cet homme blanc que nous désirons que vous veniez à notre hôtel pour manger avec nous ! »

Aussitôt je traduisis ce que Taureau Assis demandait et l'homme dit : « Mais oui, vous pouvez aller avec eux ! » Alors les Indiens ramassèrent leurs affaires qui décoraient la salle, étant très impatients de retourner à l'hôtel où ils pourraient causer avec quelqu'un qui les comprît.

Quand nous fûmes arrivés, Taureau Assis me dit qu'il était en route pour Washington, où il voulait aller serrer la main du Président, et qu'il désirait que ses enfants reçoivent l'éducation des Blancs parce qu'il ne restait plus rien pour l'Indien.

Il me demanda alors à quelle distance se trouvait Washington et dans quelle direction. Je lui dis que c'était dans la direction du soleil couchant et qu'il était en ce moment à Philadelphie très loin à l'est de Washington. Taureau Assis montra une grande surprise disant : « Comment ! nous avons donc dépassé l'endroit ? » Alors je lui dis qu'en effet cela devait être. Sur ce le Blanc entra dans la pièce et Taureau Assis me dit à nouveau : « Demandez à l'homme blanc quand nous irons voir le Président et quand nous devons rentrer chez nous ! » L'homme me chargea de lui dire : « Vous allez bientôt aller chez vous et, en route, vous verrez peut-être le Président ». Comme cet homme demeurait dans la pièce, je ne trouvai pas l'occasion de dire à Taureau Assis à quel point il avait menti à son sujet sur la scène. Et ce fut la dernière fois que je vis Taureau Assis vivant.

Quand je suis là assis et que je pense à cet incident, je me demande qui était ce Blanc si fourbe et quelle sorte d'agent indien ce pouvait être, qui laissait ces gens quitter la Réserve sans même un interprète, leur faisant croire qu'ils allaient à Washington alors qu'il les promenait dans les différentes cités de l'Est pour tirer d'eux de l'argent en prétendant, pour faire de la publicité, que Taureau Assis était l'Indien qui avait tué le général Custer ! Naturellement, à cette époque, j'étais trop jeune pour réaliser la gravité de tout cela.

Quelques jours après cet incident, une tournée arriva à Philadelphie avec quelques Indiens sioux. J'allai aussi les voir. Le nom de l'un d'eux était Elan Debout. Ils avaient avec eux leurs femmes et deux enfants. Ces Indiens n'avaient pas non plus d'interprète. On les montrait sur une petite scène dans un intermède. Je restai là un long moment, mais ils ne me remarquèrent pas. Les enfants avaient une petite boîte sur le devant de la scène dans laquelle les spectateurs laissaient tomber des pièces de monnaie. Alors les enfants leur serraient la main.

Une corde était tendue en travers de la salle devant la scène. Finalement, soulevant cette corde, je m'avançai vers l'estrade. Un des Indiens dit à un autre : « Regardez ce garçon blanc qui vient ici. » J'avançai encore et me mis à leur serrer la main à tous. Je suppose qu'ils crurent que j'étais quelque jeune Blanc un peu fou qui voulait se faire remarquer — du moins le dirent-ils. Alors, je me mis à leur parler en sioux. Je dis : « Je vous reconnais tous, quoique vous ne sachiez pas qui je suis. Vous êtes tous de l'Agence de Rosebud à laquelle j'appartiens. »

Alors une des femmes s'écria : « Eh ! quoi, c'est le fils d'Ours Debout ? » Combien ils furent heureux de me voir ! Ils s'emparèrent de moi et me retinrent comme l'avaient fait les gens de Taureau Assis. Le vieux Elan Debout était très malade et il voulait que je dise au Blanc directeur du spectacle qu'il désirait rentrer chez lui.

L'homme répliqua qu'ils rentreraient tous à la Réserve dès qu'ils auraient fini l'exhibition à Philadelphie. Ce fut la dernière fois que je vis Elan Debout en vie et je fus le dernier de notre tribu à lui parler. Le jour suivant il fut tellement plus mal qu'ils l'emmenèrent dans un hôpital au lieu de l'envoyer chez lui. La tournée partit pour New-York. On n'eut plus jamais trace d'Elan Debout. Jusqu'à ce jour personne ne sait ce qu'il est devenu. Sa mort ne fut jamais signalée ; l'hôpital auquel il fut amené n'a jamais été retrouvé par ses parents et sa pauvre vieille épouse dut rentrer seule chez elle.

Pour en revenir à mon travail dans le magasin de Wanamaker, la jeune fille qui travaillait à côté de moi quitta bientôt sa situation pour enseigner dans une maison d'éducation. Chaque dimanche nous sortions ensemble et elle me faisait la lecture. Je l'aimais et l'appréciais beaucoup, mais je ne lui en ai jamais rien dit.

Un jour, Mrs. Cox, la directrice du pensionnat, me fit appeler à son cabinet. Un certain Mr. Louis était là avec elle. Ils me demandèrent si je ne pensais pas que ce serait une bonne idée de faire venir quelques jeunes Indiens de la Réserve et de les mettre en classe avec les jeunes Blancs, qu'ainsi les jeunes Indiens apprendraient plus vite en telle compagnie. Je fus d'accord que ce pourrait être une bonne idée. Aussi Mr. Louis se rendit à Washington et obtint la permission d'aller à une Réserve indienne pour chercher des enfants.

Il se rendit à Pine Ridge et ramena environ soixante garçons. Puis, à l'école, ils licencièrent tous les enfants, sauf soixante Blancs, laissant un nombre égal de Peaux-Rouges et de Blancs. Ils avaient espéré que les Indiens apprendraient plus vite l'anglais avec cette organisation. Mais, écoutez bien, ce furent les Blancs qui commencèrent à apprendre la langue sioux ! Aussi, furent-ils tous licenciés et on garda les Indiens.

Le moment des vacances arrivait et on allait fermer la pension pour l'été, aussi j'écrivis au capitaine Pratt à ce sujet. Il répondit que je pouvais revenir à Carlisle pour l'été si je le désirais. Mais je voulais continuer mon travail au magasin, car je m'y intéressais. J'écrivis au capitaine Pratt que si je pouvais trouver une bonne pension je resterais à Philadelphie. Je faisais de sérieuses recherches, mais quand je trouvais quelque chose qui semblait me convenir et que les gens découvraient ma nationalité, ils me regardaient tout surpris et disaient qu'ils n'avaient pas de place pour un Indien. Finalement, j'allai trouver Mr. William Wanamaker et je lui confiai les difficultés que j'avais à trouver une pension convenable. Je lui dis que je serais obligé de rentrer à Carlisle. Il me répondit que, si telle était ma décision, je pourrais revenir au magasin quand je le voudrais. Aussi je me préparai à rentrer à Carlisle.

Mais, quand j'arrivai, c'était l'époque des vacances et la plupart des élèves étaient partis travailler. Il n'y avait pas de classe et pas d'étude. Ce n'était pas là le genre de vie que je désirais et je me sentis très seul. Finalement, je dis au capitaine Pratt que je voulais rentrer chez mes parents. Il objecta : « Non, Luther, dit-il, je veux que vous restiez ici. Quand l'école ouvrira à nouveau vous pourrez aller en classe toute la journée au lieu d'une demi-journée, ou vous pourrez vous occuper de la garde-robe une demi-journée, si vous préférez. »

Mais je dis : « Non, je veux rentrer à la maison, mais je désire rentrer d'une façon convenable. Plusieurs garçons vous ont lâché, moi, je ne veux pas faire cela.

« Très bien, dit le capitaine Pratt, vous pouvez partir, mais je veux que vous me promettiez de revenir. »

Je répondis que s'il me plaisait de revenir je le ferais.

Le capitaine Pratt écrivit une lettre à l'agent de Rosebud, puis il me donna de l'argent pour mon billet et cinq dollars en plus pour les repas. J'avais en outre de l'argent à moi.

Aussi, je dis adieu à la vie d'école et repartis vers ma famille, mais avec une meilleure compréhension de la vie. Il n'y aurait plus de chasses, il faudrait travailler maintenant pour notre nourriture et notre habillement. C'était comme le Paradis après la chute de l'homme.

CHAPITRE XIX

RETOUR AU DAKOTA : ENSEIGNEMENT ET MARIAGE

Mon voyage fut très monotone, car j'étais tout seul. Quand le train arriva à Valentine, dans le Nébraska, mon père m'attendait à la gare. Mon seul bagage était une valise. Comme j'arrivais de bon matin, nous allâmes déjeuner à un comptoir, mais j'étais trop heureux pour pouvoir manger beaucoup. J'étais de nouveau chez moi !

Mon père avait un joli buggy avec un bel attelage de poneys tachetés et je goûtai pleinement la joie de cette promenade matinale. Notre réserve était à environ trente milles de là et il y avait un relais au lac Blanc. Pendant la route, tout me paraissait magnifique — les fleurs, le chant des oiseaux, les troupeaux de bétail et les chevaux.

Au relais nous dételâmes les poneys et mangeâmes un peu. Après nous être reposés une heure environ, nous reprîmes notre voyage. Enfin nous arrivâmes en vue de l'Agence. Tous mes parents avaient appris mon retour et il y avait affluence au logis de mon père pour me souhaiter la bienvenue. Les uns étaient très heureux de me voir, d'autres hésitaient à me serrer la main. J'en découvris plus tard la raison. C'est que quelques-uns des écoliers, à leur retour de Carlisle, avaient honte de leurs vieux parents et refusaient de leur donner une poignée de main ; quelques-uns même essayaient de faire croire qu'ils avaient oublié la langue sioux.

Toute la soirée, je fus occupé à répondre aux questions de mes parents. J'entendis quelques-uns d'entre eux dire que j'avais plutôt l'air d'un Blanc, parce que ma peau avait pâli à force d'avoir travaillé enfermé. Cela me remplissait de fierté de me voir comparer à un garçon blanc. Les habits que je portais étaient à la dernière mode et, ainsi accoutré, je me sentais tout à fait « chic ». Maintenant je ne peux m'empêcher de rire de l'aspect que j'avais alors. J'avais l'air d'un de ces comédiens juifs lorsqu'ils sont en scène. Je portais un costume noir avec une jaquette qui avait une assez longue queue, un chapeau melon, un col dur et des manchettes qui dépassaient les manches de la jaquette d'environ un demi-pouce et j'avais un de ces « cache-chemise-sale », connus à cette époque sous le nom de cravate. Il ne me manquait plus qu'une canne pour ressembler à Charlie Chaplin.

Mes belles-mères m'avaient préparé une très jolie chambre. Mon père avait remarqué combien les nôtres étaient propres et accueillantes à l'école et il avait essayé d'arranger la mienne de la même façon. Le matin suivant, je me disposai à aller voir ma mère. Comme j'en parlais à mon père, j'appris la plus triste nouvelle qu'un garçon puisse entendre : pendant que j'étais dans l'Est, ma mère était morte. Mon père ne m'en avait pas informé parce qu'il craignait que je n'en tombe malade de chagrin.

Quand je me réveillai, le matin suivant, il n'y avait pas de discipline d'école à suivre : personne pour me dire quand il fallait me lever ; plus de trompette à sonner pour réveiller les autres. Je me sentais enfin libre. Après avoir mangé mon déjeuner, je pensai à la lettre que le capitaine Pratt m'avait donnée pour l'agent, aussi je me mis en route pour son bureau.

L'agent s'appelait Wright. Je lui remis la lettre ; l'ayant lue, il me dit : « Très bien, mon garçon, vous pouvez revenir demain pour vous mettre au travail. Ma fille Nellie Wright enseigne ici, vous serez son assistant. » Je le remerciai et rentrai à la maison.

Miss Wright était une jeune personne fort jolie, qui faisait tout ce qu'elle pouvait pour continuer l'éducation des élèves qui étaient revenus ; mais nous ne savions pas beaucoup de choses. Aussi ouvrit-elle à l'Agence une école du soir, mais cela ne dura pas longtemps. Après avoir travaillé toute la journée, peu d'entre nous consentaient à étudier le soir, finalement on abandonna ce projet.

Ce fut vers 1884 que je commençai à faire la classe à l'Agence. A cette époque, l'enseignement se réduisait à très peu de chose. Réellement, il ne fallait pas une personne très instruite pour enseigner à l'agence. La chose principale était d'apprendre aux enfants à écrire leur nom en anglais, puis l'alphabet, enfin à compter. J'aimais beaucoup ce travail et les enfants faisaient des progrès très réels. Les premiers livres de lecture que nous employions contenaient beaucoup de petites images. Je faisais lire une ligne aux élèves en anglais et, s'ils ne comprenaient pas ce qu'ils avaient lu, je le leur expliquais en sioux. Cela rendait les leçons très attrayantes.

Un jour, l'agent me fit venir à son bureau. Une jeune femme blanche était là. Il fit les présentations et me dit qu'elle allait enseigner au camp de Faucon Elevé, situé à un endroit appelé la Rivière de la Viande Coupée. Il ajouta que la jeune femme y partant seule, il désirait que je l'accompagne et que je reste avec elle une semaine environ, c'est-à-dire jusqu'à ce qu'elle soit habituée aux Indiens.

Aussi, le jour suivant, l'attelage du Gouvernement nous emmena à la Rivière de la Viande Coupée, distante de douze milles de l'agence. Nous trouvâmes là une petite école composée d'une seule classe avec une maison de trois pièces pour la maîtresse. Alors que cette jeune personne possédait une connaissance livresque assez développée, elle ne savait guère autre chose. J'étais réellement ennuyé pour elle, car elle ne savait même pas tenir une maison.

A cette époque, le Gouvernement fournissait aux Indiens de la cotonnade en pièces et la maîtresse était sensée montrer aux Indiennes à faire leurs propres vêtements. Elle devait aussi enseigner aux mères indiennes à bien tenir une maison.

Mais voici la méthode qu'elle employait pour tailler aux filles leurs premiers vêtements. Celles-ci se baissaient et la maîtresse déroulait la pièce de cotonnade par-dessus leurs têtes et, avec un morceau de craie, elle traçait les contours du corps de la patiente ; après quoi, on coupait le tissu. Quand la robe était finie, cela faisait un échantillon de couture vraiment curieux.

Quand ma semaine fut terminée, je retournai à l'agence, sans rien dire des vêtements que confectionnait la maîtresse, ni de la malpropreté dans laquelle elle tenait sa maison. Nous, les Indiens, nous nous demandions pourquoi les Blancs n'instruisaient leurs filles que par les livres. Que feraient-elles si on les laissaient seules ? Comment pourraient-elles faire la cuisine pour une famille ? Naturellement c'est très bien d'apprendre dans les livres, mais il me semble que la science domestique est la meilleure chose à adopter pour toutes les jeunes filles, sans aucun égard pour leur fortune ou leur situation dans la vie.

Pendant mes années d'enseignement et de stages dans l'agence, il m'arriva un grand nombre d'aventures originales et amusantes. Mon père, quoique Indien, était un gentleman et l'un des chefs de l'Agence de Rosebud. On le considérait comme un « homme bien posé », car il possédait de nombreux chevaux tachetés. Comme j'étais son fils aîné, que j'avais reçu une éducation et que, maintenant, je travaillais chez moi, les jeunes filles aimaient à venir avec moi et ne semblaient pas me tenir rigueur de donner chaque mois à mon père le chèque de mon traitement. A l'heure actuelle, il faut qu'un jeune homme dépense beaucoup d'argent pour une jeune fille, que celle-ci sache ou non de quelle façon il l'a gagné. Et s'il arrivait qu'une jeune fille ne se soucie pas de venir avec moi, il y en avait beaucoup d'autres qui se plaisaient en ma compagnie.

Mon père mettait chaque mois de l'argent de côté sur mon traitement et avec le reste faisait marcher le ménage. Je ne sais pas combien il dépensait et je ne le demandais jamais car il savait manier l'argent et je ne craignais pas d'avoir confiance en lui.

Un soir quand je rentrai à la maison après l'école, mon père me dit que « l'homme à la robe noire » (le prêtre catholique), voulait vendre sa maison, qui se trouvait à environ cinquante mètres de la demeure que le Gouvernement avait bâtie pour le chef Queue Tachetée. Mon père pensait que ce serait une bonne acquisition en mentionnant la somme que le prêtre en demandait ; je lui dis de l'acheter. Il fit l'achat partie en argent comptant, partie en chevaux tachetés et en bétail.

Le prêtre qui l'avait occupée rassembla alors toutes ses affaires et déménagea. Ma famille désirait vivement s'installer dans sa première vraie « demeure de Blanc ». Il ne nous manqua pas d'aides pour emménager dans notre nouvelle maison. Mon père acheta une belle table neuve qui m'était destinée. Quand il était venu me voir à Carlisle il avait remarqué comment mangeaient les Blancs et il voulais que je jouisse des mêmes facilités à la maison. Il apprit à mes belles-mères, mes frères et mes sœurs à mettre le couvert. Ce soir-là, quand je revins de l'école, il y avait une belle table prête pour moi. Il n'y avait pas de nappe mais mes petites sœurs, vêtues en Indiennes, se hâtaient et s'agitaient tout autour pour servir leur frère. Ils voulaient me traiter en vrai Blanc.

Ma petite sœur tira ma chaise pour que je m'assoie, et il y avait un couteau, une fourchette, une cuiller, avec tous les plats nécessaires mais pas de serviette et pas de bol à doigts. Après que j'eus été servi, mon père, ses deux femmes et tous les enfants s'assirent sur le plancher pour manger leur repas. Ma sœur Victoria était encore à l'école de Carlisle, aussi il me fallait manger seul à table.

Comme j'enseignais, je m'efforçais de me tenir propre et correct. Les enfants indiens sont un peu comme leurs frères et leurs sœurs blancs — ils regardent leurs maîtres comme des modèles à suivre. — Ma belle-mère lavait mes vêtements mais elle ne savait pas les repasser. En ce temps-là on n'avait pas de cols mous et de chemises telles qu'on les porte actuellement. Toutes les fois que je voulais m'habiller, il me fallait acheter une chemise neuve, un col et des manchettes empesées. En ne portant la chemise que le dimanche, j'arrivais à la garder suffisamment propre pendant un mois entier. Quand elle paraissait sale, ma belle-mère la lavait mais les cols, il fallait toujours les jeter.

Quand mes parents remarquèrent que je me trouvais des affections parmi les jeunes filles, ils commencèrent à s'inquiéter de mon avenir. Ils désiraient me marier convenablement mais comme j'avais reçu de l'éducation ils pouvaient difficilement se faire une idée de ce qui me convenait.

Pendant que j'étais à Carlisle, j'avais souvent entendu les garçons blancs parler des visites qu'ils rendaient aux jeunes filles. Mais c'était là une chose à laquelle un jeune Indien n'était pas habitué. Ce n'est pas dans les coutumes des Indiens d'aller rendre visite à une jeune fille dans sa maison. Quand une jeune Indienne était d'âge à avoir des prétendants, personne ne serait entré dans sa demeure ou son tipi. Tous les jeunes hommes qui voulaient lui parler venaient le soir près de son logis et attendaient patiemment qu'elle sorte. Les jeunes filles n'étaient pas le moins du monde hardies à cette époque et souvent elles ne sortaient pas du tout. Les jeunes hommes qui venaient leur rendre visite gardaient la tête sous leur couverture et attendaient en rang l'occasion de leur parler.

Lorsque la mère d'une jeune fille ne voulait pas qu'elle se mariât très jeune, elle avait bien soin de l'accompagner dans ses promenades du soir de façon à ce qu'elle ne soit jamais seule. Une femme de notre réserve élevait quelques méchants chiens à l'aide desquels elle tenait à distance les prétendants à la main de sa fille. Très peu d'entre nous essayèrent de rendre visite à cette jeune fille. Mais si un chef de famille savait qu'un jeune homme avait une bonne réputation et qu'il était capable de subvenir aux besoins d'une épouse, il encourageait l'union et faisait tout ce qu'il pouvait pour gagner le jeune homme comme gendre.

Quelques-unes de mes aventures amoureuses à la mode de mon peuple pourront peut-être amuser le lecteur. Un soir, pendant que notre famille était à souper, mon père commença à raconter à ses femmes la rencontre qu'il avait faite d'un Indien appelé Chevelure Jaune et la conversation qui s'ensuivit. Chevelure Jaune était un de nos parents éloignés. Un jour qu'il était au magasin général, il avait entendu un Indien faire une remarque à mon sujet pendant que je passais. L'homme s'était écrié : « Voilà Ota Kte, le fils d'Ours Debout ; il va acheter ma fille ! »

Laissez-moi vous dire que cette remarque aurait une tout autre interprétation chez les Blancs. Suivant la coutume indienne cela voulait simplement dire que j'allais donner quelques cadeaux aux parents pour obtenir leurs faveurs, de façon à pouvoir demander à la jeune fille de m'épouser.

Pendant cette conversation, j'étais assis à la table en train de souper. Mon père me demanda si c'était vrai et si je connaissais la jeune fille. Je répliquai que je ne la connaissais pas et qu'à ma souvenance je ne l'avais même jamais rencontrée. Cependant cette conversation piqua ma curiosité à un tel point que je décidai d'aller voir quelle mine avait cette jeune fille. Aussi, un soir, chaussant une paire de mocassins, ramenant ma couverture sur ma tête, je partis pour aller lui rendre visite.

Quand j'arrivai à son tipi il y avait déjà plusieurs jeunes gens avant moi. Elle ne voulait même pas répondre à quelques-uns d'entre eux et ceux-ci s'en allaient simplement, laissant la place aux suivants. Quand ce fut mon tour, je parlai à la jeune fille en langue sioux et elle essaya d'enlever ma couverture pour voir qui j'étais, n'étant capable de me reconnaître ni à ma démarche ni à mes mocassins.

Elle essaya plusieurs fois de retirer la couverture en disant : « Qui êtes-vous ? » Mais je la tenais ferme. Tout d'un coup, je lâchai prise et la couverture tomba sur mes épaules découvrant mes cheveux courts et mes vêtements civils. La jeune fille fut fort étonnée de sa découverte, imaginant que j'étais un des Indiens à cheveux longs et non un Indien éduqué.

Alors je lui dis les bruits que l'on faisait circuler sur nous et je lui demandai s'ils étaient fondés et si son père avait dit que j'allais l'acheter. Elle répliqua que ses parents avaient souhaité tous les deux m'avoir pour gendre et que, si je voulais donner quelques chevaux à son frère, on nous marierait. Mais je répliquai que je n'étais qu'un pauvre garçon et que, bien que mon père possédât beaucoup de chevaux, ils ne m'appartenaient pas, que je n'étais pas en mesure d'en acheter et ne voulais pas emprunter de l'argent à ma famille.

Cette jeune Indienne était fort belle et, quand je lui dis toutes ces choses, elle parut triste. J'étais très fâché de l'avoir peinée mais, en l'occurrence, je ne pouvais pas faire autrement que de lui dire la vérité. Je n'étais pas en situation de me marier. C'était la première fois que je voyais cette jeune fille et je faisais seulement ce que mon éducation m'avait appris qu'il était convenable de faire.

Il y avait une autre jeune fille qui vivait près de chez nous et qui m'intéressait beaucoup aussi. Je décidai de lui parler seul à seul. Je savais naturellement que ce n'était pas la coutume indienne de lui rendre visite chez elle. Aussi, un jour, la voyant s'en aller, je pris un chemin de traverse pour me trouver sur son passage, à une certaine distance en avant d'elle. Elle ne me vit pas. Cette jeune fille avait été parmi les Blancs sans toutefois avoir reçu d'instruction.

Il y avait un beau cours d'eau près de là, elle descendit sur la berge et commença à se déshabiller. Elle enleva sa robe et, à ce moment, je décidai que « ma place n'était pas là » et je m'en allai. Jusqu'à ce jour, cette personne ne sait pas que je l'ai vue en déshabillé. Cependant je perdis soudain tout intérêt pour elle, car j'en avais vu assez pour me convaincre qu'elle portait des dessous qui étaient loin d'être propres. C'était une des exigences de ma vie que mes alliés et parents fussent nets et propres. Les parfums et les poudres de beauté ne remplacent pas la propreté.

Le fait d'être le fils d'un chef me rendait très populaire. Je travaillais avec constance et j'avais bonne réputation, ce qui comptait autant à cette époque que maintenant. Les gens de ma tribu m'avaient connu depuis ma plus tendre enfance. Les Blancs me connaissaient comme un jeune homme qui, depuis son retour de l'école, avait toujours travaillé ferme. Aussi, toutes les jeunes filles de notre tribu étaient-elles très gentilles avec moi.

Beaucoup d'Indiens me voulaient pour gendre, mais, sachant que j'avais reçu une éducation de Blanc, ils n'osaient pas me demander.

Vers cette époque, un de mes camarades d'école, Julien Siffleur, vint me rendre visite. Il aimait notre logis, aussi décida-t-il de rester. Nous étions très heureux ensemble. Nous avions l'habitude de sortir et de rencontrer les jeunes filles, tout comme font les jeunes garçons blancs, après quoi nous revenions à la maison. J'avais décidé de ne pas me marier de longtemps. Cependant ma résolution ne fut pas tenue.

Il y avait dans le camp une jeune fille métis dont je commençais à être très épris. Nous faisions souvent ensemble de longues promenades. Elle était très douce et modeste. Son nom était Nelly de Cory. Sa mère était une Indienne de sang pur, qui ne savait ni lire ni écrire. Son père était un Blanc pur sang, qui était venu au Dakota sud de bonne heure et avait épousé cette Indienne. Il était de ces hommes qui ramassaient et vendaient tout ce que les Indiens jetaient sans en connaître la valeur. Mais lui la connaissait ; il réalisa de cette façon une importante fortune. On le considérait comme un des hommes les plus riches de la Réserve — et aussi comme un des plus avares. Il avait une très nombreuse famille.

La mère avait élevé ses enfants à la manière des Blancs, car elle savait comment faire. Il lui semblait être une femme blanche, d'autant plus que son mari était un Blanc. Elle se tenait très au-dessus de nous. Ses enfants n'étaient pas élevés à la façon indienne, car elle avait essayé de suivre les enseignements de son mari et de les conduire sur le chemin de l'homme blanc.

Un jour que j'étais dans les champs à garder le bétail, un homme vint vers moi en voiture. Il se trouva que c'était mon père. Il était sorti pour avoir un entretien seul avec moi au sujet de cette jeune métis. Il me dit qu'il avait remarqué que je paraissais très épris d'elle et il pensait que le moment était venu de nous marier. Il dit qu'il avait l'intention, ainsi que ses deux femmes, de quitter la maison et de nous la donner pour logis. Elle avait été achetée au missionnaire avec mon argent et aussi avec quelques chevaux et du bétail appartenant à mon père, mais il me dit qu'il me donnerait sa part dans cette maison comme cadeau de mariage. Je montai en voiture avec lui et je rentrai m'habiller pour la circonstance. Nous allâmes alors ensemble au logis de Nelly, à qui je demandai de venir avec moi chez le ministre du culte pour qu'il nous unît. Sa mère n'était pas du tout satisfaite de cela, mais son père était content, quoiqu'il n'extériorisât sa joie par aucune démonstration. En fait, il ne nous fit même pas de cadeau de mariage.

Alors Nelly et moi nous fîmes un paquet de tout ce qu'elle possédait et l'emportâmes chez nous. Il y avait, entre autres, une malle de poupées et une grande quantité de jouets, au lieu des affaires qu'aurait naturellement apportées une jeune Indienne. Mes parents avaient déménagé, aussi nous fûmes seuls l'après-midi et le soir. Nous réussîmes tant bien que mal à préparer nos repas ce jour-là, et, après, ma femme se retira pour la nuit. Pendant que j'étais assis là à méditer sur la façon si soudaine avec laquelle mes projets s'étaient trouvés changés, j'entendis des pas au dehors. La porte s'ouvrit et je vis entrer les deux femmes du chef Queue Tachetée avec leur fille Grâce.

C'étaient deux sœurs et celle qui était la mère de la jeune fille me dit qu'elle m'avait amené sa fille pour être ma femme ! Elle dit qu'elle me connaissait depuis que j'étais petit garçon et savait que je prendrais bien soin d'elle. Elle pensait que je méritais une autre femme qui fût une Indienne de sang pur. Elle dit qu'elle craignait que la fille que j'avais épousée, et qui avait été élevée comme une jeune fille blanche, ne sût pas préparer convenablement mes repas.

C'était vraiment une situation embarrassante. Après qu'elles eussent parlé toutes les deux, je leur dis qu'il m'était impossible de prendre plusieurs femmes, parce que c'était contre les lois du Gouvernement et que, de plus, c'était contraire à ce que l'on m'avait enseigné. Mais elles étaient tellement décidées à ce qu'on s'occupe bien de moi qu'elles se levèrent et partirent, laissant là leur fille.

Ma femme avait entendu de sa chambre toute la conversation, mais elle se tint tranquille. J'avais enlevé un de mes souliers juste avant l'entrée du trio, aussi me fallut-il le remettre. Je décidai alors d'aller jusqu'à la maison de l'agent et de lui raconter mes difficultés. Après avoir discuté un moment avec moi, il me conseilla d'aller voir le chef de police indienne. Aussi je partis à pied à un mille de là jusqu'à la maison de celui-ci. Il était couché, mais il se leva et écouta « mon récit d'infortune ». Il décida de m'accompagner chez moi. Quand nous arrivâmes, Grâce était assise là où je l'avais laissée et ma femme était encore dans sa chambre. Le chef de la police emmena Grâce chez ses parents et alors nous fûmes seuls.

Le jour suivant mon père m'amena quelques chevaux comme cadeau. Puis vint mon beau-père. Il habitait sur la petite rivière Antilope, à l'est de l'Agence, à environ deux milles de là. Tout ce qu'il apportait avec lui c'était un catalogue de commande. Il le donna à ma femme et lui dit de faire une liste de tout ce qu'elle voudrait. Alors elle choisit quelques ustensiles de ménage. Il les paya, et tout nous parvint en temps voulu.

Puis l'agent m'offrit tout ce dont j'avais besoin, c'est-à-dire un fourneau en fonte pour le chauffage et la cuisine, ainsi qu'un lit neuf, un dressoir, des chaises, une table et d'autres meubles. Il me donna même un chariot à ressorts, une paire de harnais et avec tout cela il me paya un mois de salaire d'avance !

Aussitôt que les marchands eurent découvert que j'étais marié, ils vinrent tous m'offrir du crédit pour faire tous les achats que je voulais. Mais je n'eus pas besoin de rien acheter à tempérament, aussi quand Nelly et moi entrâmes en ménage, nous n'avions aucune dette. Naturellement je fus sensible à l'amabilité des marchands.

Quand le frère de Grâce Queue Tachetée apprit que j'avais refusé de prendre sa sœur pour seconde femme, il fut absolument furieux. Il trouvait que j'avais insulté sa sœur et il était décidé à la venger. Mais je n'avais pas peur de lui. Il savait que mon travail à l'Agence me mettait en rapports avec la police, aussi il ne me molesta pas ouvertement, mais il en parla derrière mon dos de telle façon que cela parvint jusqu'aux oreilles de mon père. Il alla même jusqu'à dire qu'il prendrait quelques chevaux à mon père parce que j'avais refusé d'épouser sa sœur !

Père avait alors environ quarante-huit ans et il ne voulait pas se battre avec ses propres gens. Il commençait à étudier la religion chrétienne et il voulait vivre paisiblement. Il possédait quelques très beaux chevaux que tout le monde connaissait. Il vint me rendre visite et me parla de ce qu'avait déclaré le fils de Queue Tachetée. Il me dit : « Ne te tracasse pas, Luther, je lui donnerai quelques chevaux et son humeur se calmera ! » Mais je protestai contre un tel geste. Je dis à mon père de n'en rien faire, que je prendrais soin de moi-même s'il essayait de me causer quelque ennui. Mon père repartit chez lui paraissant satisfait et nous n'eûmes plus aucune difficulté avec le fils de Queue Tachetée. Mais, dans les années qui suivirent, j'appris que mon père lui avait réellement donné quelques chevaux pour m'éviter tout ennui.

Le vieux Pierre de Cory, mon beau-père, était très bon pour moi. Il arriva un jour chez moi avec un chariot chargé de toutes sortes d'aliments et de graisses tels que nous les employions pour faire du pain frit à la mode indienne. Un porc entier fut tué et préparé pour nous et nous fûmes très occupés à le mettre en conserve pour l'empêcher de se gâter.

Quelques semaines plus tard il nous invita chez lui, ma femme et moi, et nous allâmes rendre visite à ses parents pour la première fois. Avant de repartir, son père rassembla tout son troupeau et, pour commencer, nous donna cinq têtes de bétail. Puis il choisit une belle paire de chevaux et deux juments dont il nous fit aussi présent. Nous devions ressembler à un cirque ambulant sur la route du retour, conduisant notre buggy et essayant de garder tout ensemble l'attelage de chevaux, les deux juments et cinq vaches !

Pour un jeune ménage nous avions tout ce que nous pouvions désirer. A cette époque, en plus de tous ces cadeaux, nous recevions des rations du Gouvernement, Cela comprenait pour chaque ménage un bœuf entier toutes les deux semaines. On ne faisait aucune différence qu'il y eût une personne ou une douzaine par maison — la quantité était la même.

Tout cela m'apprit que cela sert à quelque chose d'être bon et aimable pour tout le monde à tout moment et pendant toute la vie ; partout où j'ai été, toujours j'ai trouvé des amis et j'ai toujours réussi auprès des gens qui me connaissaient, de quelque race qu'ils fussent.

C'est en 1887 que naquit mon premier enfant. J'avais seulement dix-neuf ans alors. Que de préparatifs on fit pour ce bébé ! Mes deux belles-mères et la mère de ma femme étaient là. Nous n'avions pas de médecins ou d'accoucheurs à cette époque. Ces vieilles femmes avaient tout préparé pour l'enfant : un beau « postan » ou berceau indien et, quand arriva le moment critique, on me fit sortir de la maison.

Mon père était avec moi et, après avoir attendu un moment, nous retournâmes à la maison. Plusieurs des anciens de la tribu, qui savaient ce qui allait arriver, vinrent à notre rencontre sur la route et nous accompagnèrent jusque chez moi, père et moi ; aussi avions-nous une maison toute remplie pour accueillir le petit nouveau venu dans le monde.

Quand nous entrâmes, ma belle-mère me porta mon premier-né, une belle petite fille ; elle était tout habillée et couchée dans un « hoksicala postan » ou berceau indien, ce qui la rendait très facile à manier, mais je ne me sentis jamais aussi gauche dans ma vie et je me trouvais tout à fait ridicule au milieu de tant de gens. S'apercevant de mon embarras, mon père prit le bébé et le berça comme si c'était le sien. Comme j'aimais cette petite fille et comme j'étais fier d'elle !

Elle était très jolie et ressemblait aux Blancs de la famille. Sa peau était très blanche, ses cheveux brun clair et ses yeux d'un brun très foncé — presque noirs. Nous étions si heureux de cette petite addition à notre famille et elle était si blanche, que nous décidâmes de l'appeler « Lys ».

J'enseignais encore et, quand mes occupations étaient finies, je me dépêchais de rentrer auprès de ma femme et de ma petite fille. J'étudiais alors sous les ordres du missionnaire épiscopal ; quand le mauvais temps l'empêchait de venir à l'église, j'occupais la chaire et je prêchais à sa place.

Puis mon second enfant naquit ; ce fut un fils ; il avait le teint foncé et tenait de mon côté ; c'était néanmoins un fort beau bébé. Alors que mes deux belles-mères étaient contentes, la mère de ma femme ne l'était pas du tout. Elle ne m'aimait pas parce que j'étais Indien et la pensée que sa fille avait donné naissance à un enfant au teint sombre semblait froisser beaucoup ses sentiments.

Dans ces conditions, il était bien difficile d'agir en chrétien et, en même temps, d'être gentil avec elle. Il faut que vous sachiez que chez nous une belle-mère n'est jamais autorisée à adresser la parole à son gendre, ni même à le regarder. Cependant, comme j'avais été à l'école et que j'avais reçu de l'éducation, je lui permis de venir chez moi pendant que j'y étais, essayant de toutes les façons possibles d'être aimable avec elle. Elle ne me dit jamais rien directement, mais elle parlait de moi avec sa fille.

CHAPITRE XX

TROUBLES A L'AGENCE

Notre agent, Mr. Wright, était encore à la réserve avec sa fille Nelly. C'était vraiment un très brave homme, qui essayait de faire tout ce qu'il pouvait pour les Indiens. La tribu tout entière semblait vivre paisiblement ; mais il faut dans notre vie traverser quelquefois des périodes troublées.

Un clan entier d'Indiens vint s'installer sur la rivière Blanche, à sept milles environ à l'ouest de l'Agence. Là, ils formèrent un camp à eux ; ils avaient comme salle de danse un large tipi dont le sommet était peint en noir. On les désigna alors sous le nom de « Camp du Tipi au Sommet Noir ». Ils ne causaient aucun trouble, se livrant seulement à la danse et se divertissant comme ils le faisaient autrefois.

Ces Indiens du Camp du Tipi au Sommet Noir apprirent que nous recevions du Gouvernement des objets de ménage tandis qu'eux n'en recevaient pas. Aussi tinrent-ils conseil à ce sujet et décidèrent-ils de venir voir l'agent. Leur chef, Couteau de Bois, vint un jourà l'Agence avec quelques-uns de ses hommes. Quand il n'y avait pas d'école, je travaillais dans les bureaux de l'agent et il se trouva que j'y étais au moment où les Indiens entrèrent.

Couteau de Bois, s'adressant à l'agent, lui dit que lui et ses gens étaient venus le voir au sujet des objets qui étaient distribués par le Gouvernement, mais dont ils n'avaient rien reçu. Il dit à Mr. Wright qu'il savait que les autres Indiens recevaient des ustensiles de ménage et que lui et ses gens voulaient ce qui, de droit, leur appartenait.

Après avoir écouté le discours de Couteau de Bois,

Mr. Wright, par l'intermédiaire de l'interprète, répliqua : « Je sais que tout ce que vous me dites est juste, mais je ne peux pas distribuer de marchandises à vous et à vos gens tant que vous habitez dans un camp loin d'ici. Quittez ces lieux et bâtissez-vous quelques maisons et je serai heureux de vous donner tout ce qui vous revient. » Il ajouta aussi : « Je vais garder chacune de vos parts et je ne les donnerai à personne d'autre. Mais, en ce moment, vous ne faites rien si ce n'est danser vos danses indiennes et ce n'est pas bien. Ainsi donc, quittez votre camp et vous recevrez ce qui vous est dû. »

L'interprète était un homme appelé Louis Lubeteaux. C'était un quarteron indien qui n'avait reçu aucune éducation et n'était pas très bon interprète ; mais c'était le seul dont disposait l'agent.

Mr. Wright avait toujours parlé très affablement aux Indiens, mais l'interprète mélangea tout et traduisit son discours de telle façon que cela mit Couteau de Bois et ses gens très en colère. L'interprète fit un « bousillage » complet de la conversation quand il mentionna les danses indiennes. Les mauvais interprètes ont été la cause d'un grand nombre de querelles entre les Indiens et les agents.

Couteau de Bois et sa bande s'en retournèrent à leur camp, courroucés. En fait, ils firent presque éclater une bataille sur-le-champ. Je me rendais parfaitement compte de la mauvaise interprétation, mais comme je n'étais qu'un simple employé et pas un interprète officiel, je n'avais pas à intervenir.

De retour à leur camp, les Indiens tinrent un grand conseil. Tous les chefs s'y rendirent et ils décidèrent que l'agent n'avait nullement le droit de garder leurs affaires. Ils dirent : « Ces objets qu'il nous retient nous appartiennent et nous les obtiendrons par la force s'il le faut. Notre Grand Père (le Président) sait que nous n'avons pas de maison, cependant il nous a envoyé ces choses pour nous, et l'agent nous les retient. De quel droit fait-il cela ? Nous devons obtenir ce qui nous appartient. Allons revoir l'agent pour les lui réclamer et, s'il refuse, nous le jetterons dehors.

Nous savons qu'il y a beaucoup de Blancs qui seraient heureux de prendre sa place comme agent et un autre nous traitera peut-être mieux. »

L'agent apprit bientôt que les Indiens du Tipi au Sommet Noir avaient tenu conseil. C'était alors très près de l'époque de la distribution des fournitures du Gouvernement et il envoya chercher tous les membres de la police indienne pour qu'ils soient à l'Agence en cas de trouble. Ces policiers indiens avaient juré d'être du côté du Gouvernement, même contre leur propre peuple. Ils étaient payés dix dollars par mois pour leurs services et étaient prêts à tuer n'importe quel Indien s'il osait attaquer l'agent.

Quand la distribution des annuités commença, les Indiens du Tipi au Sommet Noir étaient là, mais ne reçurent rien, c'était justement ce qu'ils ne pouvaient pas comprendre : il y avait là des marchandises que leur envoyait le Gouvernement et l'agent les leur retenait.

De bonne heure, par une matinée ensoleillée, s'éleva une grande agitation. Par-dessus la colline arrivèrent tous les Indiens du Tipi au Sommet Noir. Les uns à cheval, les autres à pied. Tous chantaient des chants de braves en approchant de l'Agence. Ils vinrent directement à la Chambre du Conseil qui communiquait avec le bureau de Mr. Wright. Tous portaient des couvertures. Quelquese uns avaient la tête couverte et tenaient des armes cachées sous leurs couvertures. Ils étaient conduits par Couteau de Bois, homme de haute taille.

Quand la salle du Conseil fut pleine, quelques-uns des policiers indiens entrèrent et se mêlèrent à la foule. Je réussis à me frayer un chemin à l'intérieur, tout près de la porte du bureau. Je sentais qu'il allait y avoir des incidents et je voulais aider les gens de ma race. Comme je me retournai pour leur faire face, ils étaient tous assis sur le sol. L'expression de leur figure me rappelait beaucoup les histoires que mon père m'avait contées et l'aspect des guerriers prêts à attaquer un ennemi.

Quand chacun fut assis et que le silence régna, l'interprête ouvrit la porte du bureau et un policier apporta deux chaises. Il fut suivi par l'agent et l'interprète. Tous deux s'assirent. L'agent parla d'abord :

« Dites à ces hommes que s'ils veulent me parler en amis, je leur répondrai. »

Alors le chef Couteau de Bois, leur porte-parole, se leva. C'était un Indien de haute taille et puissamment bâti. Entr'ouvrant sa couverture, il laissa voir un gros bâton qui portait trois couteaux enfoncés à son extrémité. Il plaça ce bâton sur le sol devant l'agent et, tout en parlant, il mit le pied dessus. Il dit :

« Notre Grand Père, le Président, dit de jeter dehors l'agent s'il ne nous traite pas bien. Il y en a beaucoup d'autres pour prendre sa place et qui seraient heureux de cette chance. »

L'agent répondit : « Montrez-moi le papier .

— Nous ne sommes pas des Blancs, repartit Couteau de Bois, nous ne portons pas de papier sur nous, nous emportons seulement ce que nous entendons.

— Ce que vous m'avez dit n'est pas exact, répliqua l'agent, si vous me parlez ainsi, je ne vous écouterai pas. »

Alors, il se tourna vers la porte du bureau comme s'il avait terminé le Conseil. Ce fut là une faute de sa part. Les Indiens étaient venus de loin pour qu'on les écoutât jusqu'au bout et ils étaient décidés à être entendus. Comme l'agent se retournait, j'observai, d'après l'expression de la figure des Indiens, qu'il allait y avoir des incidents sur-le-champ. Des armes de toutes sortes furent soudainement levées et des cris de : « A mort ! A mort ! » retentirent dans la salle du Conseil. Un des Indiens saisit la main de l'agent au moment où il allait rentrer dans son bureau. Un policier qui était dans cette pièce l'avait saisi par l'autre main et tous les deux tiraient avec force et obstination. D'autres policiers arrivèrent et, finalement, l'agent fut entraîné dans l'intérieur du bureau.

Mais quelques Indiens réussirent à suivre l'agent. Il y en avait tant que la police ne pouvait rien faire. Ils n'osaient pas tirer de peur de tuer quelques-uns des leurs. L'agent traversa le bureau en courant et se précipita dans la cour, suivi de nombreux Indiens. Comme la foule de la salle du Conseil diminuait, la police tenta de faire preuve d'autorité, sur quoi les deux partis commencèrent à se battre. Je courais des uns aux autres, essayant de leur faire entendre raison et d'arrêter la lutte. Je leur dis que je parlerais à l'agent pour eux s'ils se conduisaient bien et, au bout d'un moment, l'émeute se calma. Les Indiens du Tipi au Sommet Noir rentrèrent à leur camp. Alors j'allai voir l'agent, comme je l'avais promis et lui demandai ce qu'il se proposait de faire à ce sujet. Il dit qu'il allait leur distribuer toutes les marchandises.

J'allai au camp et répétai au chef les propos de l'agent. Cela les remplit d'une joie immense d'apprendre que j'avais tenu parole. Quelques jours plus tard, chaque famille reçut un assortiment complet de meubles de ménage : machines à coudre, lits, chaises, plats, commodes, fourneaux — en fait, tout ce dont ils avaient besoin pour meubler une maison. Mais ils avaient tout cela dans leurs tipis. Quelques jours plus tard, j'allai rendre visite à l'un d'eux qui était un de mes parents éloignés. Je trouvai sa femme essayant de faire marcher la machine à coudre pendant qu'il était couché sur le lit et chantait à tue tête !

Les Indiens ne connaissaient pas l'emploi auquel étaient destinées leurs nouvelles acquisitions. Toutes leurs affaires étaient enfermées dans les malles indiennes ou pare-flèches et rien dans les tiroirs des commodes neuves. Cependant ils étaient tous heureux de recevoir ces choses, même sans en comprendre alors l'usage.

Peu de temps après cet événement, Mr. Wright, l'agent, nous quitta. Il pensait qu'une dispute avec les Sioux était plus qu'il n'en désirait et peut-être eût-ce été pour lui vraiment la dernière si je n'étais intervenu à temps.

Il arriva un nouvel agent nommé Spencer. Il amenait avec lui sa fille, qui prit la place de Nelly Wright. Elle n'était vraiment pas capable d'occuper cette situation, mais comme elle était la fille de l'agent, elle la prit cependant. Celui-ci était fort peu scrupuleux, quoiqu'il fût très coulant dans toutes ses opérations.

Le Gouvernement commença à donner de gros chevaux de trait aux Indiens pour le travail de ferme, car les petits poneys n'étaient ni assez grands ni assez forts pour ce travail. Au lieu de donner les gros animaux de trait aux Indiens, cet agent cherchait autour de lui s'il voyait quelqu'un possédant une jolie collection de reliques indiennes, contre laquelle il troquait les chevaux. Naturellement, un Indien est capable de donner à peu près n'importe quoi pour avoir un bel attelage. De cette façon, l'agent réunissait un grand nombre de reliques indiennes.

Mon père ayant découvert le trafic auquel il se livrait, alla voir un homme appelé Plume Rouge et, avec lui, il élabora un plan pour se débarrasser de l'agent. Ils devaient l'attacher sur un chariot, l'emmener à la frontière du Nébraska et l'y abandonner de façon à en débarrasser complètement la Réserve.

Mais l'agent, d'une façon ou d'une autre, eut vent de ce projet et, ne perdant pas de temps à faire ses paquets, il partit avant que mon père et Plume Rouge eussent mis leur plan à exécution. L'agent ne pouvait pas rester et se protéger et il n'osait pas non plus demander à la police indienne de l'aider. Il savait qu'il faisait mal et que mon père avait l'intention de mettre à exécution ses menaces. Aussi il partit, et jamais il n'y eut d'enquête pour déterminer la raison de ce départ.

Nous fûmes donc sans agent pendant plusieurs jours, c'est-à-dire jusqu'à l'arrivée de George Wright, fils du premier agent. George Wright était un homme remarquable et nous nous entendions à merveille.

A quelque temps de là, le Gouvernement envoya quelques commissaires à notre Réserve. L'objet de cette visite était de faire une enquête au sujet des concessions. Tous les chefs étaient contre le système des concessions. Ils se figuraient qu'on allait leur donner un morceau de terrain, entouré de barrières, comme ceux des Blancs, mais sans ouverture pour y entrer ou en sortir, et qu'ils mourraient de faim.

L'agent envoya dire à tous les Indiens de venir à son bureau. Bientôt ils arrivèrent, se rassemblant de toutes les directions et firent leur camp en attendant l'ouverture du Conseil. Naturellement, tous les chefs qui s'imaginaient connaître quelque chose à ce système de concessions en avaient parlé aux autres Indiens et ils étaient tous d'accord pour ne signer aucun papier avec les Blancs.

Mais mon père était en faveur de la concession. Il avait écouté ce que je lui avais expliqué. Aussi ne fit-il attention ni aux commissaires ni à l'agent, mais il alla tout seul au Conseil que tenaient les Indiens pendant leur attente. Alors plusieurs des vieux chefs se levèrent pour prendre la parole. Mon père se leva aussi et, comme il était placé en face d'eux, ils attendirent tous pour écouter d'abord ce qu'il avait à dire. Il parla en ces termes :

« Mes amis, il y a ici quelques hommes blancs envoyés par le Grand Père de Washington. Ils sont venus nous voir pour conclure un accord au sujet d'une concession de terrain. Maintenant que mon fils m'a expliqué la proposition, je la considère comme excellente. Nous devons recevoir un morceau de terrain de trois cent vingt acres qui sera arpenté. C'est pour la culture. Nous allons aussi recevoir un attelage de chevaux, un chariot de ferme, une vache laitière, des instruments agricoles et cinquante dollars d'argent liquide pour construire une maison. Cette terre sur laquelle nous vivons n'est pas bonne pour l'agriculture parce que les saisons ne sont pas propices. Aussi je vais demander aux commissaires une section entière de terrain de six cent quarante acres. S'ils veulent nous l'accorder en plus des choses mentionnées, nous devrions signer le papier. Notre tribu doit recevoir trois millions de dollars pour cette terre, dont la moitié doit être employée à éduquer nos enfants et le reste doit nous être payé en vingt-cinq ans. Si nous acceptons un morceau de terrain, il sera à nous pour toujours. Si quelqu'un d'entre vous, les vieillards, meurt, dans les conditions actuelles, vous n'avez rien à laisser à vos enfants. Mais si vous possédez un morceau de terrain, ce sera à eux quand vous ne serez plus. Personne ne pourra le leur enlever. Aussi je suis en faveur de l'acceptation de ce terrain. »

Alors le chef Ours Corne Creuse se leva. Il était contre la concession. Il était le mari de ma sœur aînée Wastewin, fille de ma mère par son premier mari. Il aimait mon père, mais il était chef de son clan et il avait le droit d'avoir sa propre opinion. Il parla comme il suit :

« Mes amis, vous avez tous entendu ce que mon beau-père a dit, mais je ne pense pas qu'il ait raison. Il croit ce que lui disent les Blancs ; mais c'est seulement une autre de leurs machinations pour nous prendre notre terre et ils nous ont joué des tours semblables auparavant. Nous ne voulons pas leur faire confiance. Ils viennent vers nous avec de bonnes paroles, mais elles sont sans fondement. Nous ne signerons plus de papiers avec eux. »

Tous les Indiens grognèrent « Hau » ! ce qui voulait dire qu'ils approuvaient Ours Corne Creuse. Puis d'autres chefs se levèrent et parlèrent. Un si grand nombre d'entre eux étaient contre la concession, qu'il semblait que nous ne l'obtiendrions jamais. Mais ces conseils que les Indiens tenaient entre eux n'étaient pas enregistrés, car il n'y avait pas de Blancs présents.

Finalement les Indiens devinrent si hostiles à ce projet qu'ils décidèrent que le premier d'entre eux qui signerait de nouveaux papiers avec les Blancs serait tué. Alors que beaucoup des Indiens étaient réellement d'accord avec mon père, ils avaient peur de le dire à cause des conséquences.

Enfin arriva le jour de l'assemblée à l'Agence. Tous les chefs et les hommes de tête, aussi bien que tous les Indiens, étaient rassemblés pour entendre ce que les Blancs avaient à dire. Le général George Crook, l'officier fameux, fut le premier à parler. Il expliqua tout ce que les Indiens allaient recevoir et la façon dont les enfants allaient être éduqués, etc... Il parla de l'école de Carlisle et du bien qui y était fait par le capitaine Pratt. D'autres Blancs lui succédèrent qui demandèrent aux Indiens s'ils ne pensaient pas que ce serait une bonne chose pour eux.

Alors un des Indiens se leva et dit qu'ils ne comprenaient pas encore complètement les choses, mais que si l'agent leur donnait de la nourriture, ils tiendraient un autre conseil et qu'alors ils pourraient envisager une ligne de conduite, ce à quoi l'agent consentit. Aussitôt que les Indiens arrivèrent à leurs tipis, ils tinrent un nouveau conseil.

Le jour suivant chacun était revenu à l'Agence. Les commissaires prirent encore la parole, ainsi que de nombreux Indiens. Le chef Ours Corne Creuse était hostile au projet de concession.

« Hommes blancs, vous êtes venus à nouveau vers nous pour offrir quelque chose que nous ne comprenons pas complètement. Vous nous parlez très doucement, ce n'est pas le fond de votre pensée. Vous n'avez respecté aucun des vieux traités. Pourquoi venez-vous maintenant nous en proposer un nouveau ? Pourquoi ne nous payez-vous pas d'abord l'argent que vous nous devez, avant de nous apporter un autre traité ? »

D'autres chefs suivirent et exprimèrent leurs sentiments sur les traités qui n'avaient pas été respectés. Ils arguèrent que s'ils signaient celui-ci, alors on oublierait les anciens. Les commissaires essayèrent d'expliquer que le nouveau traité serait sur le même pied que les autres — qu'ils allaient recevoir leurs annuités de marchandises comme d'habitude, avec, en plus, ce que l'on promettait maintenant. Cependant les Indiens n'en croyaient rien et déclarèrent qu'ils allaient rentrer chez eux pour y réfléchir. Ils partirent et recommencèrent à délibérer entre eux. Mon père assista à tous ces conseils entre Indiens, aussi bien qu'à ceux où étaient présents les commissaires. Mais il avait déjà dit aux Indiens quelle était sa propre opinion à ce sujet et il n'en parla jamais plus : les Indiens savaient que sa décision était définitive.

Il y avait un homme de notre tribu qui n'assistait jamais à aucun conseil. Son nom était Corbeau Chien — l'Indien qui avait tué Queue Tachetée. Il était autorisé par le Gouvernement à porter toujours un revolver pour se défendre.

Mais à toutes les assemblées d'Indiens — peu importe que les Blancs fussent présents — il ne venait pas. Il avait peur. Cependant il entendit raconter ce qu'avait dit mon père et pensait que réellement il avait raison, quoiqu'il n'osât pas le dire ouvertement.

Le jour arriva où devait avoir lieu le troisième conseil avec les Indiens et les commissaires. Le général Crook prononça un très ferme discours. Il dit aux Indiens qu'ils pouvaient le considérer comme leur ami. « Quelques-uns d'entre vous me connaissent depuis longtemps, dit-il, et vous pouvez avoir confiance en moi. Quand le Président à Washington me demanda d'aller vers vous avec cette proposition, je fus heureux de le faire, parce que je sais que c'est pour votre bien et celui de vos enfants. Nous savons qu'il y a dans votre tribu quelques hommes en faveur de cette proposition, aussi demain nous tiendrons une assemblée pour que vous puissiez signer ce papier. Ceux qui n'y croient pas ne le signeront pas. »

Chacun se demandait vraiment ce qu'il voulait dire quand il déclara que quelques hommes de la tribu étaient en faveur de ce traité. Il était bien connu que mon père le favorisait, mais on savait aussi qu'il ne venait jamais près des commissaires. Mais les nouvelles voyagent si vite !

Le jour suivant, mon père, avec plusieurs de ses amis, alla à l'Agence. Tous les Indiens s'assemblèrent comme avant, mais cette fois ils vinrent avec leurs armes. Le commissaire parla encore et alors il demanda si personne n'avait quelque chose à dire. Là-dessus mon père se leva et prit la parole à peu près en ces termes :

« Mes amis, vous savez tous que je vous ai parlé de ce traité, parce que, selon l'explication de mon fils, il m'a semblé avantageux pour nos enfants et pour leurs enfants à leur tour. Un jour, il leur faudra se mêler à la race blanche; ils auront donc besoin d'éducation. Ces hommes ont exposé ces choses de la façon dont me les a dites mon fils, et je les crois. Aussi je vais signer ce traité. »

Alors, dans la salle, des cris de : « A mort ! A mort ! » s'élevèrent de toutes parts ; mais mon père ne tourna même pas la tête. Il alla droit à la table et toucha la plume. C'était là sa signature, car il n'avait pas d'éducation et ne savait pas écrire. Une grande agitation régnait parmi les amis de mon père qui jetaient les yeux de tous côtés. Un homme avait son fusil levé prêt à tirer, mais quelques autres le saisirent à bras le corps et le jetèrent hors de la salle. Mon père fut le premier à signer le traité en public, risquant sa vie afin que nous, ses enfants, puissions recevoir une concession de terrain du Gouvernement.

Les autres Indiens, voyant que mon père signait le papier sans être tué, commencèrent à avoir plus de courage. L'un après l'autre, ils allèrent vers la table et touchèrent la plume. Bientôt les Blancs durent chercher d'autres tables, car les Indiens se succédaient si rapidement qu'il n'y avait plus assez de place sur une seule. Mon père était bien heureux de voir que la tribu presque entière pensait que ce qu'il faisait était pour le bien de son peuple.

Plusieurs Indiens qui n'étaient pas en faveur du traité sortirent de la salle du Conseil, parmi eux mon beau-frère, le chef Ours Corne Creuse. Les commissaires restèrent quelques jours de plus à la Réserve et d'autres Indiens vinrent de temps en temps pour signer le traité. Aussitôt que la plupart des hommes importants de la tribu eurent signé, les commissaires retournèrent à Washington. Personne n'avait été blessé, mais il avait fallu un courage considérable pour faire le premier geste et être le premier à signer.

Quelque temps après, mon beau-frère, Ours Corne Creuse, et moi discutions le traité, il me dit alors que réellement il y avait toujours cru, mais pas son clan. On lui avait demandé d'être le porte-parole, parce qu'il était le chef et ainsi il avait dû dire ce que voulait son peuple. C'est pour cela qu'il avait contredit mon père.

Pendant l'année 1926 j'eus l'occasion de rendre visite à un ami qui avait une publication du Gouvernement sur tous les traités. Je regardai ce livre et trouvai celui qui se rapportait à la concession des terrains. Sachant que mon père avait été le premier à signer le papier, j'étais désireux de voir comment les autorités de Washington l'avaient enregistré. Imaginez ma surprise quand je vis que le nom de Corbeau Chien était en tête de la liste des signataires quand — c'était un fait établi — il n'avait assisté à aucun des conseils, mais était venu au milieu de la nuit, en secret, vers les commissaires et là avait signé le traité. Comme j'étais présent et que je vis mon père signer ce traité comme le premier Indien, je sais ce dont je parle.

Quoique le nom de Corbeau Chien soit enregistré comme étant le premier à avoir signé le traité, je sais que ce n'est pas. Je fus témoin de l'affaire tout entière et Corbeau Chien jouit d'un crédit erroné pour un acte auquel il n'eut rien à voir.

CHAPITRE XXI

LES TROUBLES DE LA DANSE DE L'ESPRIT

Il était admis par le Gouvernement que tout chef de famille recevrait six cent quarante acres de terres à cultiver. Alors mon père prit à nouveau la parole. Il dit que les Indiens ne connaissaient rien à la culture, mais qu'ils pouvaient prendre la terre pour faire pâturer. C'était très raisonnable.

Du jour où mon père eut signé le traité, nous commençâmes tous à comprendre qu'on allait nous donner quelque chose qui nous appartiendrait en propre — et l'idée de possession donne à chacun une plus haute appréciation de la vie, sans égard à la petite contenance possible de cette propriété ; ainsi, nous commençâmes tous à examiner autour de nous les différentes parties de la réserve pour voir sur laquelle nous aimerions vivre.

Mon père connaissait chaque coin de notre pays, et lorsqu'il vit qu'il allait avoir du terrain bien à lui, il se mit à chercher aux alentours où se trouvaient les meilleures terres. Il alla à l'Agence de Pine Ridge et, quand il vit les terrains de là-bas, il les préféra tant à ceux de Rosebud qu'il décida de s'y transporter avec sa famille.

Moi, je restai à Rosebud. C'est là que j'avais mon poste de maître d'école. George Wright était encore notre agent et c'était un jeune homme plein de qualités. Ma maison se trouvait près de mon travail et ma petite famille était heureuse. Notre bois de chauffage était préparé pour l'hiver ; le bétail, les porcs et les chevaux étaient tous bien nourris et, à l'approche des vacances, tout le monde semblait heureux.

Alors soudain une grande agitation s'abattit au milieu de nous. Cela fut si subit qu'un grand nombre d'Indiens ne savaient plus de quel côté se tourner. C'était la passion d'une nouvelle religion appelée « la Danse de l'Esprit ». C'était en 1890. A cette époque très peu d'Indiens avaient reçu de l'instruction, ils étaient très superstitieux et leurs sentiments étaient facilement excités et exploités.

Un jour je fus appelé dans le bureau de l'agent. Là, je vis un Indien appelé Taureau Trapu et un jeune homme connu sous le nom de Ce-re-aka-ruga-pi ou Casse-le-pot-sur-lui. L'agent se mit à les questionner devant moi et je n'oublierai jamais ce que dit Taureau Trapu. L'agent lui demanda de lui parler de la nouvelle religion pour laquelle on s'agitait tant et de lui dire pourquoi il y croyait. Taureau Trapu répondit :

« Nous avions entendu dire qu'il y avait dans le Far West un homme extraordinaire. C'était un Messie et plusieurs tribus s'étaient rassemblées pour aller le voir. Nous allâmes à l'endroit où le soleil se couche et là nous vîmes cet homme. Il nous dit que nous allions avoir une nouvelle terre et que la vieille serait recouverte de boue. Pendant ce temps, il nous fallait danser continuellement pour nous maintenir au-dessus de la boue.

« Cet homme nous dit que tous les Blancs allaient être recouverts, parce qu'ils n'étaient pas croyants ; même les Indiens qui n'avaient pas la foi seraient ensevelis. Il évoqua devant nous des visions du bon vieux temps où le buffalo était abondant et où de grands campements s'étendaient dans les plaines. Tous nos gens dansaient et festoyaient.

« Cet homme frappa le sol et fit du feu. Il nous parla à tous en même temps et toutes les différentes tribus le comprenaient. Il dit que tous les Blancs seraient détruits. Il nous enseigna un cantique à chanter pendant cette danse. Il nous montra l'endroit où le soleil tombe dans l'océan qui bout et devient brûlant. »

A ce moment j'interrompis Taureau Trapu en lui disant : « Cela n'est pas ainsi ; l'océan ne bout pas au coucher du soleil. » Taureau Trapu me regarda en face et ne dit plus rien au sujet du soleil.

L'agent parla poliment à ces deux hommes et leur

demanda de ne pas exciter les Indiens de l'Agence de Rosebud. Tous deux le promirent et s'en retournèrent chez eux.

La première chose que nous apprîmes ensuite fut que la majorité des Indiens de Rosebud avaient rejoint les danseurs de l'Esprit. Nous pouvions voir monter au ciel la poussière soulevée par la danse et entendre le battement des tom-toms. Ils allaient danser jusqu'à en tomber d'épuisement.

La danse de l'esprit se tenait dans une plaine à environ huit milles à l'ouest de l'agence, sur un plateau à l'ouest de la Petite Rivière Blanche. Nous pouvions facilement voir le lieu où se tenaient les danseurs au nuage de poussière qu'ils soulevaient.

Les Indiens étaient réellement convaincus et avaient une foi entière en ce qu'ils faisaient. Ils pensaient que cette nouvelle religion allait les débarrasser des visages pâles haïs, qui les avaient si longtemps persécutés.

Le clan de mon père n'avait pas encore rejoint les danseurs. Deux de ses beaux-frères en étaient chargés. Haute Pipe (dont le nom, vous pouvez vous en souvenir, a été mentionné lorsqu'il conduisait les bœufs de mon père avec un fouet de lanière noire), était l'un d'eux et Corne Noire l'autre. Mon père avait déjà déménagé à Pine Ridge avec sa famille, mais il avait laissé à ses deux beaux-frères la charge du reste des Indiens.

Chaque jour la poussière de la danse montait haut danse le ciel. A mesure que l'enthousiasme augmentait, un plus grand nombre de danseurs s'y joignaient. Alors George Wright, l'agent, m'envoya demander si je voulais porter un message au clan de mon père. Ce clan était situé à environ cinq milles à l'ouest de l'agence, sur la rive est de la Petite Rivière Blanche, de sorte qu'il était à environ trois milles seulement des danseurs, de l'autre côté de la rivière. De là, on pouvait à la fois voir et entendre les danseurs plus facilement que nous.

J'acceptai d'y aller et M. Wright me fournit un attelage et un conducteur. Celui-ci était un Blanc et, quand nous atteignîmes le camp, je lui donnai des instructions pour me mener jusqu'au centre avant de s'arrêter. Les tipis formaient un cercle. C'était un camp important — il avait environ un quart de mille de diamètre. Quand le chariot s'arrêta, les Indiens sortirent et m'entourèrent pour écouter ce que j'avais à dire. Il n'y avait pas d'agitation, mais chacun était curieux de l'objet de ma visite.

Je dis à mes gens que je voulais les aider et que c'était là la raison de ma venue. Je leur dis que ce ne serait pas loyal de leur part de rejoindre les Danseurs de l'Esprit, car le Gouvernement allait y mettre bon ordre et qu'il vaudrait mieux pour eux qu'on ne les trouve pas là. Je leur exposai que le Gouvernement emploierait ses soldats pour faire exécuter l'ordre si cela devenait nécessaire.

La pensée que les soldats allaient venir les troublait, mais je leur dis que s'ils avaient peur, ils pouvaient transporter leurs tipis et les dresser autour de ma maison pour y camper : elle se trouvait seulement à environ un demi-mille de l'agence. Ils décidèrent tous d'y venir le matin suivant. Cela me fit un plaisir immense de penser que ma visite et mes paroles avaient été couronnées de succès. A mon retour, quand je l'annonçai à l'agent, lui aussi fut très heureux.

Aussitôt après mon départ du camp, tous mes plans furent « bouleversés de fond en comble » comme vous pourriez le dire. Un de mes oncles, Cœur Dur, rentra venant de Pine Ridge. Voyant que tous les Indiens se préparaient à lever le camp pour aller ailleurs, il s'enquit de la raison de ce mouvement soudain. Quand ils lui dirent qu'ils s'apprêtaient à aller camper autour de mon habitation, il leur conseilla de n'en rien faire. Il leur assura qu'un nouveau monde arrivait et se déroulerait au-dessus du monde actuel et qu'il leur fallait ou bien se joindre aux Danseurs de l'Esprit ou bien périr avec ceux qui ne croyaient pas. Cependant, cela ne les aurait pas détournés de venir vers moi si quelqu'un n'était rentré au camp cette nuit-là en leur annonçant que les soldats arrivaient. Cela les effraya à un tel point qu'ils avaient tout emballé et étaient partis bien avant le jour.

Quand je me réveillai le matin suivant et que je regardai par la fenêtre comptant voir leurs tipis plantés autour de ma maison, je fus grandement déçu. Il n'y avait aucune trace de leur camp. Je regardai sur la route dans la direction par laquelle ils auraient dû venir. Mais il n'y avait personne en vue. Alors je compris que quelque chose les avait effrayés et les avait empêchés de tenir leur promesse.

Les Indiens qui avaient décidé de rester à l'Agence tinrent un Conseil pour y discuter la danse. Comme pour toutes les croyances religieuses, il y avait des convaincus et des sceptiques.

La première chose que j'appris fut que tous les Indiens commençaient à se rassembler autour de la maison de Queue Tachetée. Celui-ci possédait une très belle résidence que le Gouvernement lui avait bâtie après qu'il eut vendu toute la partie nord du Nébraska — nos terres de chasse — sans que nous le sachions. Quoique ce chef fût mort depuis 1881, sa demeure était connue sous le nom de maison de Queue Tachetée. Je vivais encore dans la maison que mon père avait achetée au missionnaire catholique. Elle s'élevait sur le flanc d'une colline qui partait de la maison de Queue Tachetée, aussi je pouvais parfaitement distinguer les Indiens qui se rassemblaient pour le Conseil. Après avoir vu plusieurs des principaux chefs entrer, je décidai de descendre pour me rendre compte de ce qu'ils avaient l'intention de faire.

Quand j'arrivai, mon beau-frère, le chef Ours Corne Creuse, parlait et je m'arrêtai à la porte pour écouter. Il ne croyait pas à la Danse de l'Esprit et parlait avec fermeté contre elle. Tous ceux qui étaient là l'approuvaient et s'écriaient « Hauh ! » de temps en temps. Soudain nous, qui nous tenions près de la porte, nous vîmes un Indien monté sur un cheval blanc se diriger vers la maison aussi vite qu'il pouvait pousser sa monture. Il venait de l'Agence et piquait droit vers le Conseil. En arrivant à toute vitesse il sauta de son poney et fit irruption dans la salle du Conseil. Ours Corne Creuse parlait encore, mais cet homme, Aigle

Courageux, l'interrompit en s'écriant : « Hé ! hé ! Hommes, que faites-vous tous ici ? Ne savez-vous pas que les soldats ont emmené toutes vos femmes et vos enfants de la rivière de la Viande Coupée ? Pourquoi restez-vous tous assis à ne rien faire ? »

Ces paroles furent la cause d'un grand émoi, car beaucoup de ces hommes avaient des parents à la rivière de la Viande Coupée. Le Conseil fut suspendu et de nombreux Indiens coururent à l'Agence. Mon beau-frère et moi nous partîmes, mais nous nous arrêtâmes d'abord chez moi : la première chose qu'il remarqua était ma carabine Winchester, qui était dans un coin de la pièce avec cinquante cartouches dans la cartouchière. Il voulait ce fusil : « Donnez-le-moi et je vais aller voir ce que signifie tout cela », me dit-il.

Quand nous arrivâmes à l'Agence, nous trouvâmes l'agent très agité. Il arpentait la pièce en se frottant la tête.

« Je ne puis comprendre ce qui est arrivé, me dit-il. S'il y avait quelque chose qui n'allait pas on m'aurait expédié un télégramme. » Il avait envoyé chercher sa police indienne, qui maintenant arrivait. Les Indiens qui s'étaient rassemblés étaient tous prêts à partir pour la crique de la Viande Coupée et les policiers aussi étaient impatients de partir. Tout le monde était à cheval et je restai à les regarder se mettre en route pour cette course de vingt-cinq milles, aucun d'eux ne sachant ce qu'il allait trouver en arrivant. Je devais rester à l'Agence jusqu'au retour de Mr. Wright.

Les mauvaises nouvelles voyagent vite. Aucun des employés de la Réserve du Gouvernement ne voulait travailler ce jour-là. Chacun d'eux restait à flâner se demandant ce qui allait encore se passer. Vers le soir, nous vîmes revenir tous les hommes. Leurs chevaux étaient fourbus après cette équipée et les hommes rompus, mais les nouvelles qu'ils rapportaient faisaient plaisir à entendre.

L'agent nous dit qu'à leur arrivée au camp rien n'y avait été dérangé ; l'homme qui avait apporté la nouvelle n'avait pas dit la vérité. Nous nous demandions quel avait été son but en nous rapportant une telle histoire : s'il l'avait inventée lui-même ou s'il avait été soudoyé pour la répandre. On ne sut jamais la vérité.

Mon beau-frère ne revint pas avec les autres, mais il se rendit directement à son clan emportant ma carabine Winchester. Ce fut la dernière fois que je la vis. De toutes façons, il avait toujours eu envie d'un fusil et n'était-ce pas un très joli moyen de s'en procurer un ?

Rien de particulier ne survint pendant la nuit, mais, le matin suivant, un de mes cousins éloignés, Isaac Bettelgeau, un métis, vint me voir. Il était éclaireur pour le Gouvernement et habitait sur la rivière Nobrara. Il me dit que toutes les agences de la Réserve des Sioux devaient être cernées en une nuit par les soldats, qu'il ne pouvait pas me dire quand, mais que ce serait bientôt. Nous ne faisions rien qui requît la présence de troupes, mais elles allaient venir tout de même et nous nous demandions pourquoi.

Cependant ces nouvelles ne m'inquiétaient guère et je me mis au lit comme d'habitude. Un de mes amis, Julien Siffleur, habitait avec moi, en compagnie de Frank Janis. Nous couchions tous les trois dans le même lit, ma place étant près de la fenêtre.

Le surlendemain, de très bonne heure, nous entendîmes des hommes qui marchaient. Cela nous réveilla, je soulevai le store et je regardai au dehors. Il y avait partout des tentes de soldats ; les troupes étaient déjà debout et faisaient l'exercice du matin. Je sautai hors du lit et allai à la porte de derrière. Juste au moment où je l'ouvris, j'entendis le commandement de « Halte ! » Je pensai que cela s'adressait à moi, jusqu'à ce que je visse le corps entier de la troupe s'arrêter. Les soldats étaient tous habillés, mais moi j'étais encore en vêtements de nuit.

Je les regardai une minute ou deux puis je rentrai éveiller mes amis. Ils s'habillèrent et nous commençâmes à préparer le déjeuner. Bientôt nous vîmes les soldats venir à mon tas de bois. Ils s'empressèrent de se servir ; mes quelques cordes de bois disparaissaient rapidement. Je ne leur dis rien, ne voulant soulever aucune difficulté ! Plus tard, me trouvant dehors dans la cour où j'étais occupé à quelque besogne, un officier vint vers moi et me dit de ne pas me tracasser pour le bois, car le Gouvernement me paierait pour tout ce que l'on avait employé.

Le matin suivant arriva la nouvelle du terrible massacre de toute la bande de Gros Pied. Hommes, femmes et enfants — même les bébés furent tués dans les bras de leurs mères ! Cela fut l'œuvre des soldats. D'après l'histoire des Blancs, cela s'appelle la bataille de Genou Blessé — mais ce ne fut pas un combat — ce fut un massacre, une boucherie. Ces soldats avaient été envoyés pour protéger les hommes, les femmes et les enfants qui ne s'étaient pas joints à la Danse de l'Esprit mais ils les avaient tués sans même qu'on leur eut laissé le moyen de se défendre.

Quand j'appris cela, je sentis bouillir mon sang. J'étais prêt alors à partir et à combattre ; moi qui essayais de mon mieux d'apprendre à mon peuple à suivre le chemin des Blancs — de leur faire croire en leur religion — c'était là ma récompense ! Le peuple même que je suivais — et que je faisais imiter par les miens — ne respectait ni la maternité, ni la vieillesse, ni l'enfance. Où était donc toute sa civilisation ?

Après l'affaire de Genou Blessé, un plus grand nombre d'Indiens se joignit aux danseurs. Ils sentaient qu'ils ne pouvaient pas rencontrer un pire destin que celui qui avait été réservé à leurs amis et à leurs parents.

Après des troubles de ce genre, les rumeurs sont toujours prêtes à circuler, nombreuses et rapides. Comme nous n'avions pas de téléphone à cette époque, nous n'avions aucun moyen pour discerner la vérité en ce qui concernait le destin de nos amis et de nos parents. Seuls des bruits nous parvenaient et ce n'étaient pas les plus rassurants. Un des nôtres accourut à l'Agence, porteur d'une nouvelle : il avait entendu un soldat déclarer qu'ils « allaient tuer tous les Indiens, sans égard pour l'éducation, parce que les seuls bons Indiens étaient les Indiens morts ». Cela sonnait fort mal et bientôt vint une autre rumeur : « Tous les Indiens qui restent avec les Blancs et travaillent avec eux, seront considérés comme des Blancs et ne seront pas tués. »

Ce fut environ deux jours après l'affaire de Wounded Knee que ces bruits commencèrent à transpirer à l'Agence. Aucun Indien, homme ou femme, n'était autorisé à quitter sa demeure. Les nerfs de chacun étaient tendus. Ma maison était complètement entourée de soldats. Je ne savais pas si ma famille était vivante ou morte. Ma femme était partie chez son père avec mes enfants dès le début des troubles.

Je discutai la situation avec mes deux amis Julien Siffleur et Frank Janis. Nous décidâmes de combattre si on nous y obligeait, mais de ne pas commencer nous-mêmes. Comme mon beau-frère avait pris mon fusil, j'étais sans arme. Mes deux amis aussi. C'est pourquoi, étant sortis, nous en achetâmes chacun un avec beaucoup de munitions et nous étions prêts à combattre si on en venait « aux mains ».

Bien que tous les trois nous fussions sortis de l'école de Carlisle, nous décidâmes de rester fidèles à notre race.

Après nous être procuré des fusils, nous nous sentîmes plus en sécurité en allant au lit le soir. Nous gardions nos armes chargées, nous attendant toujours à être attaqués.

Une nuit de pleine lune, alors qu'il faisait presque aussi clair qu'en plein jour, il y eut une alerte. Nous étions déjà couchés depuis un moment lorsque soudain nous entendîmes le commandement « A cheval ! » Nous sautâmes hors du lit, saisissant nos fusils, et nous sortîmes. Il se trouvait qu'un officier avait aperçu sur la crête d'une colline un éclaireur indien solitaire et qu'il avait donné l'alarme. Un ordre retentit : « En avant, marche ! » et ils partirent. Me tournant alors vers mes amis, je leur dis : « Lorsque la fusillade commencera, nous ouvrirons le feu nous-mêmes et nous continuerons à tirer jusqu'à la dernière cartouche ». Cependant nos projets ne se réalisèrent pas. L'officier avait fait une erreur. Au lieu d'un scout indien c'était seulement un cheval échappé qu'il avait vu. L'animal était entravé et lorsqu'il descendait la colline en sautillant, cela faisait un si drôle de bruit que l'officier avait pensé qu'il arrivait quelque chose de sérieux.

Nous eûmes quelques alertes de ce genre, mais rien de grave n'arriva à notre agence. Peu d'employés du Gouvernement travaillaient cependant, étant tous trop énervés par l'attente des dernières nouvelles. Et l'agent était obligé d'être sur le qui-vive.

Trois ou quatre jours plus tard, je partis pour vérifier les nouvelles qui nous avaient été rapportées au sujet du combat. Mon père, ma mère et leur famille étaient à ce moment à Pine Ridge et je n'avais d'eux aucune nouvelle. Il avait neigé dans l'intervalle et il faisait très froid. Il me fallait faire trente milles à cheval, mais j'avais une bonne monture, de chauds vêtements et je ne craignais pas l'expédition.

Quand j'arrivai à l'endroit où avait eu lieu le combat entre les Indiens et les soldats, tous les cadavres avaient été enlevés. Çà et là gisait celui d'un cheval. Les perches des tipis, brisées, traînaient en tas épars. Des ustensiles de cuisine gisaient pêle-mêle sur le sol, de vieux chariots étaient renversés avec le timon cassé. Tout était confusion.

J'atteignis cet endroit au petit matin, le silence y était accablant, terrible.

Il y avait çà et là de petites flaques d'eau, les unes claires, les autres rougies du sang de mes semblables. Ce tableau me remplit d'une telle fureur que j'étais prêt à tuer n'importe qui, mais on ne pouvait voir personne. Ce lieu de mort était désert, abandonné. Je restai là, en silence, pendant quelques minutes, par respect pour les morts, puis, faisant demi-tour, je me mis en route vers l'Agence.

En chemin je rencontrai quelques Indiens. Ma première question fut de demander des nouvelles de mon père, de ses femmes, de mes sœurs et de mes frères. Ils me dirent que mon père et ses femmes étaient sains et saufs, ainsi que mes deux frères Ellis et Willard. Aussi je revins à l'Agence de Rosebud pour les voir.

Tous les Indiens qui croyaient à la Danse de l'Esprit s'étaient maintenant enfuis dans ce qu'on appelle les « Mauvaises Terres ». Elles étaient situées dans la partie nord de notre Réserve et il était difficile d'y pénétrer. L'entrée était juste assez grande pour laisser passer un chariot à la fois. C'était un endroit excellent pour tenir tête à l'ennemi.

Ceux qui, au premier abord, n'avaient pas cru à la Danse de l'Esprit s'enfuirent finalement avec ces Indiens vers les Mauvaises Terres. Après avoir vu le traitement infligé à leurs amis et à leurs parents par les soldats, ils ne voulaient plus se fier à eux. Les quelques rescapés du massacre de Genou Blessé s'enfuirent aussi à l'abri des Mauvaises Terres, quoiqu'ils n'eussent ni fusils, ni rien pour combattre. Les soldats leur avaient tout enlevé avant de tirer sur eux. Mais tous les autres Indiens avaient apporté des armes à feu et de nombreuses munitions.

Ils les partagèrent. Ils étaient sûrs maintenant qu'il leur faudrait combattre pour se protéger contre les Blancs. *Qui donc pouvait les en blâmer ?*

Dans les Mauvaises Terres ils avaient beaucoup de bois et beaucoup d'eau. Mais il leur manquait de la viande. Quelques braves se glissèrent dehors, la nuit, et, ramassant tout le bétail qu'ils purent trouver, ils le conduisirent dans leur retraite. Il n'y avait plus alors de grands chefs à l'Agence, car Nuage Rouge, qui avait toujours appelé Pine Ridge son Agence, était un des Indiens qui s'étaient enfuis avec toute leur famille dans les Mauvaises Terres.

Dans le camp tous se sentaient maintenant en sûreté, car tout y était à profusion pour subvenir à leurs besoins. Ils pouvaient danser quand il leur plaisait et il n'y avait pas d'agent à qui demander la permission. Ils n'avaient plus aucune obligation envers le Gouvernement pour l'approvisionnement, car ils avaient maintenant tout ce qu'ils désiraient. Ils gardaient deux guetteurs postés jour et nuit à l'entrée des Mauvaises Terres, aussi il n'y avait aucun danger de surprise. Les soldats n'essayèrent même pas d'approcher. Ils savaient ce qui les attendaient.

Les troupes se rendaient compte que les Indiens qui

avaient des fusils savaient s'en servir. Ceux qui avaient des arcs et des flèches étaient experts dans leur maniement. Les Indiens étaient réellement mieux armés qu'au temps où ils massacrèrent Custer, quatorze ans auparavant. Si les soldats avaient essayé à ce moment d'entrer dans les Mauvaises Terres, il y aurait eu de nombreux morts des deux côtés.

Le général Miles se rendait compte de tout cela, aussi il élabora un plan de réconciliation. Il appela à lui quelques-uns des chefs qui étaient restés à l'Agence et leur demanda s'ils ne voudraient pas aller vers leurs gens pour tâcher de conclure la paix. C'était une mission des plus dangereuses à tenter de remplir, car les Indiens avaient déclaré qu'ils tueraient quiconque viendrait vers eux, sans égard pour la couleur. Les Blancs avaient commencé la lutte et maintenant ils voulaient que des Indiens agissent en médiateurs !

Mon père qui était alors le grand chef, dit qu'il acceptait de porter le calumet de paix à ces Indiens, si quelqu'un d'autre l'accompagnait. Neuf autres chefs offrirent d'aller avec lui. Ces dix braves partirent à cheval ne sachant pas s'ils reviendraient jamais vivants. Mon père portait la pipe que tous les Indiens respectaient à cette époque.

Quand ils arrivèrent à l'entrée des Mauvaises Terres ils furent reconnus par les éclaireurs qui étaient de garde et qui leur permirent d'entrer sans être inquiétés. Ils pénétrèrent tous à cheval par le défilé sous le regard de tous les Indiens. Là ils descendirent de cheval, mon père tenant toujours la pipe de paix avec ses deux mains droit devant lui. Pas une parole ne fut prononcée. Les chefs Indiens se mirent en cercle et s'assirent. Ils priaient ainsi leurs amis de venir et d'accepter la pipe de paix. Tout était silencieux comme la tombe. Parmi les Indiens, à cette époque, il existait une forte superstition ; ils croyaient que si la pipe de paix était apportée et refusée, de grands maux leur adviendraient à eux ou à leurs parents.

La vue de ce calumet de paix rendait furieux les Indiens

qui voulaient combattre ! Ils étaient à cheval et ils se dirigèrent droit vers mon père et les autres chefs. Pas un seul de ces derniers ne remua, tous restaient assis, parfaitement calmes. Un de ces Indiens avait son fusil armé. Son nom était Dix Doigts. En arrivant près de mon père, il dit : « Les Blancs ont tué les nôtres sans pitié et nous voulons les combattre. Pourquoi nous avez-vous apporté la pipe de paix ? »

A peine finissait-il de parler que, pan ! partit son fusil, la balle venant frapper le sol entre les genoux de mon père, lui projetant de la terre dans la figure. Père ne broncha pas et ne prononça pas une parole de reproche. Il avait foi en ce qu'il faisait en apportant la pipe de paix à ces Indiens exaspérés.

Vous qui êtes chrétiens — avez-vous jamais été en colère au moment où quelqu'un vous demandait d'embrasser la Bible ? Alors vous comprendrez ce que ressentaient ces Indiens envers cette pipe de paix qui leur était offerte.

Cependant au bout d'un moment ces Indiens déchaînés se calmèrent et aussi étrange que cela puisse paraître ces dix chefs amenèrent tous ces gens hostiles à l'Agence sans qu'un seul coup de fusil fût tiré ! Là on conclut la paix.

Après l'affaire quelqu'un mentionna à mon frère Ellis l'incident dans lequel Dix Doigts avait tiré une balle entre les genoux de mon père pendant qu'il présentait la pipe de paix. Cela rendit mon frère si furieux qu'à la nuit il couvrit sa tête d'une couverture portant son fusil pardessous et partit à la recherche de Dix Doigts. Il alla de tipi en tipi sans pouvoir le trouver — et ce fut probablement heureux pour cet Indien.

Maintenant que la paix était définitivement rétablie, à qui en donna-t-on le crédit ? Est-ce que l'Indien qui avait apporté la pipe de paix reçut un honneur pour le rôle qu'il avait joué ? Non, vraiment ! Toute la considération alla au général Miles qui fut proclamé le « Grand Pacificateur ». Peut-être sa solde fut-elle relevée ou reçut-il quelques galons de plus sur ses manches. Les Indiens vinrent vers mon père à ce sujet et mon père, qui était le Grand Chef pendant tout ces événements, se rendit près du Général Miles pour en avoir une explication.

Il dit au Général que les Indiens pensaient que ceux qui étaient restés fidèles et n'avaient pas quitté l'agence devraient recevoir quelque chose du Gouvernement pour indiquer qu'ils appartenaient aux Progressistes — quelque chose pour montrer qu'ils n'avaient pas fui ; une sorte d'emblème qu'ils porteraient pour commémorer cette grande paix et le rôle qu'ils jouèrent.

Le général dit qu'il accéderait à cette requête de mon père. Il recueillit le nom de tous les chefs qui l'avaient accompagné. Il dut soumettre leurs noms aux autorités de Washington, car peu de temps après des boutons arrivèrent — un pour chaque homme. Ils avaient environ un pouce et demi de diamètre et se portaient attachés au revers du vêtement tout comme un insigne de loge. Sur ces boutons était blasonné un soleil levant et dans le ciel clair, au-dessus, se lisaient ces mots : « Paix, Bonne volonté ». Au-dessous il y avait deux mains serrées de chaque côté desquelles on voyait un tas de blé et, tout à fait au bas, une charrue. Ils étaient faits de métal argenté bon marché.

Quand ces boutons arrivèrent, le général Miles envoya chercher mon père et les lui donna à distribuer. Les chefs étaient très contents de les porter, montrant qu'ils appartenaient aux Progressistes. C'était une marque de distinction et d'honneur. Mais je me remémore souvent cet incident et je me demande si le grand public sait que les hommes qui ont vraiment réglé le plus grand trouble entre les Blancs et les Indiens à Pine Ridge ont reçu chacun un misérable bouton valant environ cinquante cents !

CHAPITRE XXII

PINE RIDGE : L'ÉCOLE, LE MAGASIN ET LE BUREAU DE POSTE

J'habitais toujours à l'Agence de Rosebud où j'étais maître d'école. Le calme était revenu et nous n'eûmes pas de nouvelles émotions tout le reste de l'hiver. Pendant la période des vacances qui suivit, je me rendis à Pine Ridge pour y voir mon père. Cela me semblait bon de me retrouver en famille. Bien des événements s'étaient déroulés depuis que nous nous étions vus, nous avions à parler et à discuter de bien des choses. Ce que je désirais surtout, c'était savoir combien de personnes étaient mortes depuis notre dernière rencontre. Comment mes frères s'étaient comportés quand ils étaient éclaireurs ? Ce que les Indiens avaient gagné à faire la paix ? Mon père et mes frères me racontèrent tout cela comme je vais vous le relater.

Mon père, qui habitait à l'Agence avec ses femmes, n'était pas allé camper à Genou Blessé. Mon frère Ellis servait dans l'armée comme éclaireur. Willard, mon autre frère, devait remplir à l'Agence le même emploi. Lorsque toutes les Agences furent encerclées par les soldats, Ellis était avec ceux de Pine Ridge. Il fut présent au massacre du clan de Gros Pied et témoin de tout ce qui se passa. Voici ce qu'il me raconta :

Le clan de Gros Pied au complet avait disposé ses tipis en cercle. Quoique le calme régnât parmi eux, des soldats à cheval avaient cerné le camp, leurs fusils braqués sur les Indiens. Un officier avait donné l'ordre de les désarmer tous. On allait leur enlever leurs fusils et leurs couteaux et les laisser sans armes.

Quelques soldats s'avancèrent pour recevoir les armes des Indiens qui étaient là, les uns debout, les autres assis.

Dans ce clan il y avait un garçon qui n'était pas aussi doué qu'il aurait pu l'être, étant en quelque sorte un faible d'esprit. Presque personne ne prenait au sérieux ce qu'il disait ou faisait. Dans les moments de crise, ce sont justement ces gens-là qu'il faut surveiller.

Il était parmi les Indiens que les soldats tenaient sous la menace de leurs fusils. Voyant que l'on désarmait les siens sans résistance, il répétait continuellement en langue sioux : « Ne donnez ni vos fusils ni vos couteaux, je vais tirer». Malgré cela ses paroles n'étaient prises au sérieux par personne, car on l'avait toujours considéré comme inoffensif et irresponsable aussi bien de ses paroles que de ses actes.

Comme un soldat s'approchait pour lui prendre son fusil, au lieu de le donner, le relevant brusquement, il le déchargea en pleine figure du soldat qui tomba foudroyé.

La plupart des armes des Indiens étaient déjà ramassées et ce garçon était le seul qui eût tiré à ce moment-là.

A l'instant retentit le commandement de l'officier qui était à la tête de la troupe : « Feu ! » Les soldats entouraient les Indiens et formaient un cercle et, lorsqu'ils commencèrent à tirer beaucoup de leurs balles allèrent de l'autre côté du cercle tuer quelques-uns des leurs.

Quand la fusillade éclata, mon frère Ellis vit qu'il n'avait aucune chance de salut s'il restait dans le cercle, aussi lança-t-il son cheval à toute bride vers les hauteurs voisines, situées à un quart de mille environ. C'est de là qu'il assista à toute l'affaire. Les soldats continuèrent à tirer jusqu'à ce que rien ne bougeât plus dans le camp.

Les petits enfants furent tués jusque dans les porte-bébés attachés au dos de leur mère. Tout cela était dû à l'acte fou et imprévu d'un Indien à moitié idiot !

Dans les rapports que les Blancs firent de cette boucherie, il est dit que beaucoup de soldats furent tués. Ceci est exact, mais c'est par leurs propres camarades, car, lorsque la fusillade commença, il n'y avait plus d'armes parmi les Indiens.

Mon frère Willard, qui était scout à l'Agence, me raconta

ce qui advint après le massacre. Quelques-uns des éclaireurs coururent à cheval à l'Agence pour faire connaître ce qui arrivait. Pour la plupart, cela impliquait de grands chagrins parce qu'ils avaient des parents parmi le clan de Gros Pied. L'église épiscopale fut immédiatement convertie en poste de secours. C'est là qu'on amena les blessés pour les soigner.

Les Indiens, là-bas, dans les Mauvaises Terres, voulaient débarrasser le pays de la race des Blancs, qui venaient en tuer autant qu'il leur plaisait, quand bon leur semblait. Il ne paraissait pas y avoir de justice pour eux, aussi les meneurs des révoltés dans les Mauvaises Terres voulaient que tous les Indiens se réunissent pour une dernière bataille. Quelques-uns vinrent à l'église rendre visite à ceux qui étaient blessés. Ils leur parlèrent, mais en voyant que ceux-ci voulaient rester jusqu'à leur guérison, ils entraient en fureur. Il y eut même quelques-uns des blessés qui furent tués par leurs propres gens parce qu'ils ne voulaient pas quitter les Blancs.

Quand je fus prêt à partir chez moi, il me vint à l'idée d'aller voir l'agent et pour savoir quelle sorte d'homme ils avaient à leur tête. Quand j'entrai dans le bureau, j'y trouvai assis le capitaine Brown. Il avait été surveillant adjoint pendant un moment à l'école de Carlisle et nous fûmes très surpris de nous revoir. Il se souvenait fort bien de moi et me posa un grand nombre de questions sur moi-même et sur mes occupations. Je lui dis que j'étais instituteur adjoint à l'école de l'Agence de Rosebud.

« Eh bien ! Luther, dit-il, pourquoi ne revenez-vous pas ici ? Si vous le voulez, je vous donnerai la responsabilité d'une des écoles de jour. »

Cela me parut fort tentant, aussi, à mon retour à la maison, j'allai voir Mr. Wright et lui racontai ce que le capitaine Brown m'avait dit, en ajoutant que cette invitation me vaudrait une augmentation de salaire.

Cependant Mr. Wright dit : « Ours Debout, je ne veux pas que vous fassiez une chose pareille. Nous allons augmenter votre traitement ici, l'année prochaine, et vous feriez mieux de rester avec nous ! »

Mais comme toute ma famille était à Pine Ridge, je lui dis que je pensais que je serais mieux avec les miens. En conséquence, je vendis ma maison pour trente têtes de bétail et déménageai à l'Agence de Pine Ridge, sans avoir un transfert de l'agent. La maison que j'échangeai était celle que mon père avait achetée au missionnaire catholique.

Pendant environ trois mois ce fut un va-et-vient entre ces deux agents. Celui de Rosebud ne voulait pas me donner de transfert et celui de Pine Ridge ne pouvait inscrire mon nom sur les livres aussi longtemps que j'appartenais officiellement à Rosebud. Là, l'école dont j'étais supposé prendre charge n'était pas tout à fait terminée.

Pendant que j'attendais une situation, je pensai que c'était le moment de rendre visite à quelques-uns de mes parents. Un de mes oncles, Charles Faucon Tournant, avait épousé la fille du chef Petite Blessure et avait déménagé à la Rivière Médecine. Aussi j'allai voir ce qu'ils devenaient. Charles y avait ouvert un petit bazar.

Après avoir travaillé dans le grand établissement de John Wanamaker, à Philadelphie, le petit magasin de mon oncle me paraissait minuscule, mais comme j'avais acquis quelque expérience dans le métier de vendeur, Charles me mit à contribution pendant ma visite. Un jour nous parlions du service postal dans le territoire, quelques-unes de nos lettres ayant été retardées dans leur transmission. Je dis à mon oncle que John Wanamaker, celui-là même pour lequel j'avais travaillé à Philadelphie, était directeur général des postes et que j'écrirais pour demander si nous ne pourrions pas obtenir qu'un bureau de poste soit établi dans son camp. Je suggérai que nous l'appelions Kyle, c'était un nom court et facile à épeler.

Quand M. Wanamaker reçut ma lettre, il répondit immédiatement. Il était content de ma suggestion, mais il me dit qu'il ne pourrait pas me nommer receveur des postes car j'étais Indien et il fallait que ce fût un Blanc. Parmi nos missionnaires il y avait un certain Joseph Taylor, nous envoyâmes son nom. Il reçut la nomination, mais ce fut moi qui me chargeai du bureau.

Le bureau de poste fut d'abord placé dans un coin du magasin de mon oncle. C'était un Blanc qui portait notre courrier et il faisait sa tournée à cheval. Puis il eut un buggy pour cet usage. Ce bureau fut ouvert en 1891. Je crois que maintenant on se sert d'une auto pour distribuer le courrier pendant les mois d'été et d'un attelage en hiver.

Avec l'établissement d'un bureau de poste à Kyle, dans le Dakota sud, nous avions l'impression de figurer au moins sur la carte.

Pendant l'automne de cette année, je rentrai à l'Agence pour prendre charge de l'école. C'était à Allen, dans le Dakota sud. Le Gouvernement fournissait presque tout et cela me convenait parfaitement — bien mieux qu'à l'Agence Rosebud. Les enfants étaient impatients d'apprendre et nous leur donnâmes quelques représentations qui faisaient leur joie ainsi que celle de leurs parents.

Un soir, nous donnâmes une petite pièce appelée *Le Débarquement de Christophe Colomb*. Mon frère Henri jouait le rôle de Christophe Colomb. Naturellement le jeu des acteurs n'était pas très bon, mais nous faisions de notre mieux à cette époque et cela mit en lumière un point de l'histoire américaine, que nos gens connaissaient peu. Puis nous eûmes des ombres chinoises. C'était quelque chose de nouveau pour les Indiens et cela eut beaucoup de succès parmi eux. Nous aidions ainsi les jeunes générations mais je savais qu'il faudrait faire quelque chose pour ceux qui n'avaient pas eu la chance ou l'opportunité de recevoir d'éducation à l'école. L'idée travailla dans ma tête jusqu'à ce que je me décide à rassembler tous les Indiens adultes pour parler de la question.

Aussi je préparai un repas et je réunis tous les Indiens du district d'Allen. Lorsque tout le monde eut mangé et se sentit bien à l'aise, j'abordai le sujet de la réunion. Je leur dis que nous devions organiser un club, comme les Blancs, où nous pourrions discuter des questions importantes pour la tribu et suggérer les méthodes et les moyens d'améliorer notre situation.

Tout le monde se mit d'accord sur ma proposition et nous commençâmes ces réunions. Je devais pourvoir à la nourriture de tous ceux qui viendraient. Lorsque nous avions mangé, on posait la question que nous avions à discuter. Une de ces questions était : « Qu'est-ce qui est le plus utile : le sel ou le tabac ? De quoi pouvons-nous nous passer le plus facilement ? »

Ces débats amenaient toutes sortes de sujets. Comme les Blancs disent aujourd'hui « ce fut un coup de maître ». J'étais vraiment surpris d'entendre parler quelques-uns de ces jeunes Indiens à cheveux longs et sans instruction. Ils avaient l'habitude de rouler leur couverture autour de leur ceinture et de faire des remarques vraiment intelligentes. Ils n'avaient pas de connaissances livresques, mais possédaient un sérieux bagage d'expérience personnelle.

Je continuai ainsi pendant une année, puis je leur dis que ce serait une idée excellente de parler aux autres Indiens de nos réunions et que nous pourrions peut-être de cette façon faire plus pour notre peuple. Nous pourrions étudier les vieux traités et les mieux connaître. Aussi on forma un comité pour aller chez les autres Indiens et leur faire connaître nos projets.

Peu de temps après, le comité revint avec la nouvelle que les Indiens étaient d'accord pour assister dans quelques jours à une assemblée. Tout le monde semblait content. La première grande réunion fut tenue sur la Grande Rivière Blanche. Presque tous les Indiens de l'Agence de Pine Ridge étaient là et nous y passâmes de bons moments.

A ce meeting, les membres du bureau furent élus comme il suit : président, Louis Shangreau. C'était un métis sans instruction, mais malgré cela fort intelligent. Mon frère Henri Ours Debout fut élu secrétaire. Il n'y avait pas de trésorier, car nous n'avions pas d'argent à recueillir. Le nom adopté pour notre « club » fut : le « Conseil Oglala. »

Mon frère Henri Ours Debout était diplômé de l'école

de Carlisle et il put expliquer les choses qui avaient été incorporées dans les différents traités et que beaucoup ne saisissaient pas bien. On n'employait pas de grands mots dans notre langage, mais Henri savait tout interpréter de façon à ce que tout le monde comprenne. J'organisai ces réunions en 1892. Aucun Indien, jusqu'à cette époque, n'avait eu l'opportunité de parler en public. C'était naturellement un peuple peu loquace, mais à ces conseils l'occasion leur en fut donnée.

J'enseignai toujours à l'école, mais j'ouvris un petit bazar. Je pris mon frère Ellis pour s'occuper du magasin à ma place. Il avait été à Carlisle, où il n'était resté que trois mois et où il ne retourna jamais. Quoi qu'il en soit, il fit un remarquable commerçant et nous nous entendîmes très bien.

Un soir, un homme du nom de Henri Twist vint à cheval à l'école. Il était très surexcité et raconta qu'un Indien nommé Deux Bâtons et ses fils avaient tué des cowboys et qu'ils venaient vers nous. Il disait que les meurtriers allaient tuer tous les instituteurs qu'ils rencontreraient sur leur chemin, de même que tous les Blancs qu'ils trouveraient. Il nous dit de ne pas allumer de lampe cette nuit.

Il ajouta que Deux Bâtons pourrait bien me prendre pour un Blanc et me tuer. Ce n'était pas très rassurant, mais le lendemain matin des nouvelles plus terribles arrivèrent.

Les Indiens vinrent me dire que les Blancs les avaient prévenus que, si les troubles recommençaient, ils nous tueraient tous.

Je leur dis : « Si d'autres nouvelles de cette nature arrivent, venez vers moi et transportez chez moi tout ce que vous possédez. Alors, si ces soldats viennent, je leur parlerai et j'essaierai de m'expliquer avec eux, mais s'ils refusent d'écouter nous les combattrons jusqu'au bout ; il n'y aura plus de paix avec eux. » Ils furent tous d'accord là-dessus avec moi.

Mais nous eûmes de bonnes raisons de nous congratuler de

ce que de nouveaux troubles ne se produisent pas. Peu après, nous apprîmes que les deux fils du vieux Deux Bâtons avaient été tués par la police indienne. Deux Bâtons lui-même fut arrêté et emmené à Deadwood, dans le Dakota sud, où il fut pendu.

Longtemps après cet incident nous apprîmes la genèse de l'affaire Deux Bâtons. Il paraît que lui et sa famille allaient vers le nord à la chasse. Ils n'eurent pas de succès et repartirent chez eux. Ils avaient très faim et ils aperçurent au loin un ranch. Ils pensèrent que peut-être ils pourraient échanger un de leurs poneys contre une vache ou quelque chose à manger.

Ils allèrent jusqu'à la maison du ranch et entrèrent. Il y avait là un groupe de cowboys qui jouaient aux cartes. Ordinairement, les cowboys et les Indiens s'entendaient très bien ensemble, mais je pense que ceux-là avaient bu ou qu'ils étaient nouveaux venus dans cette partie du pays. Sans donner le temps à Deux Bâtons et à ses fils d'expliquer leur présence, ils commencèrent à les injurier. Ils les insultèrent ainsi pendant quelques instants et, finalement, les jetèrent dehors à coups de pieds.

Naturellement cela rendit furieux les Indiens. Bientôt après ils entrèrent de nouveau dans la maison, mais cette fois c'était pour tuer. Ils tuèrent les quatre cowboys qui les avaient insultés, laissant leurs corps dans la maison à l'endroit où ils étaient tombés. Puis ils sortirent et abattirent un ou deux jeunes taureaux. Ils festoyèrent pendant quelques jours. Après quoi, toute la bande repartit pour l'Agence, envoyant l'un d'eux en avant vers l'agent lui dire qu'ils avaient tué des cowboys, qu'ils ne voulaient pas se rendre mais combattre jusqu'au bout.

Cela exaspéra l'agent qui rassembla sa police indienne à laquelle il donna l'ordre de ramener Deux Bâtons et sa bande. Il était vraiment effrayé de se rencontrer face à face avec eux, mais il envoya la police indienne pour exécuter ses ordres ; aussi le détachement partit pour ramener Deux Bâtons et les siens morts ou vifs.

Il y eut un combat dans lequel les deux fils de Deux

Bâtons furent tués et le vieil homme pris. On l'emmena à Deadwood où il fut déclaré coupable après un semblant de jugement, et condamné à être pendu. Quand il fut sur la plate-forme, on lui demanda s'il n'avait rien à dire. Le vieillard leva sa face vers le ciel et chanta un chant de brave. Il n'avait pas peur de paraître devant son créateur. Puis on le laissa tomber et il mourut. Toute cette affaire résulta simplement de ce que quelques vachers ivres avaient été brutaux et cela causa la mort de sept personnes.

Pendant la première partie de 1894, la nouvelle arriva que le Gouvernement allait faire passer des examens de service civil à tous les instituteurs. Ce n'était réellement pas nécessaire pour l'éducation primitive des petits Indiens. J'avais prouvé cela en faisant des examens entre mes propres écoliers et ceux confiés aux instituteurs blancs qui avaient acquis leurs connaissances dans les livres, mais qui, hors de cela, ne savaient rien.

On aurait dû enseigner aux jeunes Indiens à traduire convenablement l'anglais en langue sioux. Mais les professeurs anglais apprenaient seulement la langue à une bande de perroquets. Alors qu'ils pouvaient lire tous les mots qu'on leur plaçait devant les yeux ils n'en connaissaient pas l'usage. Leur signification était pour eux un puzzle.

CHAPITRE XXIII

FERMIER, SECRÉTAIRE ET ASSISTANT DU PASTEUR

Le capitaine Brown, notre agent, était un homme de valeur. Il avait été sous-directeur de Carlisle avec le capitaine Pratt et il connaissait bien les Indiens. Cette connaissance, il ne l'avait pas acquise dans les livres qu'il avait lus, mais par les rapports personnels qu'il avait eus avec eux. Il savait que si on leur en procurait l'occasion, ils réussiraient. C'est pourquoi il avait décidé que les Indiens auraient leur chance. Il ne se promenait pas, comme tant d'agents avaient coutume de le faire, en bogey avec un domestique pour le conduire. Il avait un cheval et, bien souvent, il partait seul faire de longues randonnées pour inspecter le pays. De cette façon, il pouvait mieux décider de ce qu'on pouvait faire pour venir en aide aux Indiens.

Un jour, pendant une de ces tournées, il remarqua une grande bande de terrain. Au-dessus d'elle il paraissait y avoir beaucoup d'eau qui allait se perdre, alors que, plus bas dans la prairie, la terre n'en recevait pas assez pour les moissons. Il comprit que, si l'on pouvait bâtir un barrage pour recueillir toute cette eau perdue, il serait possible de l'amener dans les champs pour l'employer utilement.

Il écrivit à ce sujet au ministère de l'Intérieur et proposa la construction d'un barrage, demandant un crédit de quelques milliers de dollars et conseillant la mise en chantier immédiate. La nouvelle se répandit rapidement parmi les Indiens, qui se réjouissaient d'avoir enfin avec eux quelqu'un qui travaillait dans leur intérêt et pour leur bien-être.

Grand fut notre désappointement quand on reçut de

Washington la nouvelle que le capitaine Brown allait être nommé dans une autre Réserve. C'était là une façon de se débarrasser d'un homme qui travaillait pour le bien des Indiens et non pour les politiciens parasites de Washington. Ainsi le projet d'irrigation sur lequel nous avions placé de si grands espoirs « s'en alla en fumée ».

Quelque temps après je me rendis aux sources de la Petite Rivière de la Passe et j'achetai un ranch à Frank Janis, un métis. Nous nous transportâmes dans cette ferme pour entreprendre l'élevage du bétail et des chevaux. Bientôt nous possédions une belle exploitation et mes affaires prospéraient.

On nous envoya alors de l'Est de nombreux Blancs pour enseigner dans nos écoles. Ces instituteurs amenaient leurs femmes pour prendre la place de sous-maîtresses. Alors qu'elles possédaient une bonne instruction livresque et pouvaient passer l'examen du service civil, c'était à peu près leur seul savoir. Les maîtresses suppléantes étaient sensées enseigner convenablement à nos filles l'art ménager : cuisine, lessive, repassage, etc... la façon de faire les vêtements et de tenir une maison suivant les méthodes des Blancs. Nous avions alors trente-deux écoles dans notre Réserve. Un inspecteur devait les visiter toutes et rendre compte des progrès accomplis.

J'étais fort occupé par ma ferme. Nous avions un logis confortable et nous étions très heureux. Ma maison se trouvait à la source de la Petite Rivière Passe, à mi-chemin entre deux Agences et elle devint bientôt un lieu de halte pour les Blancs et les Indiens qui allaient et venaient entre les Réserves. Nous recevions encore des rations du Gouvernement et les Indiens, en général, étaient très heureux, car ils paraissaient avoir tout ce dont ils avaient besoin.

Alors, comme un coup de tonnerre dans un ciel sans nuages, vint un ordre du ministère de l'Intérieur : toutes les rations et les denrées annuelles qui avaient été distribuées aux Indiens valides allaient être supprimées, si ceux-ci ne consentaient pas à travailler pour les gagner.

Tout homme qui possédait un attelage et acceptait de l'employer recevrait 2 dollars 50 cents par jour, alors que ceux qui travaillaient « à pied » seulement seraient payés 1 dollar 50. On avait dressé les plans de différentes entreprises, dont l'une était la construction d'un barrage, une autre celle d'une route, pour que notre honorable agent puisse s'y promener. D'autres hommes devaient construire des ponts. Tous ces travaux nous tenaient éloignés de nos logis, mais cela voulait dire de l'argent et de quoi manger.

Comme j'étais un homme valide, il me fallait partir et me hâter. Lorsque l'agent appela un nouveau contingent d'hommes, je me rendis vers lui et je fus désigné pour aider à construire une clôture tout autour de la Réserve indienne. Cela nous parut une bien drôle d'idée — nous enfermer comme des animaux sauvages — et dire que le ministère de l'Intérieur avait approuvé un pareil ordre ! Malgré cela nous commençâmes à nous enfermer nous-mêmes pour 2 dollars 50 par jour et par homme avec son attelage. Cela semblait une mauvaise plaisanterie de construire cette clôture autour d'une race qui avait toujours été libre d'errer où bon lui semblait.

Tout l'été où nous travaillâmes, nous n'avions pas d'argent pour acheter d'épicerie, et il nous fallait aussi nourrir nos chevaux. De sorte que l'agent dut prendre des dispositions pour nous faire délivrer nos approvisionnements à l'avance et à crédit par les marchands. Cet automne-là, lorsque nous fûmes prêts à partir, nos chevaux étaient tous fourbus. Ils n'avaient pas été habitués à un travail si pénible. Les Indiens avaient tous de fortes dettes envers les commerçants. Nos maisons avaient besoin de réparations avant l'hiver. Nous n'avions pas eu le temps de mettre de foin de côté pour notre provision, car il n'y avait au logis que des femmes et des enfants avec les hommes âgés et les infirmes. Nous n'avions pas de bois coupé pour la saison froide qui était toute proche. Nos écuries avaient besoin de réparations.

Quand nous reçûmes de l'argent, il nous fallut d'abord payer le magasinier. Après cela, il nous restait bien peu de chose ; en tous cas, pas assez pour acheter nos provisions d'hiver. Il nous fallait donc nous endetter encore, ce qui voulait dire qu'il nous faudrait à nouveau travailler ferme l'été suivant, de façon à nous libérer.

Ce travail que je fis au dehors pendant une année me retarda de deux ans. Il n'y avait aucun encouragement pour nous dans une telle organisation. Nous étions dans les griffes des Blancs, et le ministère de l'Intérieur les soutenait.

Il me fallait donc trouver un autre travail, car j'avais une famille à nourrir et j'étais décidé à ne pas être perpétuellement endetté. Ma femme proposa de partir pour l'Agence car j'y étais bien connu. C'est pourquoi nous y allâmes pour envisager la situation. J'avais réellement l'intention de demander à l'agent un poste quelconque. En arrivant, j'aperçus des hôtels, des boutiques, des loueurs de chevaux et une église. Tout avait été bâti depuis ma dernière visite. Il semblait bien qu'il devait y avoir quelque chose à faire pour moi en ces lieux. Je remarquai le magasin de George Caloff et de Dick Stern. J'entrai et je demandai du travail, on me donna tout de suite une place d'employé au magasin. Nous louâmes une petite cabane en bois appartenant au missionnaire. Elle était tout près de mon travail et nous plaisait beaucoup.

Un jour, le missionnaire, le Révérend Mr. Snevelly, me demanda si je voulais l'aider dans son travail. Il lui fallait un interprète lorsqu'il prêchait ; aussi j'acceptai son offre. J'avais donc deux emplois.

Peu de temps après le capitaine Clapp me demanda si je voulais prendre le poste de secrétaire-adjoint dans ses bureaux. Je dis « oui ». Aussi je m'arrangeai à remplir les trois emplois et cela de la façon suivante : je travaillais dans les bureaux de l'agence de 8 heures du matin à 4 h. 30 de l'après-midi. Puis je partais dîner chez moi. Après quoi j'allais au magasin où je passais la fin de l'après-midi. Le travail de l'église m'occupait deux soirs par semaine et les dimanches. Je servais d'interprète, mais, au bout de quelque temps, je conduisis les services moi-même.

Tous les Indiens étaient fiers d'avoir l'un des leurs dans des postes où il pouvait faire concurrence aux Blancs. Quand ils venaient au bureau de l'agent pour toucher leur argent, je leur donnais le livre dans lequel ils devaient signer leur nom. Le soir j'étais au magasin pour les servir, leur parlant en langue sioux. Quand ils allaient à l'église, je me tenais devant eux leur faisant un sermon dans leur propre langue. J'étais vraiment très pris par mes trois situations.

Pendant que nous habitions à l'Agence mon père venait nous voir très souvent, ma famille et moi. Il avait l'habitude d'aller au magasin s'asseoir avec les vieux chefs et les vieux guerriers pour parler des temps passés. Leurs aventures étaient vraiment fort intéressantes et attiraient une foule considérable de Blancs et d'Indiens qui restaient là à écouter le récit des anciens.

Vers le début de l'année 1898 mon père vint me rendre visite comme d'habitude. Il resta avec nous jusque vers le milieu de mars. C'était à l'époque où j'habitais à l'Agence de Pine Ridge. Quand il fut prêt à partir, il me dit qu'il allait embaucher un ou deux jeunes hommes qu'il emmènerait à mon ranch pour rassembler mes chevaux et mes poulains et les marquer au fer rouge. Il trouva les hommes qu'il lui fallait et tout était réglé pour leur départ le 20 mars. Mon père devait aller à la maison d'habitation du ranch, à la source de la Petite Rivière Passe et y rester jusqu'à la fin du rassemblement.

Le matin du 20 mars, mon père prit son petit déjeuner en famille, puis, s'étant levé, il partit avec une corde chercher son cheval. Il franchit le seuil mais, presque immédiatement, il rentra en disant qu'il se sentait pris de vertige et qu'il allait s'étendre un moment. Il ne se plaignit pas particulièrement et la famille n'y prêta pas attention, pensant qu'il se lèverait bientôt. Quelques minutes après, lorsqu'on essaya de le réveiller, on découvrit qu'il était mort pendant son sommeil. Il avait quitté la vie comme il avait vécu, sans se plaindre. Pendant les dernières années de sa vie, il avait été bon chrétien, tout comme il avait été un grand combattant pendant sa jeunesse. Il avait toujours fait ce qu'il pensait être le mieux pour le bien de son peuple, ne recevant jamais rien pour lui seul avant que ceux de sa famille en aient reçu autant. Ainsi finit la carrière de mon père, c'était un homme qui avait fait beaucoup pour sa propre race.

Sa mort fut un grand bouleversement pour nous tous, car nous n'avions jamais pensé qu'il pût disparaître de cette façon. Je travaillais à l'Agence quand on m'apporta la nouvelle. Il y avait eu une terrible tempête de neige. Les monceaux de neige étaient très élevés à certains endroits et, ce qui était pire, j'étais appelé à faire le service funèbre d'un Indien qui venait de mourir à l'Agence. Je ne pouvais m'empêcher de penser à mon père qui gisait mort, à trente milles de là. La neige était si épaisse que le missionnaire ne put pas atteindre l'église et m'envoya dire de prêcher le sermon des funérailles.

Le service aurait dû avoir lieu l'après-midi, mais la tempête devint si violente que les gens furent retardés pour arriver à l'église et il commençait à faire nuit. On alluma des lampes d'huile de houille et je m'avançai pour dire le service des morts pour cet homme. Comme tout cela revêtait une terrible solennité pour moi, ce soir-là ! Quand j'arrivai aux dernières lignes de mon prêche, les larmes me coulaient sur la figure et je fus bien heureux de pouvoir m'asseoir pour laisser le chœur chanter un hymne.

Les restes de mon père furent transportés à l'église à laquelle il avait coutume d'aller et il fut enterré deux jours après l'Indien dont j'avais dit le service. Le révérend Amos Ross, un Santee Sioux de sang mêlé, célébra l'office.

L'année qui suivit sa mort, j'élevai sur sa tombe la plus haute stèle du cimetière. Pendant toute la vie de mon père, je lui avais toujours montré du respect et, dans la mort, je venais de lui en donner la dernière preuve.

A Allen, dans le Dakota sud, un homme qui possédait un magasin désirant s'absenter quelque temps m'écrivit pour me demander si je voulais venir en prendre soin pendant son absence. Les affaires n'avaient pas tout à fait réussi comme je voulais là où j'étais depuis quelques mois et j'acceptai son offre.

Un jour un de mes parents, appelé Corne Noire, vint au magasin. Il me dit : « Je suis venu vous dire que la compagnie de Buffalo Bill va traverser la « Grande Eau » et que tous les interprètes qu'il avait engagés se sont récusés. Pourquoi ne lui demanderiez-vous pas une place ? »

Je n'avais jamais été dans les cirques et cette vie ne m'avait jamais tenté. Un Indien appelé Mauvais Cheveux, qui se trouvait au magasin, se mit à rire lorsque Corne Noire me parla d'une place d'interprète et me railla au sujet de ma traversée de la « Grande Eau ». « Eh ! quoi, remarqua-t-il sarcastique, vous ne pourriez pas traverser avec une troupe de représentation. »

« Eh bien ! répliquai-je, je n'ai jamais fait partie d'une troupe de cirque, comme vous le savez tous, mais, puisque vous pensez que je suis incapable d'y aller, je vais vous prouver le contraire. » Cela me faisait tout à fait enrager de penser que l'on me croyait incapable de tenir un tel emploi.

Le jour suivant, Corne Noire vint au magasin avec son cheval et son buggy et nous partîmes pour Rushville, dans le Nebraska, de l'autre côté de la frontière de l'Etat, pour voir William McCune et Jim Esay. McCune engageait les Indiens pour la tournée de Buffalo Bill et, en même temps, servait en quelque sorte de garde du corps au colonel Cody. Esay avait un magasin et procurait des costumes aux Indiens qui n'en avaient pas.

Nous allâmes en buggy jusqu'à Cordon, dans le Nebraska, où nous prîmes le train pour Rushville. Ni Corne Noire ni moi n'avions jamais rencontré Mac Cune ou Esay, mais nous les trouvâmes ensemble dans le magasin. Corne Noire devait prendre la parole, mais comme il ne savait pas l'anglais, il fallait que je traduise. Voilà à peu près ce qu'il dit : « Mes amis, je vous amène mon jeune frère, Ours Debout, pour vous dire qu'il peut traverser la « Grande Eau » comme interprète. Nous savons tous que c'est un homme sérieux. »

Alors Esay prit la parole pour dire qu'il avait déjà entendu parler de moi et qu'il savait que l'on me considérait comme l'homme le plus digne de confiance de la Réserve. Mac Cune répondit qu'il regrettait mais qu'il avait déjà promis la place à un autre homme : Frank Goings, qui avait été chef de la police à notre Agence pendant une certaine période en même temps qu'interprète.

« Mon frère qui est ici m'a dit que tous les interprètes que vous aviez engagés s'étaient récusés, dis-je, c'est pour cela que je suis venu m'enquérir de cet emploi. »

McCune et Esay rapprochèrent leurs têtes et parlèrent à voix basse pendant un moment. Puis McCune se tourna vers moi et dit : « Si vous voulez retourner chez vous et revenir mercredi prochain, nous serons mieux en mesure de choisir celui à qui nous donnerons la place. »

Mais je fis remarquer que ce serait un trop long voyage de retourner chez moi et de revenir le mercredi suivant, et que, pour cette raison, je préférais rester sur place jusqu'à ce que l'affaire fût conclue. Aussi Corne Noire et moi allâmes dans un hôtel proche où nous commandâmes à déjeuner.

Pendant que nous mangions, McCune et Esay entrèrent dans l'hôtel pour nous chercher. McCune dit qu'ils allaient téléphoner à l'agent et que, s'il répondait qu'il ne pouvait pas se priver de Frank Goings, je pourrais prendre sa place. Ils allèrent au dépôt et appelèrent l'agent. Avant que nous ayons fini de manger, ils étaient de retour et McCune dit : « Nous allons prendre Ours Debout ». Corne Noire était ravi de cette décision. C'est ainsi que je fus amené à faire partie de la troupe de Buffalo Bill.

CHAPITRE XXIV

EN ANGLETERRE AVEC BUFFALO BILL

Ma femme fut tout heureuse lorsque je lui annonçai que nous allions avoir l'occasion de partir pour l'étranger. Nous n'avions que trois jours pour nous préparer ; cela promettait une belle bousculade. Je confiai mes chevaux à mon beau-frère Frank Conroy, et la femme de Taureau Blanc II devait garder notre maison jusqu'à notre retour.

Nous allions rejoindre toute la délégation indienne à Rushville. Quand nous atteignîmes le sommet de la colline qui domine la ville, nous vîmes, s'étendant devant nous, un camp indien au complet, avec tous ses tipis disposés en cercle. Beaucoup de ces gens s'étaient déjà enrôlés pour faire partie de la troupe et leurs parents les avaient accompagnés pour assister à leur départ. Nous choisîmes un endroit où planter notre tente et ma femme se mit en devoir de faire la cuisine sur un fourneau carré en fer-blanc.

Notre repas terminé, tous les deux, Corne Noire et moi, nous nous mîmes à la recherche de Mr. McCune. Nous voulions emmener nos femmes, mais nous avions oublié de demander s'il leur serait permis de nous accompagner. McCune nous répondit que c'était là une bonne idée. Cette décision nous mettait dans l'obligation d'embaucher quelqu'un pour ramener nos attelages chez nous, mais cela fut promptement fait.

Comme c'était mon premier essai dans les spectacles, je ne savais pas bien quelle responsabilité j'aurais sur les épaules. J'avais à surveiller soixante-quinze Sioux, dont beaucoup étaient plus âgés que moi. Parmi les Indiens se trouvait un jeune homme appelé Samuel Ours Solitaire, qui avait accompagné la troupe pendant plusieurs saisons et qui parlait assez bien l'anglais. Je n'entrerai pas dans les détails du voyage, mais nous arrivâmes à Jersey City dans le New Jersey quelques jours plus tard. Là, nous prîmes le ferry-boat pour New-York, où nous montâmes dans le chemin de fer suspendu pour aller à l'hôtel dans lequel nous devions demeurer jusqu'à notre départ pour l'Europe. Corne Noire, sa femme et sa petite fille, ma femme, mon fils et moi habitions tous ensemble.

Mon bagage se composait de deux valises, mais Corne Noire emportait un grand sac fait avec de la toile à matelas rayée, un peu comme ceux que portent les matelots, mais beaucoup plus grand. Dans ce sac il avait mis des peaux vertes, des peaux tannées, des alènes, du fil de nerf, des vêtements et toutes leurs affaires. Le sac était tellement bourré que Corne Noire était obligé de le porter devant lui comme un tronc d'arbre.

Depuis l'Ouest, tout s'était très bien passé durant notre voyage, en wagon ainsi que sur le ferry-boat et dans le train suspendu, mais juste au moment où nous descendions, la corde du sac de Corne Noire se rompit : peaux, fil de nerf, alènes, vêtements, enfin tout son contenu se répandit dans toutes les directions. Pendant que nous ramassions tout cela, une grande foule s'était rassemblée pour nous regarder, voulant connaître la cause de notre agitation. Quand, après nous être empilés dans un tramway, nous arrivâmes à l'hôtel, nous poussâmes un soupir de soulagement.

Après le souper, ce soir-là, il y eut une assemblée de tous les Indiens et quelques-uns y prirent la parole. A la fin un homme, appelé Roc, me demanda de prononcer quelques mots. Je me levai alors et dis :

« Mes amis, vous savez tous que je dois prendre soin de vous au cours de la traversée de la Grande Eau, vers un autre pays et pendant tout le temps que nous resterons dans cette contrée. J'ai entendu dire que, lorsque quelqu'un s'engage dans cette tournée, la première chose à laquelle il songe, c'est à s'enivrer. Je sais que le règlement de la troupe de Buffalo Bill dit qu'aucun Indien ne doit recevoir d'alcool. Vous savez tous que je ne bois pas et je vais vous protéger tous contre la boisson. N'allez pas vous imaginer que, parce que vous êtes de mes proches parents, je vais vous épargner : je ne le ferai pas. Je signalerai immédiatement au colonel Cody n'importe lequel d'entre vous que je trouverai en train de boire. »

Ce fut tout mon discours, mais il eut une grande portée sur mes gens et tous savaient qu'il était dit sans aucune méchanceté pour personne.

Nous restâmes dans cet hôtel trois jours, puis plusieurs grands autobus vinrent nous chercher avec nos affaires et nous transporter jusqu'aux docks où nous attendait un grand navire. A peine avais-je mis le pied à bord, que quelque chose dans l'odeur de ce bateau me rendit malade. Quoique je ne connaisse rien à la navigation, j'ai idée que nous voyagions dans la timonerie, car nous étions tous parqués dans une seule grande pièce. Nos couchettes n'étaient ni larges ni longues.

Bientôt le bateau était en route et, lorsque nous fûmes au large, la mer devint très houleuse. Tous les bagages étaient éparpillés dans la grande pièce que nous occupions et le mouvement du bateau les envoyait rouler d'un bord à l'autre. Les femmes et les enfants étaient très effrayés et même quelques hommes commençaient à regretter la Réserve de Pine Ridge. Je me compte parmi ces derniers. Bientôt je me sentis tellement malade que le bruit des plats me faisait horreur et, pendant neuf jours, je souffris des tortures de damné. Il y avait encore beaucoup d'autres hommes dont l'estomac ne pouvait rien garder. Seuls le maïs et la viande séchée me permirent de me soutenir. Quelques Indiens ne furent pas malades du tout et prenaient leurs repas régulièrement, se moquant des autres qui ne pouvaient manger. Malgré tout, il y en avait bien peu qui pouvaient marcher autour de la pièce.

Quand, au neuvième jour, notre bateau accosta, nous fûmes tous bien heureux de sentir de nouveau la terre sous nos pieds ; cependant, pendant quelques heures, nous marchions tous avec un mouvement bizarre après avoir été si longtemps sur l'eau. Nous débarquâmes à Liverpool un matin très pluvieux. Là, on nous fit monter dans des wagons d'aspect étrange, avec des portes de chaque côté. Il y avait deux places par compartiment et on ne pouvait pas voir qui était dans le suivant. Il ne vint pas de contrôleur dans le train pour nous dire où nous étions et personne ne nous réclama le prix de nos places. Chaque fois que le train s'arrêtait, les Indiens mettaient la tête à la portière pour voir où ils étaient. Comme beaucoup d'entre eux avaient la figure peinte et portaient des plumes dans les cheveux, ce tableau devait paraître bien curieux aux spectateurs.

Finalement, nous atteignîmes la grande ville appelée Londres. Là, on nous mena dans un grand immeuble et nous fûmes logés dans les étages supérieurs. Nous nous trouvâmes dans une grande pièce circulaire où il y avait des cloisons, un peu comme des bat-flanc dans une écurie de chevaux. Sur le plancher de chaque compartiment était placé un beau matelas et, pour ceux qui avaient leur famille avec eux, c'était un très bon arrangement, car on pouvait suspendre des rideaux devant, ce qui assurait l'intimité pour ceux qui étaient à l'intérieur. Lorsque nous eûmes arrangé toutes nos affaires, on nous fit descendre dans une grande salle à manger.

L'odeur de la viande cuite était très réconfortante pour moi, après neuf jours « d'abstinence totale ». C'était du mouton. Nous nous assîmes à table et des garçons vinrent nous servir. La viande était coupée en petits morceaux et garnie de pommes de terre, d'autres légumes et de verdure. Nous n'avions aucun goût pour les légumes verts. Tout ce que nous voulions, c'était de la viande en grande quantité. Aussi prenions-nous la viande et rendions-nous le plat au garçon avec les pommes de terre et les autres légumes. Nous donnions certainement de l'ouvrage à ces serveurs en leur faisant ainsi apporter de la viande et remporter les légumes.

Lorsque le repas fut terminé et que tout le monde fut prêt à remonter, j'envoyai chercher le maître d'hôtel. Je lui dis que les Indiens n'avaient aucun goût pour les plats garnis, comme ceux que l'on venait de nous servir, mais qu'ils aimaient la viande à profusion. Il se montra fort aimable et promit que l'on pourvoirait à leurs désirs.

Personne d'entre nous ne souhaitait veiller ce soir-là. Nous aspirions à une bonne nuit de sommeil sur la terre ferme, aussi tout le monde fut bientôt au lit.

Le matin suivant, pendant que nous attendions tous pour aller dans la salle à manger, un homme très richement habillé entra ; il portait un chapeau haut de forme, une redingote, des gants de peau, un mouchoir de soie dans sa poche droite et une canne à la main. Il avait si grand air que tous les Indiens se demandèrent qui il pouvait être. Il fit le tour de la pièce en jetant un coup d'œil dans chaque compartiment. Il ne parla à personne et personne ne lui adressa la parole. Après l'avoir considéré un moment, je conclus que ce devait être soit un inspecteur d'incendie, soit le propriétaire de l'établissement. J'en fis la remarque aux Indiens et puis nous allâmes tous déjeuner.

De retour à notre chambre, après le repas, quel ne fut pas notre ahurissement de trouver notre précédent visiteur plein de dignité, moins son chapeau haut de forme, ses gants, sa redingote et sa canne, en train de faire nos lits.

Nous devions attendre l'arrivée de nos chevaux des Etats-Unis et, comme nous n'avions rien à faire jusque là, nous passions le temps à nous promener et à visiter les monuments. Mais, quand approchait l'heure des repas, nous rentrions à l'hôtel promptement.

Après avoir passé une semaine environ à Londres, Ours Solitaire vint nous dire que les chevaux étaient arrivés mais que le mal de mer les avait tellement fatigués qu'il faudrait attendre plusieurs jours avant qu'ils soient en état de travailler.

J'avais cru que l'endroit où nous étions logés était un grand hôtel. En réalité, c'était l'Olympia de Londres : à cette époque le plus grand théâtre d'Angleterre, un peu dans le genre du Madison Square Garden de New-York, en beaucoup plus grand, avec des chambres pour les acteurs et les actrices dans les étages. Il y avait une grande piste rattachée au théâtre dans laquelle la troupe de Buffalo Bill donnait ses représentations.

Nous allâmes voir la piste. Nous y trouvâmes nos chevaux : des noirs, des blancs, des bais et des robes tachetées. Alors que tous les Indiens appartenaient à la tribu des Sioux, nous devions représenter quatre tribus différentes, chacune montant des bêtes de même robe. Nous nous mîmes donc en devoir de choisir les chevaux que nous voulions monter. C'est alors que commença l'amusement. Les bêtes se mirent à se cabrer et à ruer, jetant par terre les Indiens de tous côtés, mais aucun de ceux-ci ne semblait s'en soucier. Ils se relevaient et remontaient à cheval. A cette occasion Sam Ours Solitaire se distingua particulièrement. Il me dit qu'on allait me donner un cheval très sage, qui avait été la monture de Johnny Baker, jeune protégé de Buffalo Bill et tireur remarquable. Ce cheval était borgne, mais c'était un bon cheval d'exhibition ; on l'avait monté si souvent en piste qu'il était habitué à faire tout ce que l'on voulait et n'avait besoin d'aucun dressage.

Ce cheval savait réellement beaucoup mieux son rôle que moi-même à cette époque. Naturellement, il nous fallut beaucoup travailler avant de pouvoir présenter le spectacle au public. Sam Ours Solitaire s'aperçut de mon embarras au début et, voyant que je ne savais pas ce que l'on voulait de moi, il s'approcha et me dit que tout ce que j'avais à faire, c'était de me tenir à cheval près de la porte pendant toute la représentation ; c'est ce que je fis, mais j'en eus vite assez de rester là pendant que tous les autres se livraient à toutes sortes d'exercices. Cependant, comme je ne recevais d'ordres de personne d'autre, je supposai que c'était bien.

Mais Johnny Baker me voyant tous les jours à cheval au même endroit vint finalement vers moi et me dit : « Ours Debout, que faites-vous là ? Désirez-vous quelque chose ou alors qu'avez-vous ? — Rien, répondis-je. Sam Ours Solitaire m'a dit que je devais me tenir ici à cheval pendant toute la représentation, dans le cas où vous auriez besoin de moi. »

Johnny se mit à rire. « Eh ! quoi, dit-il, vous ne devez pas du tout rester ici. Quand les Indiens entrent sur la piste, vous devez aller avec eux. Lâchez votre cheval et rentrez chez vous. Ne vous occupez pas de ce que vous dit Sam Ours Solitaire. C'est vous qui avez la charge de ces Indiens et pas lui. Pour la seule raison qu'il a déjà accompagné l'exhibition dans ses voyages, il s'imagine avoir de l'autorité ici. Si jamais j'ai besoin de vous, je vous enverrai chercher. »

Cela m'ouvrit les yeux sur les responsabilités de mon poste. Je ne devais donc recevoir d'ordres de personne autre que de Buffalo Bill ou de Johnny Baker, je le découvrais là et à ce moment même.

Tous les jours nous avions une répétition et enfin arriva le moment de la première représentation. Tout était prêt. Chaque tribu était à cheval représentant les différentes nations. Un speaker annonçait : « La Nation Sioux » et les Sioux s'élançaient dans l'arène sur de magnifiques chevaux blancs. Puis arrivait le chef des Sioux. Ce rôle était rempli par Corne Noire, mon cousin. Puis venaient les Cheyennes, les Arapahoes, etc. Ensuite le speaker annonçait : « Le chef interprète de la Nation Sioux ». C'était alors à moi de m'élancer sur la piste et de faire le tour de l'arène. Les exécutants remplissaient admirablement leurs différents rôles.

Buffalo Bill était très content de voir comment les Indiens m'obéissaient pendant tout leur travail. Je portais un très beau costume auquel l'humidité du climat londonien ne convenait pas du tout. Aussi, lorsque nous eûmes donné quelques représentations, Johnny Baker vint me dire qu'il serait bon de ne pas porter mon plus beau costume les jours où la salle n'était pas pleine et qu'alors je pouvais prendre un rôle de cowboy si je le voulais. C'était pour moi un changement et j'y pris grand plaisir.

Un jour, le colonel Cody me fit appeler à son bureau. Tout en me demandant ce qu'il pouvait bien me vouloir je frappai à sa porte. Il me dit d'entrer en ajoutant : « Asseyez-vous, Ours Debout. Je vous ai fait appeler parce que j'ai quelque chose d'important à vous dire. Le grand chef de ce pays — le roi d'Angleterre — a promis d'assister à une de nos représentations. Je veux donc que vous retourniez vers vos gens, que vous les rassembliez et que vous le leur annonciez. Dites-leur de prendre grand soin de leurs vêtements, de veiller à ce qu'ils soient parfaitement propres et nets pour cette représentation. Si quelque chose a besoin d'être réparé, dites-leur de le faire tout de suite. Il faut que le roi soit content de notre exhibition. Faites répéter vos Indiens avec soin, de façon à ce qu'ils fassent de leur mieux pour moi. Si le roi aime notre spectacle les gens de ce pays seront heureux. J'ai remarqué votre costume, il est fort beau et, quand le roi assistera à la représentation, je voudrais que vous dansiez une danse indienne devant sa loge. Voulez-vous faire cela pour moi ? »

Je répondis : « Oui, monsieur, certainement. Vous pouvez être sûr que tous les Indiens feront de leur mieux. »

« Ce sera parfait ! » répondit joyeusement le colonel Cody quand je quittai son bureau.

Je revins vers mes gens et nous nous réunîmes en conseil. Je leur répétai tout ce que le colonel Cody m'avait demandé de leur dire. Tous les Indiens promirent de faire de leur mieux. Quoique nous occupions toujours nos petits compartiments dans les étages, maintenant que nous avions commencé nos représentations, nous avions fait construire un petit village indien à l'intérieur de ce grand théâtre. Quand nous avions terminé notre rôle dans le spectacle, nous allions dans notre village où les visiteurs pouvaient voir comment nous vivions.

Enfin, le jour de la représentation en l'honneur du roi arriva. Les meilleures places étaient réservées pour sa suite et au centre se trouvait celle du roi. Toutes avaient été décorées avec des dorures et cela faisait un effet magnifique. Le théâtre commença à se remplir de très bonne heure ce jour-là. Buffalo Bill était très énervé craignant que quelque chose n'aille mal. Enfin, il se produisit un grand mouvement dans les premiers rangs et nous vîmes que le roi et sa suite étaient arrivés. Tout le monde se leva dans le théâtre quand ils entrèrent et on resta debout jusqu'à ce que toute la suite se fût assise. Ils étaient très élégamment vêtus, les hommes en habit et en chapeau haut de forme et les dames en robes décolletées et à traîne.

Buffalo Bill vint plusieurs fois vers moi pour me dire : « N'oubliez pas, Ours Debout, d'obtenir de vos hommes qu'ils fassent de leur mieux. Et dansez vos plus belles danses devant le roi. »

Je promis de remplir fidèlement tous ses vœux et le spectacle commença. Tout alla à merveille. Quand arriva le moment où les Indiens devaient aller avec leur village au centre de l'arène, nous commençâmes la danse dans laquelle je devais paraître devant le roi d'Angleterre. Je portais une lance magnifique et, pendant que progressait la danse, je m'avançai vers la loge du roi. Là, je brandis ma lance et dansai naturellement les plus beaux pas de danse que je savais. Le roi avait été plein de dignité jusque là et n'avait même pas souri. Mais quand j'en arrivai à mes pas de fantaisie et que je poussai quelques cris sioux, il sourit malgré lui. Je vis que j'avais produit mon effet sur lui, ce qui me fit grand plaisir.

Après le spectacle, Buffalo Bill conduisit le roi et sa suite dans l'arène. Devant lui marchait un gros homme qui semblait pendant ce temps lancer des regards de tous côtés. Je pense que c'était le garde du corps privé du roi. Buffalo Bill conduisit le roi vers moi et me présenta à lui. Nous échangeâmes une poignée de mains, quoique ni l'un ni l'autre ne prononçât une parole. J'eus ainsi l'honneur d'être présenté au roi Edouard VII, monarque de Grande-Bretagne.

Peu après nous commençâmes à avoir des ennuis avec les Indiens. Ils avaient trouvé le moyen de se procurer de l'alcool et, pendant un certain temps, il me fut impossible de découvrir où. Dès que le spectacle était terminé, ils disparaissaient et personne ne savait où ils allaient. Finalement j'allai voir Mr McCune à ce sujet. Je lui dis qu'il fallait faire quelque chose pour maintenir les Indiens dans le droit chemin aussi longtemps que j'étais avec eux. Je proposai de faire imprimer des cartes portant le nom de chacun d'eux avec un numéro. Toutes les fois qu'un homme quittait l'immeuble, il devait prendre sa carte et l'accrocher à un tableau placé auprès de la loge du portier. De cette façon nous saurions exactement ceux qui étaient sortis et ceux qui étaient restés. McCune jugea l'idée bonne. Ce moyen réussit très bien pendant quelques jours, mais les Indiens n'aimaient pas beaucoup cette nouvelle organisation. Sans m'en rien dire ils envoyèrent chercher McCune. Mais celui-ci me fit prévenir et me demanda de venir avec lui pour savoir quels étaient leurs griefs.

Je l'accompagnai donc. Les Indiens furent bien surpris de me voir car ils ne s'y attendaient pas du tout. McCune dit : « Vous m'avez demandé de venir vous trouver en conseil, me voici donc. J'ai amené avec moi votre interprète de façon à comprendre tout ce que vous avez à me dire. Eh bien ! maintenant, qu'y a-t-il et que désirez-vous ? »

Alors le chef Roc se leva et dit : « Mr. McCune nous vous avons envoyé chercher pour vous demander pourquoi vous nous obligez à avoir des cartes pour les accrocher au tableau chaque fois que nous sortons ? Eh bien ! notre interprète est l'un des nôtres et il n'en a pas. Nous pensons qu'il devrait en avoir tout comme nous, ainsi, quand il sortira, nous le saurons ».

Pauvre vieux chef Roc ! Il voulait simplement savoir si j'étais sorti pour être plus circonspect dans ses achats d'alcool.

McCune sourit. Puis, m'ayant lancé un coup d'œil, il dit : « Eh bien ! Ours Debout, je suppose qu'il va falloir que vous aussi ayez votre carte. »

Cela m'allait parfaitement et tout le monde paraissait satisfait. Quand nous fûmes sortis, j'expliquai à McCune ce que signifiait le système de la carte. Alors il me dit : « Nous allons leur régler leur affaire. Vous n'avez qu'à mettre votre carte à la loge du portier et je vais donner des ordres pour qu'il la laisse tout le temps au tableau. Alors ils ne sauront jamais si vous êtes sorti ou non. » C'était amusant de voir l'effet de cette carte sur les Indiens qui voulaient leur alcool. Ils allaient à la porte et, aussitôt qu'ils apercevaient ma carte accrochée, ils avaient peur de sortir dans la crainte de me rencontrer quelque part dans la rue. Et, bien souvent, j'étais justement dans l'immeuble à ce moment-là !

Mais, en dépit de nos efforts, les Indiens arrivaient à avoir du whisky. Leur soif insatiable pour l'horrible liqueur les faisait se livrer à toutes sortes d'extravagances et ils rentraient en titubant quelque peu. Un jour, après le spectacle trois Indiens manquaient. Personne ne savait où ils étaient partis, c'est alors que je me mis en route pour voir si je pouvais les ramener. J'étais en vêtements civils et je devais passer inaperçu. Une fois hors de l'immeuble du théâtre, je marchai rapidement jusqu'au coin de la rue et, un peu plus loin, j'aperçus une couverture rouge. Je marchai vite et je vis le porteur descendre quelques marches dans un bar. Enfin la porte s'ouvrit de nouveau et il en sortit un des vieux Sioux. Il titubait un peu. Il ne me reconnut pas immédiatement mais vit que je le surveillais de près. Aussi commença-t-il à prononcer les quelques mots d'anglais qu'il connaissait : « Moi whisky, pas savoir », grogna-t-il.

Je ne lui répondis pas, mais le poussant de côté, je descendis dans la salle du bar. Là, je trouvai assis chef Roc et Etoile Rouge, deux des hommes qui jouaient le rôle de chefs. Ils étaient assis à une petite table avec une bouteille entre eux.

J'avançai vers eux avant qu'ils n'aient eu le temps de me reconnaître et il était trop tard pour cacher la bouteille. Ils furent si surpris qu'ils restèrent bouche bée. Je leur ordonnai de me suivre. Quoiqu'il y eût encore pas mal d'alcool dans la bouteille, ils m'obéirent. Nous retournâmes ensemble au théâtre. Je ne les réprimandai pas.

Le jour suivant j'allai voir le colonel Cody à ce sujet. Je lui parlai des hommes qui avaient enfreint mes ordres. Il dit : « Comme c'est la première fois qu'ils sont découverts nous allons leur faire grâce ; mais si on les y reprend, nous les punirons d'une manière ou d'une autre ». Si ma mémoire est exacte, nous n'eûmes plus d'autres ennuis avec les Indiens en ce qui concerne l'alcool pendant notre séjour à Londres.

Les Anglais étaient très bons envers nous. Ils invitaient les Indiens chez eux et les régalaient de toutes sortes de bonnes choses. Je me souviens tout particulièrement d'une dame. Elle était d'âge moyen et venait voir les Indiens deux fois par semaine. Elle portait toujours une bourse en métal, comme celle que les Blancs appellent « sac à mailles ». On pouvait voir au travers et savoir ce qu'il contenait. Elle y portait toujours des pièces d'or. Elle emmenait les hommes et les femmes, — quelquefois une famille entière — et les distrayait jusqu'à ce que sa bourse fût vide. Les Indiens apprirent vite à connaître cette dame et trouvaient que c'était un grand plaisir de sortir avec elle, car s'il leur arrivait de voir une épingle ou une bague qui brillait et leur faisait envie, elle la leur achetait toujours.

Nous restâmes trois mois à l'Olympia et ce furent trois mois royalement heureux. Enfin, on nous dit que la troupe allait partir pour une autre ville. Alors il fallut que chacun emballe ce qui lui appartenait. Je regrettais de quitter cette ville où j'avais eu l'occasion de voir de remarquables spectacles et de visiter de nombreux endroits pleins d'intérêt. Je me rappelle qu'un jour je vis la maison où l'on gardait tous les jouets avec lesquels la reine Victoria avait joué étant enfant et que l'on me montra où tous ses bijoux étaient exposés. Je visitai aussi l'abbaye de Westminster, une des plus belles églises du monde et lieu historique. Le Palais Royal était aussi un endroit fort intéressant. Je fus donc très affligé lorsque le spectacle prit fin à Londres et qu'il nous fallut quitter le magnifique théâtre de l'Olympia.

Le climat anglais n'est pas comparable à celui des Etats-Unis : à Londres surtout il y a beaucoup de brouillard et les routes sont toujours boueuses.

Tout était organisé de façon à marcher comme un mouvement d'horlogerie. Quand nous arrivions dans une nouvelle ville, le matin de bonne heure, les Indiens prenaient leurs chevaux et se rendaient à l'endroit où le spectacle devait avoir lieu, généralement en dehors de la ville. Quelquefois il nous fallait attendre que le « Grand Sommet » soit monté. Le « Grand Sommet » était la tente réfectoire et vous pouvez être sûrs que nous ouvrions l'œil pour cela. Le village indien se trouvait toujours dans le voisinage de la tente-réfectoire.

Quand le camion portant nos tipis arrivait, quelques jeunes gens roulaient leurs couvertures autour de leur ceinture et aidaient à le décharger. Chaque homme connaissait son tipi et aussitôt qu'ils étaient déchargés, nous les montions. C'était un travail pénible, surtout par temps de pluie et dans la boue. On nous distribuait des balles de paille et nous en jonchions le sol de nos tipis pour nous préserver de la boue. Au centre de la tente un endroit était réservé pour le feu et, lorsque celui-ci était allumé, il ne fallait pas longtemps pour que l'intérieur soit sec et agréable.

Le déjeuner du matin était bientôt prêt. Nos appétits étaient excités par le travail auquel nous nous étions livrés. Dans la tente-réfectoire il y avait une grande table pour les Indiens avec d'autres pour les différentes nationalités représentées dans la troupe. Nous avions toujours beaucoup à manger, il n'y avait donc aucune plainte à ce sujet.

Un matin, en entrant au réfectoire, je remarquai que tout le monde, sauf les Indiens, avait des crêpes chaudes. Cela ne me tracassa pas beaucoup, car ceux-ci n'en mangent pas. Au dîner du même jour, quand je pris place à table, je vis, à ma grande surprise, qu'il y avait des crêpes devant nous. C'étaient les « laissés pour compte » du matin que le cuisinier voulait nous faire manger. Quoique je fusse très courroucé, je ne fis aucune remarque, mais je quittai discrètement la table et j'allai trouver Buffalo Bill et les dirigeants de la troupe qui étaient en train de dîner. Le colonel Cody demanda : « Qu'y a-t-il, Ours Debout ? » « Colonel Cody, répliquai-je, ce matin on a servi des crêpes à tout le monde, sauf aux Indiens. A cela nous n'avons rien à dire, car nous ne les aimons pas ; maintenant, le cuisinier a mis ses vieilles crêpes froides sur notre table et s'attend à nous voir manger ce qui reste du déjeuner, ce n'est pas juste. »

Les yeux de Buffalo Bill s'allumèrent tandis qu'il se levait de table. « Venez avec moi, Ours Debout », s'écria-t-il. Nous allâmes tout droit vers le gérant du réfectoire et le colonel Cody lui dit : « Dites donc, Monsieur, vous essayez de nourrir mes Indiens avec les restes de crêpes des repas du matin. Je tiens à ce que vous vous mettiez bien en tête, monsieur, que je ne souffrirai pas un tel traitement. Mes Indiens sont le principal attrait de ce spectacle et c'est eux justement que je ne laisserai ni négliger ni maltraiter. Dorénavant, veillez à ce qu'ils aient absolument tout ce qu'ils désirent à table. Vous m'avez compris, monsieur ? » « Oui, monsieur, oh ! oui, monsieur », répondit le gérant confus. Et par la suite nous n'eûmes plus d'ennuis au sujet de nos repas.

Pendant toute ma carrière dans les spectacles, j'ai rencontré beaucoup d'Indiens de tribus différentes, ainsi que de nombreux interprètes et il me semble qu'il ne vaut rien pour ceux qui ne peuvent comprendre un mot d'anglais de quitter leur Réserve pour s'engager dans une troupe. Ils sont sûrs d'être trompés et maltraités à moins d'avoir un interprète qui soit « à son affaire » et qui veille à leurs intérêts en exigeant qu'ils soient traités avec justice, autrement on ne peut obtenir aucun bon travail des Indiens.

Tout de suite après le déjeuner, lorsque nous étions dans une nouvelle ville, nous nous habillions pour la grande parade qui avait toujours lieu. Cela occupait généralement tout notre temps jusqu'au dîner. Après cela, nous disposions d'environ une heure avant que commence l'exhibition de l'après-midi. Quand celle-ci était terminée, il nous restait encore quelques heures avant le souper et la représentation du soir.

A cette époque, beaucoup d'Indiens voulaient sortir pour acheter des petits bijoux et des affaires à emporter chez eux, tels que de belles couvertures et des châles.

Mais, par temps pluvieux, quelques-uns d'entre eux trouvaient là une excuse pour boire. Ils pensaient, disaient-ils, que cela les réchauffait. Je vis tout de suite que cela ne devait pas continuer, car un peu de whisky entraîne toujours à en prendre plus. C'est pourquoi je réunis tous les Indiens en conseil et je leur expliquai que j'avais remarqué qu'ils commençaient à rechercher l'alcool, ce qui ne leur valait rien. Je dis alors :

« Je vais vous expliquer un nouveau règlement. Chaque homme et chaque femme ne recevra dorénavant que la moitié de sa solde. Le reste sera mis de côté par mes soins jusqu'à la fin de la saison. De sorte que ceux d'entre vous qui songent à dépenser leur argent tout le temps auront quelque chose à emporter chez eux lorsque leur travail sera terminé. »

Quelques-uns, naturellement, n'aimaient pas cette combinaison. Ils savaient pourtant que c'était dans leur intérêt le plus strict, mais ils ne voulaient pas se priver de leur alcool. Cependant la majorité accepta favorablement ma proposition. Ils savaient que j'agirais honnêtement avec eux et que leur argent serait en sûreté entre mes mains. Il fut donc décidé que la moitié de la paye journalière serait mise de côté jusqu'à la fin de la tournée. De plus, chaque homme fut averti qu'il lui faudrait faire attention à ne pas boire.

Après la représentation du soir, il fallait tout emballer pour être prêt à se remettre en route. Cela seulement lorsque nous nous arrêtions une seule journée et c'était très dur pour nous. Il nous fallait conduire nos chevaux au train et nous assurer que tout ce qui nous appartenait était aussi embarqué. Si la station n'était pas loin, les femmes y allaient à pied, mais si elle se trouvait à une certaine distance, je louais un grand omnibus pour les y mener.

Lorsque nos chevaux étaient convenablement embarqués, nous nous mettions en quête de la cantine qui suivait la troupe pour y trouver du café, des saucisses de Francfort et des sandwiches de pâté, un peu comme ce que les Blancs appellent maintenant « des friands ». Une tasse de café bien chaud et un bon sandwich par une nuit froide étaient joliment agréables.

Ainsi allaient les choses, les jours succédant aux jours, les semaines aux semaines, aussi longtemps que durait la saison. Dans certaines villes d'Angleterre, j'ai vu des brouillards si épais que l'on ne pouvait rien distinguer à travers l'arène dans laquelle nous donnions notre représentation et il nous fallait conduire nos chevaux tout près du public de façon à ce qu'il pût voir ce que nous faisions. Nous souffrions beaucoup d'avoir les pieds mouillés, car nous portions des mocassins qui ne sont pas faits pour le climat humide.

Mon cousin, Corne Noire, sa femme, sa fille, ma famille et moi étions toujours ensemble. Nous n'appréciions pas beaucoup l'organisation du train réservé à la tournée et nous décidâmes de demander au colonel Cody si nous ne pouvions avoir un wagon spécial dans lequel nous pourrions être seuls. Les wagons destinés aux gens de la troupe étaient trop « étouffants » et nous voulions un peu plus d'air frais ; aussi nous lui déclarâmes que nous étions prêts à payer pour avoir un wagon spécial. Le colonel Cody se mit à rire et nous apprit que nous ne pouvions pas louer un wagon, mais qu'il nous faudrait l'acheter, ce qui nous coûterait dix mille dollars. Nous fûmes à la fois surpris et choqués, car nous n'avions aucune idée de telles choses. Nous conclûmes que nous n'avions plus qu'à en rire et à le supporter.

Les jours de pluie nous restions toujours assis dans la grande tente. Là, nous pouvions parler du pays, de la cuisine de chez nous et des bonnes choses qui nous feraient tant de plaisir à manger cuites à la manière indienne. Quelques-uns des vieux hommes souhaitaient retrouver le thé à la menthe sauvage et la viande grillée, certains de la viande salée et du lard pendant que d'autres désiraient des côtelettes rôties et de la soupe de cerises sauvages. Nous avions vraiment beaucoup à manger, mais ce n'était pas préparé à la mode indienne. Un grand nombre de cowboys faisaient partie de la troupe. Un chef cowboy avait la surveillance des chevaux et des hommes. Quand on amenait un cheval sauvage le chef cowboy le confiait à un Indien pour le monter sans selle. Lorsque la bête était bien dressée on la prenait à l'Indien et on la donnait à monter à un cowboy. Puis l'Indien recevait un autre cheval non dressé. Pendant assez longtemps nous ne fîmes aucune réflexion, mais à la fin cela nous parut vraiment un peu abusif. Un jour un des Indiens vint à moi juste avant le moment d'entrer en piste. Son cheval était sellé et bridé mais il conduisait l'animal par la bride. Je lui demandai ce qu'il avait et il dit que c'était un cheval sauvage et qu'il ne voulait pas le monter sur la piste. J'allai trouver le chef cowboy et lui dis : « Je ne pense pas que vous agissiez équitablement. Vous savez que nos hommes doivent monter sans selle, mais vous leur donnez toujours les chevaux sauvages à monter. Puis, lorsqu'ils ont bien dressé le cheval vous le donnez à un cowboy. Pourquoi ne donnez-vous pas de chevaux sauvages à dresser aux cowboys ? Ils montent en selle et cela serait moins dur pour eux. »

Mais le chef cowboy répondit simplement : « Ah ! bien, je ne puis m'occuper de choses aussi peu importantes. Voyez Buffalo Bill au sujet des chevaux. »

Mais je répliquai : « Vous savez très bien que Buffalo Bill ne sait pas ce que vous faites des chevaux. Il ne sait pas que vous donnez les nouveaux à monter aux Indiens jusqu'à ce qu'ils soient dressés. Rendez son cheval à ce garçon, sinon il n'ira pas en piste aujourd'hui. »

Ce fut tout — mais l'Indien eut son cheval à temps pour entrer en piste avec les autres. Juste au moment où je m'apprêtais à retourner vers les Indiens, j'aperçus Buffalo Bill et il eut un clignement d'œil malicieux. Après cela nous n'eûmes plus d'ennuis au sujet des chevaux. Quoique Buffalo Bill ne m'en dit jamais rien je savais qu'il avait arrangé les choses pour nous.

Pendant que nous voyagions en Angleterre, un des Indiens vint à moi un soir et dit qu'il aimerait avoir pour son petit déjeuner un peu de graisse de rognon crue avec son bifteck grillé. J'allai trouver le chef du réfectoire et lui dis ce que voulait cet homme. « Mais bien sûr, il en aura, répondit-il. Maintenant, y a-t-il encore quelque chose que les autres aimeraient ? — Oui, répliquai-je, ils aimeraient de gros oignons doux. »

Le matin suivant quand nous arrîvames pour le déjeuner, il y avait beaucoup de bifteck grillé, de la graisse de rognon et des oignons doux. Ce fut vraiment un régal pour nous tous.

Buffalo Bill savait que je ne buvais jamais ni ne fumais et que tous les Indiens m'écoutaient, que je les traitais tous sur le même pied sans montrer aucune partialité. Il s'intéressa tant à moi qu'un jour il m'appela à la tente. Là, nous discutâmes des affaires indiennes. Il me questionna sur ma tribu ; me demanda comment nous nous trouvions et ce qu'il fallait réellement faire pour nous aider. Nous eûmes une vraie conversation et quand je partis il dit qu'il m'enverrait bientôt chercher à nouveau.

Plus tard nous eûmes plusieurs autres entretiens. Un jour il me dit qu'il était très lié avec le Président Roosevelt et qu'il pensait pouvoir user de son influence auprès de lui pour aider mon peuple, à la condition que Washington lui conférât de l'autorité. Il me demanda si je voulais écrire chez nous pour offrir à tous les vieux chefs de le prendre comme porte-parole. Il ajouta qu'il engagerait quelques bons avocats pour porter les doléances de la tribu des Sioux devant le Président.

Aussi j'écrivis chez nous. D'abord les vieux chefs furent un peu embarrassés. Ils ne pouvaient pas très bien comprendre pourquoi un Blanc voulait les aider alors qu'il n'était même pas marié à une Indienne. Les lettres furent lues au Conseil auquel Charles Allen et quelques autres « squaw-men » étaient présents. Un « squaw-man » est un Blanc qui a une femme indienne. Quelques-uns d'entre eux dirent que le président Roosevelt étant un homme de l'Ouest était capable de faire des choses extraordinaires pour la tribu. Les vieux chefs écoutèrent ce que dirent les squaw-men parce qu'ils étaient mariés à nos femmes.

Puis ils me répondirent ce qu'ils pensaient qu'on devait faire et qui devait s'occuper de l'affaire. A cette époque je n'étais pas chef et mon père qui avait été leur chef reposait du repos éternel de sorte que je ne pouvais rien faire de plus. Aussi à cause de ces squaw-men trops bavards Buffalo Bill abandonna son idée et une fois de plus, sur le point de nous procurer quelqu'un qui prît intérêt à notre bien-être, nous échouâmes. Les squaw-men bien entendu ne firent jamais rien pour nous. « Les paroles ne coûtent pas cher ».

Au bout d'un certain temps la troupe arriva à Birmingham. C'est une ville magnifique où nous avions une arène. Pendant que nous étions à Birmingham une petite fille nous vint. Les journaux du matin discutèrent l'événement avec de gros en-têtes annonçant la naissance du premier bébé indien pur sang sur les terrains de spectacle de Buffalo Bill. Le colonel Cody devait être son parrain et l'enfant devait porter le nom de la reine d'Angleterre, son nom entier étant Alexandra Birmingham Cody Ours Debout.

Le matin suivant le colonel Cody vint à moi et me demanda si ma femme et son enfant pouvaient être exposées. Il dit que les Anglais aimeraient voir la figure d'un nouveau-né indien couché dans un berceau indien ou « hoksikala postan ». Je donnai mon consentement et les journaux du jour annoncèrent que l'enfant et la mère pourraient être vues l'après-midi suivant.

Bien avant le moment où commençait le spectacle, des gens faisaient la queue sur la route. Les gens passaient à la file, beaucoup d'entre eux laissant tomber de l'argent dans une boîte pour le nouveau-né. Presque tout le monde avait aussi un petit cadeau pour l'enfant. Ce fut une grande attraction pour le spectacle ; le travail était très léger pour ma femme ; quant au bébé, avant d'avoir vingt-quatre heures d'existence il gagnait plus d'argent que ma femme et moi réunis.

Avec l'arrivée d'un nouvel enfant vinrent naturellement de nouveaux soucis. Notre petit garçon, qui portait mon nom (Luther), devait être habillé en costume d'apparat pour le rôle qu'il tenait dans le spectacle. Il avait un costume tout en peau de daim, ressemblant beaucoup à celui que je portais et chaque fois, il fallait lui peindre la figure, lui peigner les cheveux et faire ses tresses pour les deux représentations. Les Indiens paraissaient penser que c'était un plaisir de préparer le petit bonhomme pour la représentation. Lorsqu'il était prêt, il se tenait à l'entrée du tipi et les Anglais s'attroupaient autour de lui pour lui donner une poignée de main et de l'argent. Il le mettait dans une petite poche de sa jaquette de peau et, quand elle était pleine, il refusait d'en accepter d'autre, quoique les gens essayassent de l'y obliger. Alors, il s'en allait, apparemment dégoûté et rentrait dans le tipi. Il nous faisait bien rire.

La fin de notre séjour en Angleterre approchait. Un jour Buffalo Bill amena un tailleur au camp indien. On réunit tous les hommes et on leur dit qu'ils allaient tous recevoir un costume neuf comme récompense pour le bon travail qu'ils avaient fourni pendant la tournée. Le tailleur avait des échantillons d'étoffe et on prit les mesures de chaque homme pour lui faire un costume. Tous en furent bien heureux.

Chaque femme devait recevoir un costume de cotonnade et une couverture.

CHAPITRE XXV

ON ME NOMME CHEF

Il y avait maintenant onze mois que nous étions en Angleterre et, pendant tout ce temps, j'avais retenu la moitié du salaire de tous les Indiens, ce qui faisait une somme assez importante. Ceux qui n'avaient pas dépensé leur argent inconsidérément avaient acheté des couvertures, des châles, des vêtements et d'autres objets utiles et agréables. Au moment de la clôture de la tournée, on livra des costumes et des vêtements neufs et chaque Indien reçut l'argent qui lui était dû et qui avait été mis de côté pour lui. Nous formions alors une troupe d'allure joyeuse et fort bien équipée.

Avant d'embarquer pour les Etats-Unis, je prévins les Indiens que tous ceux qui s'enivreraient pendant la traversée perdraient leur dernier mois de salaire. Ils furent tous d'accord pour se soumettre à ma décision. Comme les autres, j'avais reçu un costume neuf et Buffalo Bill m'avait fait cadeau de cinquante dollars en argent liquide; en reconnaissance, me dit-il, de mes bons services et du bon travail que j'avais accompli en maintenant la sobriété et le bon ordre parmi les Indiens.

Ceux-ci avaient fait tant d'achats qu'il leur fallait des malles pour mettre leurs affaires, mais je leur conseillai d'attendre notre arrivée aux Etats-Unis pour s'en procurer. C'est pourquoi, découpant leurs vieux tipis, qui pratiquement étaient usés, ils s'en servirent pour envelopper leurs affaires.

Quand nous arrivâmes à Chicago, j'emmenai tous les Indiens aux magasins de Marshall Field et Compagnie. Ils voulaient tous acheter des pardessus fourrés. Il s'en vendit vingt-sept. J'en choisis un sur lequel on me fit un rabais pour avoir amené de si bons et si nombreux clients. Ailleurs, nous achetâmes des malles neuves. Quelques-uns de nos garçons s'achetèrent même du « fard » comme celui qu'ils avaient vu employer par les femmes blanches et il ne leur fallut pas longtemps avant de savoir peindre leurs lèvres, leurs joues et leurs sourcils, etc., avec autant d'habileté que n'importe quelle jeune Blanche.

Enfin nous nous mîmes en route pour le Dakota où était notre foyer. Quand nous atteignîmes le Nebraska et que le train s'approcha de Rushville, l'émotion de tout le monde était grande. Tous les Indiens de notre Réserve étaient venus à notre rencontre et avaient planté leurs tipis en cercle, tout comme au bon vieux temps et chacun d'eux faisait la cuisine pour nous préparer un bon repas.

A la descente du train, tous les Indiens vinrent au magasin de McCune et Esay où je leur remis leur argent. Je ne m'étais pas rendu compte, jusqu'à ce moment, du surmenage auquel j'avais été soumis pendant près d'un an et je commençai à me sentir très fatigué. Je me rendis à notre tipi et me couchai pour dormir. Quand je me réveillai je vis dans la tente quelques-uns des parents de ma femme, tous pleuraient. Un des leurs était mort pendant notre absence, me dirent-ils, et maintenant ils s'offraient ensemble une bonne séance de lamentations.

Je suis encore fier aujourd'hui du succès que j'ai eu à l'étranger avec la troupe de Buffalo Bill, en gardant les Indiens bien soumis. Il me semble que lorsque quelqu'un s'enrôle dans une tournée, quelle qu'elle soit, la première chose à laquelle il pense, c'est de se mettre à boire. C'est une erreur. Cela exaspère votre employeur et le dégoûte sans vous faire aucun bien à vous-même. Il faut un certain courage pour dire « non » lorsque l'on se trouve avec des gens qui boivent ; mais on en est récompensé. Je respectais mes hommes et je leur parlais avec bienveillance.

Pendant tout l'automne et l'hiver qui suivirent notre retour, je fus très malade. J'avais passé un contrat pour fournir le bois de chauffage à deux des écoles. Trois hommes travaillaient à mon compte ; pendant ce temps un grand nombre d'Indiens vinrent me voir pour que je les enrôle dans la troupe de Buffalo Bill la saison suivante. Mais je leur dis que je n'avais aucune nouvelle de celui-ci et que je ne savais pas si je ferais partie de sa troupe la saison prochaine. Le bruit courait que Frank Goings allait avoir la charge des Indiens la fois suivante. Il ne démentit pas la rumeur, aussi je ne dis rien.

Vers le printemps, je reçus une lettre du colonel Cody me disant qu'il désirait que je me prépare à rejoindre la troupe. Ni ma femme ni moi n'en soufflâmes mot à personne, parce que je ne voulais pas être ennuyé. Ma femme ne devait pas m'accompagner dans ce voyage, parce qu'elle avait un bébé à élever.

Rushville devait être encore le point de rassemblement et quand j'y arrivai je fus surpris d'y voir tous les Indiens de notre Réserve qui attendaient. Ils avaient dressé un grand camp. Il est probable qu'ils avaient découvert, d'une façon ou d'une autre, que je devais de nouveau être chargé d'un poste et, lorsque j'entrai dans le camp, je fus assailli de tous côtés par ceux qui voulaient partir avec la troupe.

McCune et moi nous donnâmes un repas auquel tous les Indiens qui voulaient s'engager dans la troupe furent invités à venir en grand costume. De cette façon nous pouvions les examiner et choisir ceux qui avaient de beaux équipements. Nous observâmes de près leurs danses et quelques-uns des jeunes gens étaient vraiment superbes à voir. Nous choisîmes ceux qui avaient les plus beaux costumes, qui étaient les meilleurs danseurs et qui, dans notre idée, ne boiraient pas.

Deux jours avant notre départ, notre petite fille, qui était née en Angleterre, tomba malade et mourut. Mr. McCune et Mr. Esay prirent l'enterrement à leur charge et, pour faire honneur à ma famille, ils demandèrent à tous les Indiens qui devaient m'accompagner dans la tournée de se mettre en grand costume et d'aller en procession au cimetière à travers Rushville. Ce fut un spectacle impressionnant et plein de solennité.

Nous devions partir pour New-York le jour suivant,

De bonne heure, le matin, deux Indiens vinrent me dire qu'ils avaient changé d'idée et qu'ils ne partaient pas. Quand je leur en demandai la raison, ils dirent qu'ils avaient fait de mauvais rêves la nuit précédente, ce qui leur faisait croire qu'il leur arriverait quelque chose s'ils partaient. Ils étaient très superstitieux et très impressionnés. Il ne fut pas difficile d'en trouver deux autres pour les remplacer.

Une fois en route, tout se passa bien jusqu'à ce que nous atteignions Maywood, dans l'Illinois. Le matin du 7 avril 1903, j'étais assis dans le dernier wagon du train. C'était de très bonne heure, nous étions tous réveillés et habillés. J'étais placé de telle sorte que je pouvais regarder par la porte arrière du wagon et voir la ligne du chemin de fer se dérouler derrière nous. Plusieurs hommes chantaient et je me joignis à eux. Un de ceux qui étaient assis à côté de moi ne chantait pas mais paraissait très absorbé, comme si quelque chose le tourmentait.

Nous étions à un tournant de la voie quand, tout à coup, je vis un train derrière nous, arrivant à toute vapeur. Puis ce fut un terrible fracas. Nous n'eûmes pas le temps de pousser un cri. Quand je rouvris les yeux, les banquettes étaient empilées sur nous, la vapeur et la fumée de la locomotive se déversaient sur nous en gros nuages. Mes jambes étaient prises et j'étais tout à fait incapable de remuer. Les plaintes des blessés et les cris des nombreux Blancs du wagon étaient terribles. Il y avait du sang partout. Au-dessus de ma tête, je pouvais voir miroiter le ciel bleu et je me mis à chanter un chant de brave. Un de mes cousins, qui n'avait pas été blessé, vint à moi et m'offrit du whisky ; mais je répondis que j'avais vécu de nombreuses années sans en boire et que je ne voulais pas commencer maintenant.

Dans cet accident de chemin de fer, trois jeunes gens furent tués sur le coup et vingt-sept d'entre nous grièvement blessés. Quelques-uns avaient les bras écrasés et on dut les amputer ; d'autres y perdirent les jambes. Mes propres blessures consistaient en une double luxation des hanches, une fracture de la jambe gauche au-dessous du genou, une fracture du bras gauche, deux côtes brisées à gauche et une fracture de clavicule. J'avais trois côtes foulées à droite, le nez cassé, mes deux yeux étaient sérieusement blessés et j'avais une plaie profonde derrière la tête.

On amena un wagon de marchandises dans lequel on plaça les morts et les blessés. Quand on me retira des décombres, je fus couché parmi les morts. Quand nous arrivâmes à l'hôpital et qu'on m'emporta sur un brancard, un médecin dit que j'étais mourant. Dans les premiers comptes rendus des journaux mon nom figurait parmi les tués.

La nouvelle parvint à la Réserve que j'étais mort ; aussi ma sœur, femme du chef Ours Corne Creuse, coupa ses cheveux très courts. Toutes mes sœurs et mes frères étaient en deuil. Même ils donnèrent des chevaux et d'autres objets de valeur selon la coutume indienne.

A l'hôpital, un des médecins vit en arrivant que j'avais repris conscience, mais que j'étais incapable de parler. Il n'avait plus aucun espoir de me sauver. Je ne me tourmentais pas pour savoir si je vivrais ou si je mourrais. Je sentais de grandes douleurs dans la région de l'estomac. Soudain quelque chose sembla éclater dans mon intérieur et je rendis une grande quantité de sang. Après cela, je me sentais très soulagé et je dis à Mr. McCune d'envoyer un télégramme à mes parents pour leur dire que je n'allais pas mourir.

Naturellement, pour moi et pour beaucoup d'autres, la question de notre départ avec la troupe, pour cette saison tout au moins, était réglée. McCune alla à Rushville et engagea d'autres Indiens pour remplacer les tués et les blessés ; ainsi, cette fois, la troupe de Buffalo Bill partait en Angleterre sans nous.

Peu de temps après mon retour à la maison, Luther, mon jeune fils, qui nous avait accompagnés en Angleterre, mourut. Il était très aimé de tout le monde et surtout des vieilles gens. Toutes les fois que notre petit bonhomme voyait venir sur la route un vieil homme ou une vieille femme, il courait les prendre par la main et les amenait à sa mère, lui demandant de leur donner à manger. Aussi sa mort prématurée fut l'occasion d'un grand deuil dans la tribu.

L'année qui précéda sa mort on lui avait fait l'honneur de le choisir pour garder le tambour du Conseil. En cette qualité, il était chargé de recueillir tout ce que l'on offrait en sacrifice à l'occasion de nos danses. La coutume veut que lorsque l'on donne une danse, ou que l'on entonne un chant pour quelque personne en particulier, cette personne doit se lever, danser et dire : « Je donne ceci (ou cela) pour mon chant ». Quelquefois ces dons peuvent être de l'argent, des broderies en perles, du bétail ou des chevaux — tout ce qu'elle est capable de donner. Aussi mon jeune fils Luther avait l'honneur de veiller sur ces dons. Mais maintenant, il avait été enlevé et il me fallait prendre sa place pour recueillir les offrandes.

C'était au début de 1905 et j'avais une belle collection de cadeaux de toutes sortes. Même les Indiens Omahas, qui rencontraient mon fils, apportaient des couvertures, des broderies en perles, des chevaux et de l'argent.

Bientôt arriva le moment de la « Grande Fête », connue aux temps anciens sous le nom de « Danse du Soleil » et qui devait avoir lieu de 4 juillet.

Vous vous rappelez ce que je vous ai expliqué en ce qui concerne l'abri que l'on faisait pour les spectateurs de la danse, abri au centre duquel on dressait un poteau. Toute la tribu apportait ses tipis que l'on dressait en un vaste cercle, comme autrefois, formant un village d'environ un mille de tour.

On montait une grande tente à l'intérieur de laquelle tout était fort beau. Quelques Omahas et des Pawnies vinrent nous rendre visite et, comme l'heure de midi était proche, nous étions assis par terre en train de déjeuner, lorsque deux vieux chefs de ma tribu entrèrent. Sans prononcer une parole, ni faire un signe, ils me prirent par les bras, me soulevèrent de terre et m'emmenèrent dehors. Là se trouvaient deux chevaux. Ils me firent signe de monter sur l'un d'eux derrière un des chefs. C'est ce que je fis et nous nous mîmes en route. Ils m'amenèrent au centre du grand camp là où était construit l'abri, à l'extrémité duquel, assis en demi-cercle, se tenaient les vieux chefs. On me conduisit devant tous ces vieillards et on me dit de m'asseoir. Il me vint tout à coup à l'esprit qu'ils voulaient me nommer à la place de mon père, car depuis sept ans notre clan était sans chef.

Au moment de la mort de mon père nous étions six frères. Jamais on ne parla de celui qui devait prendre sa place. Je comprenais maintenant que j'étais celui-là, et la sensation d'une grande responsabilité parut soudain m'envahir.

Alors un des vieux chefs se leva avec la pipe de paix à la main. Enroulant sa couverture autour de sa ceinture, il se plaça devant moi. Pendant que le vieil homme maniait la pipe, régnait un silence parfait. L'ayant allumée, il la pointa vers le ciel bleu, « notre Paradis », puis successivement vers l'est, le nord, le sud et l'ouest ; enfin, vers la terre, notre mère. Faisant un pas vers moi, il me dit de me lever. Puis il tint la pipe devant moi. Je plaçai alors mes deux mains au-dessus, les paumes en bas, tout près, mais sans y toucher. Je penchai légèrement le corps en avant en faisant le geste de mettre les mains sur la pipe. Je fis cela trois fois ; alors le vieux chef tourna le tuyau vers moi. Comme je ne fumais jamais je mis seulement mes deux mains au milieu du tuyau et les approchai de moi, ce qui signifiait : « J'accepte la pipe ».

Comme je terminais cette partie de la cérémonie les vieux chefs s'écrièrent : « Ha-Ye » ce qui voulait dire : « merci ». Telle est la cérémonie que j'accomplis en acceptant le titre de chef que mon père avait porté auparavant. Un des anciens se leva alors et raconta de nombreuses anecdotes intéressantes sur mon père ; quel homme courageux il avait été, ne craignant pas de se dresser pour son peuple et de combattre pour ses droits.

Un autre vieux chef m'adressa alors la parole et dit : « Nous vous avons fait chef parce que nous pensons que vous serez capable de remplacer votre père. » Il me dit ensuite tout ce que mon peuple attendait de moi et tout ce qu'à mon tour je devais faire pour les gens de ma race.

Je leur répondis que je n'osais espérer être jamais un aussi grand chef que mon père mais que je ferais tout en mon pouvoir pour toujours aider mon peuple, quel que soit le lieu où je pourrais être. Ce fut ce que je jurai quand je devins chef des Sioux Oglala, la plus grande tribu indienne des États-Unis.

Les chefs commencèrent alors à chanter un chant de braves et tous se levèrent pour danser. Maintenant que j'étais l'un d'eux il me fallait danser avec eux. C'était la première fois de ma vie que j'avais cet honneur. Comme on s'attendait à ce que je donne quelque chose à cette occasion je dis que j'allais donner dix dollars aujourd'hui et que je reviendrais le jour suivant.

De bonne heure, le matin du 4 juillet 1905, j'attelai mes deux équipages. J'avais un chariot de transport, un buggy couvert et deux magnifiques paires de chevaux. Les deux voitures étaient neuves et les harnais étaient aussi tout flambant neufs. Je chargeai le chariot de viande, d'épicerie, d'ouvrages perlés, de couvertures, de tissus et de beaucoup d'autres objets de valeur. Le buggy était rempli de magnifiques ouvrages de perles. Sur l'un de ses côtés nous suspendîmes le costume de mon petit garçon qui était mort — c'était un vêtement en peau de daim, une veste perlée, des mocassins et de petites couvertures. Ces objets nous allions les donner en souvenir de lui. Avant d'emporter ces choses pour en faire cadeau, j'avais pris deux clans différents d'Indiens de l'agence Rosebud comme escorte. Un des chefs était Ours Corne Creuse et l'autre Haute Pipe.

Ma femme conduisit le buggy et moi le chariot tandis que ces deux troupes d'Indiens nous escortaient autour du camp. Tout le monde était à cheval, même les femmes. Les différents clans d'Indiens étaient campés ensemble avec le tipi de chacun de leurs chefs en avant. Quand nous arrivions en face du tipi d'un chef, notre escorte s'arrêtait, mettait pied à terre, et dansait quelques instants. Puis tout le monde remontait à cheval et se remettait en route.

De cette façon, nous fîmes le tour du camp. Beaucoup de gens, en voyant le costume de mon petit garçon suspendu aux côtés du buggy, se mettaient à verser des larmes. C'était à la fois une réunion de tristesse et de réjouissance, car maintenant j'étais un chef. Après que nous eûmes fait le tour du camp, nous revînmes à notre tipi avant de partir pour la grande salle ou abri pour distribuer les cadeaux. Tout le monde était très surexcité de nous voir !

En différents endroits ils se mirent à chanter des chants de louange à mon adresse. Frank Goings, le chef de la police indienne et interprète de l'Agence, avait amené la fanfare des garçons de l'école avec tous leurs instruments. Entre les chants indiens, la fanfare jouait. Je commençai alors à distribuer les objets que j'avais apportés.

Je le fis jusqu'à ce que j'aie donné tout ce que je possédais et ma femme et moi retournâmes à la maison n'ayant pratiquement plus rien. Nous comptâmes que ce jour-là nous avions donné environ pour mille dollars de choses sans compter tous les cadeaux que nous avions remis pour les faire distribuer. Nous étions réellement bien fatigués quand les fêtes de la journée se terminèrent.

Il y avait de nombreuses tribus présentes ce jour-là : Omahas, Pawnies, Winnebagoes, Crows, Cheyennes, Arapahoes, aussi bien que les Sioux. Ainsi je fus fait chef selon la coutume indienne devant toutes les tribus ; c'est pourquoi le titre de « chef » est maintenant bien à moi et je suis digne de le porter soit en Californie, soit dans n'importe quelle autre partie des Etats-Unis ; et mon peuple sait que, aussi longtemps que je vivrai, aussi longtemps je ferai ce qui est bon et convenable pour lui.

Un chef ne reçoit aucun salaire et, dans les rassemblements, c'est à lui de veiller à ce que chaque chose soit faite comme il convient. Nous n'avons plus de conseil de guerre, mais si on envoie de Washington un commissaire pour passer n'importe quel contrat avec la tribu, c'est le rôle du chef d'être présent et d'examiner la question. Telle est la loi parmi les Indiens. C'est un grand honneur de recevoir le titre de chef, mais il comporte aussi de lourdes charges.

Toutes les fois qu'un Indien quitte sa Réserve pour se rendre parmi les Blancs, soit pour monter sur les planches, soit pour jouer dans les scénarios de cinéma ou pour aller avec une troupe de l'Ouest sauvage, on l'accueille toujours des mots : « Allo, chef ! », ce qui est tout à fait déplacé. Supposez que lorsque vous visitez une Réserve indienne les Indiens vous disent : « Allo, président » ou « Allo, roi ! ». Vous penseriez non seulement que c'est sot, mais encore embarrassant au plus haut point. Quelquefois les Blancs appellent les femmes de sang mêlé « princesse ». Comment cela peut-il être à propos quand les Indiens n'ont ni rois, ni reines et qu'il ne peut donc y avoir de princesses ? Le plus haut titre qu'une femme indienne puisse recevoir est celui d'épouse ou de mère. Existe-t-il un plus grand honneur que cela ?

L'expression de « chef » et « princesse » est devenue si commune maintenant que quelques imposteurs s'en sont parés comme un moyen de ramasser de l'argent, soi-disant pour l'employer à aider leur tribu. Il y a beaucoup de leurs pareils à Los Angeles, ville où j'habite. Tels sont les faits ainsi que je les ai trouvés. Quand je m'adresse à ces imposteurs ils disent simplement : « Oh ! bien, chef, nous le faisons simplement pour faire de la réclame ». Ne voyez-vous pas, hommes blancs, de quelle façon vous êtes dupés et escroqués ? Il serait bon que la race blanche apprenne quel est le véritable Américain. Il est temps qu'elle sache la différence.

Avec mon titre de chef, toute mon éducation et mes voyages, j'ai découvert que tant que j'étais dans la Réserve j'étais un Indien impuissant et que je n'étais pas mieux considéré que les Indiens sans éducation — cela d'après les vues de l'agent de race blanche qui avait charge de la Réserve. On lui avait donné de l'autorité à Washington pour veiller sur nous. Aussi, lorsque j'essayai d'améliorer la condition de mon peuple pendant que je fus à la Réserve, je trouvai que c'était complètement impossible. Il me fallait donc faire de deux choses l'une : ou me taire ou lutter tout le temps contre l'agent.

CHAPITRE XXVI

CITOYEN AMÉRICAIN

Vers cette époque un groupe d'Indiens partait pour New-York, sous les ordres de mon frère Henri Ours Debout ; ils devaient figurer à l'Hippodrome dans une pièce où toutes les nations du monde étaient représentées. Je décidai de me joindre à eux pour me rendre compte de ce qu'était la vie hors des Réserves. « Peut-être, pensai-je, les choses ont-elles beaucoup changé depuis que je suis sorti de l'école de Carlisle. »

Nous étions descendus dans un des grands hôtels de New-York et nous devions paraître dans deux représentations chaque jour. Nous avions un contrat de six mois et, lorsqu'il prit fin, tous les Indiens rentrèrent chez eux sauf moi. Je décidai de rester pour voir si je pourrais gagner ma vie parmi les Blancs. Je jouais dans les théâtres et dans les numéros de music-hall. Je faisais des conférences et je me livrais à tous les travaux que je pouvais trouver, quels qu'ils fussent. Au cours de mes conférences, je rencontrai de nombreuses personnes qui désiraient beaucoup apprendre la vérité sur les Indiens. J'en conclus que si je pouvais seulement arriver à intéresser des personnes qualifiées, je pourrais faire plus pour ma race, hors des Réserves, qu'en restant là-bas soumis à la main de fer d'un agent de race blanche.

Plusieurs mois après je retournai à la Réserve pour rendre visite à mes parents et amis, et leur faire part de mes intentions. Mes frères et mes sœurs voulaient que je reste ; je leur dis que si nous avions été libres il en eût peut-être été autrement, mais que, pour moi, j'en étais arrivé à la conclusion que je n'étais pas fait pour vivre dans une Réserve.

Vers cette époque (1907), on me donna ma part de terres : six cent quarante acres dans le Bennett County, Dakota sud. Je vous ai dit, vous vous le rappelez, dans la première partie de cet ouvrage, comment mon père avait risqué sa vie pour signer le traité qui nous valut notre part de terres. Nous avions attendu tout ce temps-là avant de savoir où il nous faudrait vivre, maintenant que j'avais ma part, je ne voulais pas rester à la Réserve. Mais comment m'en aller : telle était la question qui se posait !

Plusieurs Indiens lettrés et quelques métis avaient essayé d'obtenir des titres de propriété pour leurs terres et on les leur avait refusés. Même Tom Sloane, Indien d'Omaha, très instruit, qui avait une charge d'avoué, avait essuyé un refus du Gouvernement. Ce titre de propriété était un papier nous conférant le droit, si nous le voulions, de vendre nos terres pour aller vivre ailleurs. De cette façon, nous serions devenus des citoyens. C'était pour cette raison que l'agent ne voulait pas que nous obtenions de tels privilèges. Si tous les Indiens quittaient la Réserve, il perdrait sa place, et celle d'agent des Réserves indiennes, à cette époque, était une place qui rapportait gros.

Il était donc clair que ce serait à moi de me débrouiller si je voulais obtenir mes papiers de citoyen. Pourtant, d'après la constitution des Etats-Unis, nous n'avions pas à devenir citoyens, puisque nous étions nés dans le pays.

Un jour, je partis pour Omaha afin de consulter Tom Sloane, l'homme de loi indien. Je lui demandai s'il voulait m'aider à rédiger une demande afin d'obtenir un titre de propriété pour mon terrain. Il accepta, nous allâmes donc au bureau de l'agent pour lui faire légaliser les papiers. Il les signa et je les donnai à Sloane pour qu'il les porte à Washington où il devait bientôt aller pour affaires.

Du moment qu'un avoué indien se chargeait de mes intérêts, il me semblait que tout irait bien et que je serais bientôt un homme libre — libre de mes mouvements. Quelques jours plus tard il arriva pour moi de Washington une longue enveloppe d'aspect officiel. Je l'ouvris et grand fut mon désappointement d'y trouver une lettre qui disait : « Quelqu'un a oublié ces papiers dans notre bureau. Nous y avons trouvé votre nom et votre adresse, aussi nous vous les retournons ».

Il n'était pas question de Mr. Sloane. Je restai là un moment abasourdi. Tout semblait se tourner contre moi. Finalement je résolus d'aller à Washington et de me rendre compte des choses par moi-même. Je décidai que si l'on me renvoyait du ministère de l'Intérieur me refusant mon droit à la liberté, je n'aurais plus rien à faire ici-bas. Je télégraphiai au commissaire des Affaires Indiennes lui demandant s'il était nécessaire que je vienne à Washington. Il répondit qu'il serait heureux de me voir, mais qu'il valait mieux faire ma demande pour un quart de mon lot de terres ou cent quarante acres.

J'étais décidé à être tout à fait libre, aussi voilà comment j'arrangeai les choses : je fis deux demandes : l'une pour un quart du terrain et l'autre pour les trois quarts. Puis j'envoyai les deux demandes à Washington et, faisant ma valise aussi vite que je pus, je partis pour la capitale des Etats-Unis.

En arrivant, mon premier soin fut d'aller voir le représentant Curtis, pour lui demander de m'introduire auprès du commissaire des Affaires Indiennes, ce qu'il accepta avec plaisir. Quand nous arrivâmes à son cabinet, nous y trouvâmes le secrétaire de l'Intérieur, le commissaire et le sous-commissaire des Affaires Indiennes. Je leur fus présenté et causai avec le commissaire et son adjoint. Je vis que c'étaient deux vrais gentlemen, tout à fait différents de notre agent de la Réserve. Je leur dis que je désirais un titre de propriété pour la totalité de mes terres, ce qui ferait de moi un citoyen des Etats-Unis.

« Vous avez pris soin de mes terres pendant de longues années, dis-je, mais je n'en ai reçu aucun bénéfice. Je désire m'occuper moi-même de ma propriété, comme tous les autres hommes. Je suis assez âgé pour cela et tout à fait apte à le faire. Vous m'avez mis à l'école et m'avez éduqué pour faire de moi un homme. Je ne bois jamais de whisky, je ne fume pas. Maintenant je désire, messieurs, que vous me donniez ma liberté. Si vous me la refusez, je me présenterai devant le Congrès et je demanderai ma citoyenneté. »

Tous deux m'écoutèrent avec beaucoup d'attention. Finalement le commissaire se tournant vers son adjoint dit : « Mr. Belt, voulez-vous vous occuper de cette affaire ? »

Bref, je demeurai dans cette ville pendant cinq semaines, allant chaque jour aux nouvelles pour savoir quels progrès faisait mon affaire. La question principale était : « Buvez-vous du whisky ? » Je répondis : « Non, je n'en bois pas. » Aussitôt ils télégraphièrent à M. Brennan, l'agent de ma Réserve, pour lui demander des renseignements sur mon compte. Il répondit par télégramme : « Luther Ours Debout ne boit jamais, mais il est toujours absent de la Réserve. » Evidemment il pensait me desservir en disant cela, mais ce fut le contraire. Les autorités à Washington en conclurent que si j'étais la plupart du temps absent de la Réserve, je devais être capable de gagner ma vie, ce qui était en ma faveur.

Pendant que j'étais à Washington, je rencontrai le général Nelson A. Miles, qui avait été un grand ami de mon père. Il fut heureux de me voir et me demanda s'il pouvait faire quelque chose pour moi. Il désirait savoir ce que j'étais venu faire à Washington et je le lui appris. Comme mes affaires étaient en bonne voie, je ne lui demandai rien.

Un jour le commissaire me dit : « Ours Debout, nous allons arranger toutes vos affaires et nous vous ferons suivre vos papiers. Il est inutile que vous restiez ici plus longtemps à dépenser votre argent ; cela vous coûte trop cher.

— Monsieur le commissaire, répondis-je, c'est mon propre argent que je dépense et je tiens à rester ici jusqu'à ce que je sois reconnu citoyen de ce pays. Je suis venu ici dans ce but et j'y resterai jusqu'à ce que l'affaire ait reçu une solution dans un sens ou dans l'autre.

— Ah ! bon, du moment que c'est votre propre argent que vous dépensez, personne n'a rien à dire », répliqua-t-il,

Enfin, le jour heureux arriva. Je reçus mes papiers signés du commissaire, du commissaire adjoint, du secrétaire du ministère de l'Intérieur et du président William H. Taft. Je retirai tout l'argent que le Gouvernement avait en dépôt. Quand j'eus cet argent et mes papiers en poche, personne ne peut imaginer combien je me sentais heureux.

Quand je fus fait chef, devant seize mille de mes compatriotes, et les tribus qui étaient venues nous rendre visite, je pensai que c'était là un moment solennel ; mais quand j'obtins de me libérer de la main de fer de Brennan, l'Agent de notre Réserve, je commençai à comprendre que je venais d'être élevé à un rang supérieur à celui de chef.

Je savais maintenant que je pouvais aller et venir comme bon me semblait, c'est pourquoi je me rendis à Sioux City, Iowa et je m'achetai une belle maison. Puis je me procurai une place d'employé aux expéditions chez Fuller Pierson, maison de tissus en gros et bientôt mes affaires étaient prospères. J'avais le téléphone chez moi et, à l'occasion, je téléphonais à mes amis restés à la Réserve. Je les invitai aussi à me rendre visite et un groupe d'entre eux vint me voir. Comme ils furent heureux de constater que je vivais dans une aussi jolie demeure et d'apprendre quelle bonne situation j'avais !

Quand mes visiteurs retournèrent à la Réserve et racontèrent ce qui m'arrivait d'heureux depuis que j'étais devenu citoyen américain, beaucoup d'Indiens décidèrent qu'eux aussi aimeraient le devenir. Ceux qui m'avaient rendu visite me dirent qu'ils allaient en parler à ceux qui étaient restés à la Réserve et voir s'ils voulaient que j'aille en leur nom à Washington. Du moment que j'avais obtenu reconnaissance de mes droits, il était évident que je pourrais faire quelque chose pour les autres.

Bientôt je reçus une lettre de Pine Ridge me demandant de venir discuter cette question et me disant que les anciens de la tribu désiraient me consulter. Je m'y rendis et nous réunîmes un grand conseil au cours duquel je leur dis que je serais heureux d'aller à Washington représenter leurs intérêts.

Mais l'agent eut vent de l'affaire et commença à s'inquiéter. Moi, simple Indien, j'avais obtenu satisfaction en passant par-dessus lui. Il savait bien que si j'allais encore à Washington pour le bien de ma tribu, cela irait à l'encontre de ses propres desseins. Il ne voulait pas du tout perdre un poste lucratif ni se mettre mal avec les autorités de Washington.

C'est pourquoi il commença à parler aux Indiens. Il leur dit : « Eh ! quoi, Ours Debout n'est pas plus que vous. Il n'a pas plus que vous le droit d'aller à Washington défendre vos intérêts. C'est un simple Indien, mais il veut s'attirer la bienveillance du Gouvernement. Si vous votez pour lui et s'il va plaider pour vous, il vous créera toutes sortes d'ennuis. Vous feriez mieux de voter contre lui, si vous ne voulez pas tout perdre. »

Quelques-uns de ces hommes étaient déjà sous l'influence de l'alcool et je suppose qu'ils commençaient « à voir rouge. » C'est pourquoi ils se mirent à faire le tour de la Réserve en racontant ce que l'agent avait dit. Bientôt vint le moment de prendre une décision. Quelques-uns des anciens commençaient à se demander si mon contact avec les Blancs ne m'avait pas changé à leur égard. Apparemment, ils semblaient penser que, mon père étant mort, j'allais commencer à m'emparer de tout ce qui serait à portée de ma main. Ils avaient peur d'aller à l'encontre des visées de l'agent et, lorsque vint l'heure du scrutin, je ne fus pas élu. Il n'y eut personne pour les représenter à Washington et, une fois de plus, ils laissèrent passer l'occasion.

Je retournai à mon travail à Sioux City. Mon emploi au magasin était pénible et les ennuis que m'avaient causés mes compatriotes commençaient à agir sur moi. A la fin, la combinaison de ces deux choses altéra ma santé. Je n'avais aucun appétit et j'allais de mal en pis. C'est pourquoi je consultai un médecin, qui me conseilla d'aller dans une autre contrée et de changer complètement de climat.

J'écrivis aux frères Miller, qui possèdent le ranch 101, dans l'Oklahoma et j'eus la chance d'obtenir d'eux du travail. Là, je rencontrai différentes tribus d'Indiens et nous organisâmes ensemble plusieurs danses. La température était parfaite au printemps et à l'automne, mais en été la chaleur était terrible et je vis que je ne serais pas capable de la supporter.

J'avais beaucoup entendu parler du merveilleux climat du sud de la Californie et je décidai de m'y rendre. J'écrivis à Thomas Ince, qui était alors un des grands magnats du cinéma. Il employait quelques Indiens Sioux et je pensai que j'aimerais être avec eux. Il me répondit une lettre aimable et m'envoya un billet de transport pour Los Angeles.

Quand j'arrivai dans le sud de la Californie, je commençai à me sentir mieux et je vis tout de suite ma santé s'améliorer. Le studio de Mr. Ince se trouvait à Inceville, à cinq milles au-dessus de Santa Monica, la cité plage et, quand j'arrivai au camp indien, je lui trouvai bon aspect.

C'était en 1912 et, jusqu'à cette époque, je n'avais jamais travaillé pour le cinéma. J'allais donc faire mes débuts dans un emploi qui différait entièrement de ce que j'avais fait jusqu'alors.

Lorsque je me remémore mes premières expériences quand on tournait des films, je ne puis m'empêcher de noter combien on nous tenait au second plan, nous, les vrais Indiens, alors que l'on poussait en avant des « imitateurs » de race blanche. L'un d'entre eux était Ann Little, qui, par la suite, devint un « star ». Il y avait aussi une blanche, appelée Eléonore Ulrich, qui jouait le rôle d'une jeune Indienne supposée être ma fille. Il y avait encore la femme d'un fameux « star » japonais, Sessue Hayakawa, qui jouait aussi le rôle de ma fille. Tous ces gens-là ont gravi l'échelle de la célébrité, mais nous, les Indiens, on nous a arrêtés.

Dans ces premiers temps, je travaillais avec Douglas Fairbanks, William S. Hart, Charles Ray et quelques autres qui sont maintenant au pinacle du monde du cinéma.

Un jour, Tom Ince causait avec moi du montage des films indiens. Il me dit que c'était en mettant en scène ces sortes de films qu'il avait fait ses débuts. Alors je lui fis remarquer qu'aucun d'eux n'était correctement monté. Il en parut tout à fait surpris et commença à me poser des questions. Je lui expliquai alors en quoi ses films indiens étaient mauvais. Nous causâmes longuement et, quand je me levai pour prendre congé de lui, il me dit : « Ours Debout, un jour il faudra que nous tournions ensemble quelques vrais films indiens. »

Ince avait sous ses ordres un homme qui conçut l'idée que s'il pouvait recruter quelques Indiens des Réserves, capables de raconter les histoires dont j'avais parlé, ils pourraient lui fournir des idées pour les films. Les Sioux qui étaient avec nous voulaient rentrer chez eux car leur contrat de six mois arrivait à expiration. Aussi Ince en fit venir soixante nouveaux pour les remplacer.

Le nouveau contingent de Sioux n'avait aucune expérience du cinéma et ne connaissait rien au travail de scène, ni à la composition des scénarios. Ils étaient complètement désorientés et ne savaient pas ce qu'ils devaient faire. Les directeurs essayèrent de leur faire raconter des histoires, mais les Indiens s'y refusèrent. Aussi Mr. Ince me demanda-t-il de m'en occuper aux appointements de soixante dollars par semaine.

Je lui écrivis que j'étais prêt à travailler avec mes compatriotes et à l'aider à condition qu'il acceptât mes idées et mes scénarios. J'attendis une réponse, mais je n'en reçus pas. Alors, ne pouvant rien tirer du nouveau contingent des Sioux et n'ayant personne qui parlât leur langue et les dirigeât, il dut les renvoyer à leur réserve.

J'ai probablement vu tous les films qui sont censés dépeindre la vie indienne, il n'y en a aucun de conforme à la réalité. Il n'y a pas sur scène une seule pièce indienne qui soit montée comme il faut. J'ai été voir personnellement des directeurs, des metteurs en scène et des auteurs, je leur ai expliqué tout cela, leur disant que leurs acteurs ne jouaient pas leur rôle comme il le fallait et ne savaient même pas porter un vêtement indien ou le composer convenablement, mais la réponse est toujours la même : « Le public n'y voit aucune différence, pourquoi donc nous tracasser ? »

Bert La Monte, directeur à New-York me télégraphia un jour de venir jouer un rôle dans une pièce qu'il produisait appelée *La Race de l'homme.* C'était pendant la guerre mondiale, elle était au goût du public et eut du succès. Mais il était difficile de garder une troupe au complet. Juste au moment où tout allait bien, un des acteurs était envoyé à la guerre. Finalement, il fallut abandonner la pièce à cause du manque d'hommes.

Pendant mes tournées théâtrales les miens restaient toujours en contact avec moi. Quand on commença à mobiliser les jeunes Indiens qui n'étaient même pas citoyens américains, j'écrivis une lettre sévère aux vieux chefs, leur disant que les jeunes gens devaient demander à devenir citoyens si l'on voulait qu'ils aillent à l'étranger combattre pour l'Oncle Sam. Mon propre frère même, Ellis Ours Debout, m'écrivit qu'il allait partir avec le prochain contingent. Il était très inquiet de savoir qui pourvoirait aux besoins des enfants qu'il avait adoptés, lui et sa femme n'en ayant jamais eu.

Un de mes propres fils fut réformé parce qu'il était tuberculeux. Depuis, il est mort. Notre tribu, celle des Sioux, est aujourd'hui la plus nombreuse des Etats-Unis et, pendant la guerre mondiale, plus de huit mille de nos garçons traversèrent l'Océan. Nous avons la conviction d'avoir fait notre devoir vis-à-vis de la terre qui, en réalité, appartenait à nos pères et qui est celle où nous sommes nés. Elle est nôtre et nous sommes toujours prêts à la défendre contre n'importe quel ennemi.

J'allai en Floride avec ma troupe pour tourner un film, puis je revins en Californie, l'Etat que j'aime tant. Je me fixai à Venice-sur-Mer, à une heure de voiture de Los Angeles et là, je me mis à m'occuper d'affaires pour mon compte. Pendant mon séjour, j'y fus élu président de l'American Indian Progressive Association, fonction que j'ai occupée pendant deux années. J'essayais d'aider ceux de ma propre race toutes les fois que je le pouvais, soit en leur procurant du travail, soit en les présentant là où ils pouvaient recevoir de l'aide. Je faisais des conférences dans les écoles supérieures, les églises et les collèges, et cela pour montrer à la race blanche ce que les Indiens sont capables de faire.

Quelques mois après avoir monté mon affaire à Venice, un homme vint me trouver pour me dire que les Indiens des missions de Californie allaient tenir un conseil et, comme j'étais un des chefs qui avaient été à Washington, ils désiraient me rencontrer au conseil. J'acceptai l'invitation, le « pow-wow » se tint à Riverside et dura trois jours.

Six tribus différentes environ habitaient en Californie, et chacune avait besoin d'un interprète. Aucun de ces Indiens ne comprend le langage par signes comme les tribus des plaines, aussi toutes les conversations doivent être parlées. Si cela avait été un conseil d'Indiens des plaines, l'un d'eux se serait levé et se serait expliqué par signes, ce qui est connu d'eux tous. Y eût-il même eu là huit ou dix tribus différentes, toutes l'auraient parfaitement compris.

Je parlai à ces Indiens de Californie des affaires qui les intéressaient à Washington et ils parurent contents de m'écouter ; une journée de conseil avait été réservée pour que les Blancs y assistassent. Je pris la parole ce jour-là et, lorsque j'eus fini de parler, une dame assise au fond de la salle se leva et dit : « Je me demande si Ours Debout se souvient de moi ? » Je me levai et la regardai, mais ne pus me rappeler son visage. Je demandai à une de mes nièces, qui était là, si elle savait qui était cette dame, mais elle répondit qu'elle ne le savait pas. Cependant il semblait y avoir quelque chose dans son visage qui m'était familier. Enfin, il me vint soudain à l'esprit que c'était ma première maîtresse d'école de Carlisle, Miss M. Burgess ; c'était bien elle, en effet.

Comme nous étions heureux de nous revoir ! Nous ne nous étions pas vus depuis 1883, mais elle m'avait reconnu à cause de ma ressemblance avec mon père. Pour les Indiens présents, c'était une grande surprise, mais pas plus que pour moi, car je n'avais jamais pensé la revoir.

En 1924 je fus choisi pour aller à Oklahoma comme

représentant de la ville de Los Angeles, pour inviter les Indiens de cet Etat à tenir leur prochain conseil en Californie. J'allai à Tulsa et, le jour du défilé, je louai une automobile, m'habillai avec soin en grand costume indien et représentai la ville de Los Angeles.

Je commençais à prendre de l'âge et ma famille me conseillait de cesser tout travail fatigant. Quelques-uns de mes amis me suggérèrent alors d'écrire un livre relatant mes aventures « depuis le berceau jusqu'à ce jour ». Deux de mes bons amis de Los Angeles, Mr. Clyde Champion, et Mr. E. A. Brininstool, tous deux passionnés pour les questions indiennes, étaient particulièrement pressants, c'est pourquoi, en juillet 1925, je quittai mes affaires et commençai à écrire cet ouvrage. Et ce que vous avez lu dans ces pages est l'histoire de mon propre peuple, telle que je l'ai vécue avec lui.

Il m'a fallu de longs et pénibles mois pour préparer ce livre, mais j'espère qu'en lisant ces pages, vous donnerez votre voix à ma cause et aiderez mon peuple, les Sioux, en leur accordant tous les droits de citoyen. Ils sont décidés à combattre pour vous et à mourir pour votre cause si c'est nécessaire.

La vieille sentence : « Le seul bon Indien est un Indien mort » n'est plus une expression en cours. L'Indien a autant de grammes de cervelle que son frère blanc et, avec de l'éducation et de l'instruction, il deviendra un vrai citoyen américain, dont la race blanche sera justement fière.

Au moment où j'écris ces dernières lignes, j'ouvre une agence de placement pour les Indiens qui, je l'espère, aidera au progrès de toute la race. L'Indien a de grandes qualités, il est capable de tenir des postes importants où il y a de la responsabilité, si on lui en donne seulement l'occasion.

Et pourquoi ne pas la lui donner ?

H. Carrí

Sully

(1559-1641)

Homme politique français, il est attaché dès sa jeunesse à Henri de Navarre, le futur Henri IV, qu'il va conseiller et appuyer pendant toute la durée de son règne.

Responsable des finances d'Henri IV, surintendant, il développe une politique d'économie et de remise en ordre du royaume. Grâce à sa gestion rigoureuse, les caisses de l'État se remplissent et il peut mettre en œuvre un vaste plan de développement de l'agriculture, des travaux publics et des eaux et forêts.

Il s'illustre également dans le domaine de l'artillerie et des fortifications.

L'assassinat d'Henri IV met pratiquement fin à sa carrière et il ne jouera plus guère de rôle sous Louis XIII.

histoire payot

13

W. M. WATT

Mahomet

(570/580-632)

Né à La Mecque, mort à Médine, ces deux hauts lieux de l'Islam, Mahomet appartenait à l'une des principales tribus arabes, celle des Karaïchites.

Au terme d'une série d'expériences mystiques, l'archange Gabriel lui apparaît sur le mont Hira, lui révèle la parole divine et lui enjoint de la prêcher. L'échec de ses premières prédications à La Mecque amène Mahomet à quitter la ville en 622 et à se réfugier à Médine. Cet exil, c'est l'hégire, qui marque le point de départ de l'ère musulmane.

La guerre sainte commence par la conquête de La Mecque et la consécration de la Kaaba comme sanctuaire musulman. Elle s'étend bientôt à l'ensemble de la péninsule arabique et se poursuit sous les successeurs du prophète. Ces derniers s'inspirent de l'enseignement de Mahomet contenu dans le Coran, le livre sacré de l'Islam.

histoire payot

14

F. Blei

Talleyrand

(1754-1838)

Homme politique français. Destiné initialement à l'Église, il devient agent général du clergé de France puis évêque d'Autun. Rendu à l'état laïc, il va connaître une carrière de diplomate et de politicien longue et mouvementée. Aux côtés de Bonaparte tout d'abord, dont il devient le ministre des affaires étrangères.

A la suite de divergences sur les orientations de la politique extérieure de la France, il rompt avec Napoléon et contribue au retour des Bourbons. Ministre des affaires étrangères de Louis XVIII, il joue un rôle essentiel au Congrès de Vienne.

Après l'intermède des Cent Jours, il est nommé président du Conseil, mais ses adversaires le contraignent bientôt à la démission.

Lors de la révolution de Juillet, il se fait cette fois l'avocat des Orléans et Louis Philippe le nomme ambassadeur à Londres, ultime étape d'un itinéraire politique complexe et sinueux qui demeure l'un des plus fascinants de l'histoire de France...

histoire payot

15

S. Graham

Ivan le Terrible

(1530-1584)

Ivan IV Vassilievitch, très tôt orphelin de père et de mère, décide de régner dès l'âge de seize ans. Sacré tsar à Moscou en 1547, il entreprend aussitôt de réorganiser l'État et tente de réduire le pouvoir des boyards.

Soucieux de s'ouvrir un accès vers l'Ouest, il va se heurter à ses voisins occidentaux. Aux difficultés extérieures viennent s'ajouter des problèmes intérieurs et en particulier l'hostilité des boyards.

Pour y faire face, Ivan entreprend une politique de répression qui lui vaudra son surnom : exécution de milliers d'opposants, destruction de villes rebelles... Ce règne de violence va s'achever par la mort du tsar et l'ouverture d'une période d'anarchie et d'instabilité.

histoire payot

16

D. B. W. Lewis

Charles-Quint

(1500-1558)

Roi d'Espagne, empereur germanique, descendant par son père des Habsbourg et par sa mère des Rois Catholiques d'Espagne.

Ambitieux, prétendant à la monarchie universelle, il est à la fois le dernier souverain du Moyen Age et un grand prince de la Renaissance. Ses luttes contre François Ier en France, et Henri VIII en Angleterre, contre Luther et les princes protestants en Allemagne, illustrent sa prétention d'unifier l'Europe sous son sceptre et sous celui de Rome.

Déçu dans ses ambitions, n'ayant pu réaliser l'universalité chrétienne à laquelle il rêvait de contribuer, il abdique et passe les deux dernières années de sa vie retiré au monastère de Yuste, en Espagne.

histoire payot

17

P. GUÉRIOT

Napoléon III

(1808-1873)

Fils de Louis Bonaparte et Hortense de Beauharnais. Après une jeunesse d'exil et d'aventures, il revient en France après la révolution de 1848 et entame une carrière politique qui le conduit à la Présidence de la République, puis, après un coup d'État (2 décembre 1851), à se faire proclamer l'année suivante Empereur des Français sous le nom de Napoléon III.

Sa politique intérieure, commencée dans la prospérité due à la Révolution industrielle et l'absolutisme, se transforme sous la pression d'une opposition républicaine de plus en plus forte. A l'extérieur, Napoléon III veut reprendre la politique napoléonienne de l'hégémonie européenne : guerre de Crimée, Cochinchine, Algérie et Mexique, qui se termine fort mal pour lui. Ses maladresses à l'égard de l'Allemagne de Bismarck aboutissent à la déclaration de guerre en 1870 et à la capitulation de Sedan.

Déchu, il est quelque temps prisonnier en Allemagne avant de s'exiler en Angleterre où il meurt en 1873.

histoire payot

19 et 20

histoire payot

1. — H. Houben : **Christophe Colomb**
2. — E. Thompson : **Grandeur et décadence de la civilisation maya**
3. — V. Chklovski : **Le voyage de Marco Polo**
4. — M. S. Coryn : **Bertrand Du Guesclin**
5. — L. Strachey : **La Reine Victoria**
6. — P. Ballaguy : **Bayard**
7. — M. Lewis : **L'invincible Armada**
8. — D. Centore-Bineau : **Saint-Just**
9. — A. H. Verrill : **L'Inquisition**
10. — H. Slocombe : **Henri IV**
11. — F. Armitage : **Lawrence d'Arabie**
12. — M. Prawdin : **Genghis Khan**
13. — H. Carré : **Sully**
14. — W. M. Watt : **Mahomet**
15. — F. Blei : **Talleyrand**
16. — S. Graham : **Ivan le Terrible**
17. — D. B. W. Lewis : **Charles-Quint**
18. — Ours Debout : **Souvenirs d'un chef sioux**
19. — P. Guériot : **Napoléon III (tome 1)**
20. — P. Guériot : **Napoléon III (tome 2)**

A découper ici

histoire payot

Si vous vous intéressez à cette collection historique et si vous désirez être tenu au courant de nos publications, découpez ce bulletin et adressez-le à :

ÉDITIONS PAYOT
106, boulevard Saint-Germain
75006 PARIS

NOM ....
PRÉNOM ....
PROFESSION ....
ADRESSE ....
....

hp 18

Cet ouvrage
reproduit par procédé photomécanique
a été achevé d'imprimer le 4 juin 1980
sur les presses de l'Imprimerie Bussière
à Saint-Amand (Cher)

— N° d'impression : 1093. —
Dépôt légal : 2e trimestre 1980.
Imprimé en France